KB145452

엑셀로 배우는
인공지능

はじめての人工知能 Excelで体験しながら学ぶAI

(Hajimete no Jinkouchinou: 4465-8)

Copyright © 2016 Noboru Asai.

Original japanese edition published by SHOEISHA Co., Ltd.
Korean translation rights arranged with SHOEISHA Co., Ltd.
In care of The English Agency(Japan) Ltd. through Danny Hong Agency.
Korean translation copyrights © 2017 by J-PUB

엑셀로 배우는 인공지능

초판 1쇄 발행 2017년 2월 28일 **2쇄 발행** 2018년 12월 24일

지은이 아사이 노보루
옮긴이 우영운
펴낸이 장성두
펴낸곳 주식회사 제이펍

출판신고 2009년 11월 10일 제406-2009-000087호
주소 경기도 파주시 회동길 159 3층 3-B호
전화 070-8201-9010 / **팩스** 02-6280-0405
홈페이지 www.jpub.kr / **원고투고** jeipub@gmail.com
독자문의 readers.jpub@gmail.com / **교재문의** jeipubmarketer@gmail.com

편집부 이종무, 황혜나, 최병찬, 이 슬, 이주원 / **소통·기획팀** 민지환 / **회계팀** 김유미
교정·교열 이 슬 / **본문디자인** 성은경 / **표지디자인** 미디어픽스
용지 에스에이치페이퍼 / **인쇄** 한승인쇄 / **제본** 광우제책사

ISBN 979-11-85890-74-6 (93000)
값 18,000원

제이펍은 독자 여러분의 아이디어와 원고 투고를 기다리고 있습니다. 책으로 펴내고자 하는 아이디어나 원고가 있으신
분께서는 책의 간단한 개요와 차례, 구성과 저(역)자 약력 등을 메일로 보내주세요.   jeipub@gmail.com

엑셀로 배우는 인공지능

아사이 노보루 지음 | 우영운 옮김

제이펍

차 례

근래 들어 전성기를 누리고 있는 인공지능 기술은 이미 오래전부터 연구되어 온 학문입니다. 한때는 인간의 지능에 턱없이 모자라고, 범용으로 사용하는 데 한계가 있다 하여 인기가 사그라진 적이 있긴 해도, 연구자들은 실낱같은 희망을 버리지 않고 묵묵히 인공지능의 실용화를 위한 연구·개발에 몰두해 왔습니다. 그리하여 기술이 축적되고 다양한 인공지능 기법들이 개선되면서 2000년대 후반에 들어서자 점차 가시적인 성과가 나타나게 되었습니다.

이제는 인공지능 소프트웨어가 일상에서 사용할 수 있을 정도로 상용화되어 제2의 전성기를 맞이하였다고 할 수 있습니다. 애플의 'SIRI', 아마존의 'ALEXA', 마이크로소프트웨어의 'CORTANA'처럼 음성인식으로 사용자의 명령을 이해하고 처리하는 인공지능 비서가 있으며, 수십 년이 지나도 컴퓨터에게 정복당하지 않을 것 같았던 바둑에서 세계 최고 수준의 인간 프로기사에게 완승을 거둔 '알파고', 의학 분야에서 전문가 이상으로 활약을 펼치고 있는 아이비엠의 '왓슨', 자율주행 자동차나 무인 공장에서 활용되고 있는 스마트 로봇 등이 이를 뒷받침하는 대표적인 증거입니다.

이처럼 많은 분야에서 사용되는 인공지능 소프트웨어나 스마트 로봇의 기능과 성능이 어느 정도인지는 일반 독자들도 쉽게 이해할 수 있을 것으로 생각합니다. 하지만 한 걸음 더 나아가 과연 그러한 인공지능 소프트웨어나 지능적 시스템이 어떤 원리로 만들어지는지, 어떤 기법에 의해 그런 지능적인 특성을 나타내는지는 알기 어려운 부분일 것입니다.

저 역시 인공지능에서 다루는 세부 기법들을 강의할 때마다 조금 더 쉽고 재미있게 설명된 책이 있으면 좋겠다는 생각을 하곤 했습니다. 물론, 인공지능을 전공 분야로 삼기 위한 학생들이라면 기존에 나와 있는 다양한 인공지능 서적의 수학적, 전산학적 내용을 잘 이해해야겠지만, 컴퓨터 관련 전공의 일반 학생들이 인공지능에서 사용되는 다양한 기법들을 쉽고 재미있게 이해하기에는 다소 어려움이 많았습니다.

그러던 중 작년 4월에 발간된 이 책을 알게 되었습니다. 자세히 들여다보니, 현대 인공지능에서 사용되는 핵심 기법만을 잘 간추려서 아주 쉽고 재미있게 설명하고 있었습니다. 특히, 주요 기법의 동작 원리를 쉽게 이해할 수 있도록 엑셀 시뮬레이션 프로그램을 제공하여 몇 번의 클릭만으로도 원리를 이해할 수 있도록 구성된 점이, 이제까지 볼 수 없었던 이 책만의 장점이자 핵심이라고 여겨집니다. 이러한 독특한 점에 매료되어, 이 책을 번역해서 우리 학생들에게 인공지능을 보다 쉽고 재미있게 가르치며, 일반 독자들도 이 책을 통해서 인공지능과 좀 더 친해질 수 있다면 좋겠다고 생각하였습니다.

이 책은 대학생뿐만 아니라 중고등학생부터 성인까지 인공지능에 관심이 있는 독자라면 누구나 큰 부담 없이 읽을 수 있을 정도의 내용으로 구성되어 있습니다. 1장에서는 인공지능의 개요와 인공지능이 고도로 실현될 경우 고려해야 할 다양한 이슈들을 다루고 있습니다. 2장부터 10장까지는 인공지능의 핵심 기법 9가지를 다루고 있으며, 모든 장이 독립적으로 구성되어 있어 관심 있는 장만 발췌하여 읽어도 무방합니다. 11장, 12장은 인공지능 소프트웨어 개발에 사용되는 대표적인 컴퓨터 언어 두 가지를 다루므로 일반 독자는 가볍게 보고 넘어가도 좋을 것으로 생각합니다.

이 책이 번역되어 출간되기까지 많은 분의 큰 도움이 있었습니다. 먼저, 제이펍 장성두 대표님과 담당자 이슬 님께 감사드리며, 편집과 교정에 도움을 주신 장혜지 님, 배규호 님께도 감사의 말씀을 드립니다. 그리고 곁에서 항상 힘이 되어 주는 사랑하는 아내와 늘 아빠를 응원해 주는 아들 현준이, 범준이에게도 고맙다는 말을 전합니다.

2017년 2월

우영운

머리말

이 책은 최근 주목받고 있는 인공지능에 왠지 모를 기대와 두려움을 가진 독자 여러분에게 인공지능의 본질을 이해시키는 것을 목표로 한다. 무엇보다 11개의 엑셀 시뮬레이션을 통해 좀 더 쉽게 그 본질에 닿을 수 있을 것이다.

여러분은 인공지능을 두고 서로 다른 생각을 하고 있을지 모른다. 귀찮은 조사나 갖가지 생각을 대신해 줘서 편리할 것이라고 기대하는 사람이 있는 반면, 몇 년 후에는 인공지능이 인간의 행동과 사회생활의 결정권을 갖게 되어 우리 스스로 생각할 여지가 없어져 버리는 것은 아닌지 또는 인공지능을 갖춘 로봇이 인간 노예로 만들어 버리는 것은 아닌지 경계를 하는 사람도 있을 것이다.

그러나 후자처럼 되지는 않을 것이다. 인공지능이란, 인간의 지적 활동 일부를 강화하고 인간 두뇌 활동의 한계를 보완하는 것이다. 마치 인간의 팔만으로는 힘에 한계가 있어 중장비의 도움을 받는 것과 같다. 예를 들어, 기억력, 정확도, 판단의 민첩성 등과 같은 두뇌 활동을 인공지능으로 보완할 수 있을 것으로 생각하지만, 이것으로 인간의 모든 지적 활동을 대체할 수 있는 것은 아니다.

인공지능이라고 해도 실체는 컴퓨터 소프트웨어(또는 하드웨어와 네트워크)이며, 기본적인 기술은 비교적 단순한 구조에 기초하고 있다. 다만, 보통의 프로그램은 작성된 대로만 수행되는데, 인공지능 소프트웨어는 학습이나 연상, 애매함 등의 독특한 기술을 사용하여 작성된 것 이상을 수행하는 것처럼 보인다. 이것이 인공지능을 인간의 두뇌 활동을 능가하는 존재로 생각하게 하는 원인이 아닐까?

인공지능에 관한 기술적 또는 윤리적 정보가 많이 넘쳐나고 있지만, 의외로 인공지능의 기본을 다루는 정보는 부족하다. 전자석으로 모터의 원리를 이해한다거나, 광석 라디오로 전파의 존재를 납득하는 것처럼 인공지능의 초보적인 기술을 다룸으로써 인공지능의 본질을 파악할 수 있을 것이다. 또한, 인공지능이라는 용어에 담겨져 있는 다양한 연구자의 의도와 사람들의 희망 또는 불안 등을 기술적 측면에서 들여다볼 수 있을 것으로 생각한다.

이 책은 인공지능의 몇 가지 기술을 선정하여 그 기본적인 개념을 시뮬레이션을 통해 설명한다. 여기서 선정한 주제는 인공지능의 걸음마 단계에 불과하다. 이미 실용화되고 있기도 하지만 현재의 새로운 연구 주제로도 이어지며, 인공지능 연구의 기초로서 인공지능을 이해하는 데 중요한 주제로 구성되었다.

이 책은 내가 대학생을 대상으로 강의했던 내용을 기초로 하고 있으며, 인공지능 입문서로서 학생뿐 아니라 일반인도 흥미를 가질 수 있도록 구성하였다. 각 장은 독립적이므로 어디부터 읽어도 관계없다. 시뮬레이션은 엑셀 프로그램이므로 간단히 확인할 수 있으며, 각 기술의 분위기를 실감할 수 있을 것으로 생각한다. 단, 제대로 된 인공지능 소프트웨어는 아니므로 실제 기술에 미치지 못하는 한계가 있을 수 있음을 양해해 주기 바란다.

마지막 두 개의 장은 예전부터 인공지능 프로그래밍에 사용되어 온 Lisp와 Prolog에 관해 설명한다. 이 언어들의 존재 의의를 배울 기회가 적을 것이라 생각하여 다른 서적에서는 별로 다루지 않는 이론적 배경을 중심으로 설명한다. 문법에 대해서는 다른 서적을 참고하기 바란다.

이 책의 목적은 인공지능 연구에 기대를 걸고 있는 독자들이 결국은 그것이 컴퓨터를 기반으로 하는 소프트웨어에 의해 이루어질 수 있는 기술이라는 것을 실감케 하는 데에 있다. 그리고 독자가 인공지능을 인간의 지적 활동을 보완하는 믿음

직한 기술로 받아들이고, 관심을 더욱 많이 가지기를 바란다.

이 책의 집필에 있어서, 누마즈(沼津)공업고등전문학교의 아오키 유스케(靑木悠祐), 우시마루 신지(牛丸眞司), 나가사와 마사시(長澤正氏) 교수님이 로봇 제작을 통한 학생 지도에 귀중한 시간을 할애해 주셨다. 이에 감사를 전한다.

아사이 노보루(淺井 登)

🦋 김용현(마이크로소프트 MVP)

인공지능은 신경망 이론에서 서포트 벡터 머신으로, 그리고 딥 러닝의 고안으로 획기적인 도약이 이루어지고 있습니다. 무엇도 인공지능에 대한 내용을 단숨에 따라잡거나 다양한 분야에 사용되는 알고리즘의 정수를 단번에 꿰뚫을 수는 없을 것입니다. 다만, 다양한 산업 분야에서 사용되고 있는 기본적인 인공지능 알고리즘에 대한 응용법을 이해하는 데에는, 엑셀을 이용해 체험하는 이 책이 다른 어떤 문서나 코드보다 쉽고 친절할 것입니다.

🦋 김인숙(가비아)

엑셀로 인공지능을 배운다니, 뭔가 고개를 갸우뚱하게 합니다. 하지만 이 책을 다 보고 나면 엑셀로 배운다는 것에 대해 공감할 수 있습니다. 더불어, 다양한 인공지능의 개념에 대해 익힐 수 있습니다.

🦋 김지언(Eastern Michigan University)

인공지능에 대한 여러 주제는 단순히 설명을 읽는다고 해서 그 의미와 원리를 온전히 이해하기는 어렵다고 생각합니다. 그런데 이 책을 읽으면서 엑셀 파일로 각 주제를 적용한 프로그램을 직접 실행해 본 것이 해당 내용을 이해하는 데 도움이 많이 되었습니다. 인공지능에 관심이 있는 분이라면 이 책이 흥미롭게 다가올 것입니다.

송영준

이 책을 통해 우리는 이미 인공지능 속에서 살고 있다는 걸 알 수 있었습니다. 막연하게 생각했던 인공지능이 다양한 곳에 적용되며, 그 모습을 엑셀을 통해 실제로 볼 수 있어 좋았습니다. 다만, Lisp와 Prolog 부분은 설명이 부족하여 이 책만으로 그 언어들의 진가를 알긴 어려웠습니다.

이보라(한국여성과학기술인지원센터 소셜컨텐츠에디터)

인공지능을 배우고자 교과서를 펼치는 일반인들은 어려운 개념 위주의 설명에 지쳐 책을 내려놓거나 실습 환경을 구축하다가 포기하는 경우가 많습니다. 이 책은 누구나 접근 가능한 엑셀 프로그램으로 인공지능의 개념을 실습해 볼 수 있도록 구성되어 있습니다. 개발환경 설정의 벽을 넘지 못하고 인공지능 배우기를 포기하려는 일반인에게 적합한 책이라고 생각합니다.

한상곤(우분투 한국 커뮤니티 소속 마이크로소프트 MVP)

이 책은 엑셀 프로그램을 통해 인공지능 기술의 실행 과정과 결과를 확인할 수 있습니다. 대부분의 인공지능 책은 수학 공식과 알고리즘 코드로 구성되어 있어 실행 과정과 결과를 확인하기가 매우 어렵습니다. 그러나 이 책은 엑셀을 사용해서 테스트할 수 있고, 테스트 방법도 자세히 소개하고 있으므로 처음 공부하는 분에게 추천합니다.

제이펍은 책에 대한 애정과 기술에 대한 열정이 뜨거운 베타리더들로 하여금
출간되는 모든 서적에 사전 검증을 시행하고 있습니다.

CHAPTER

1

꿈으로 가득 찬
인공지능

1.1 인공지능이 인간을 능가할 수 있을까?

인공지능이란 용어는 영어의 Artificial Intelligence를 우리말로 번역한 것이며 약자로 AI라고 한다. Artificial은 일반적으로 '인공의, 가공의'로 번역하며 Intelligence는 '지성, 지능'을 나타내므로 '지성을 인공적으로 만들다'라는 의미로 볼 수 있다. 용어만 보면 쉽게 친근해지기 어려운 느낌이지만, Artificial의 의미는 반드시 가공한 것만을 의미하지 않고, 실제 더 큰 의미를 포함하고 있다. 다시 말해 인공지능이라 함은 생물, 특히 인간의 지적 성질을 인공적으로 재현시키려는 것을 의미한다.

그렇게 생각하면 컴퓨터의 역사가 시작된 이래로 속도, 규모, 정확성 면에서 인간의 지능으로는 한계가 있는 문제들을 해결하기 위해 연구자들이 몰두한 하드웨어와 소프트웨어 개발 모두를 인공지능 연구로 볼 수 있다. 인공지능 연구라고 하는 것들이 특이한 것은 연구 성과가 무르익으면 어느새 더 이상 인공지능이라 말하지 않고 독립된 연구 분야로 바뀌어 나간다는 점이다. 인공지능이라는 특정 연구 분야가 있는 것이 아니라 컴퓨터를 보다 잘 사용하도록 하는 모든 연구들을 의미하는 것이다. 그러니까 인공지능은 이제부터 등장할 기술들은 물론이고, 인간의 지적 활동을 컴퓨터를 이용해 더욱 효과적으로 실현하고자 하는 꿈으로 가득 찬 용어라고 볼 수 있다.

그런데 한편으로는 묘한 오해도 있는 것 같다. 인공지능이 머지않아 인간을 뛰어넘어 인간을 몰아내고 인간이 하는 일이 없어질 것이라는 이야기가 있다. 2015년 초에 일본의 NHK에서 방영된 한 TV 프로그램(NEXT WORLD 私たちの未来; NEXT WORLD 우리들의 미래)을 본 사람 중에는 머지않아 인공지능 예측에 의해 인간의 행동 패턴이 결정된다는 이야기를 듣고 걱정하는 분들이 많다. 나아가 인공지능이 극도로 발전하면 인간의 능력을 뛰어넘는 것도 시간문제일 뿐이라는데, 정말 그런 일이 일어날 것일까?

세간에 들리는 이야기 중 가장 극단적인 것은 인간의 뇌를 인공적으로 만든다는 것이다(이것은 인공지능이라 하지 않고 인공두뇌라고 하지만). 그렇게 된다면 두려워해야 할 일이겠지만, 아마 그런 일은 일어나지 않을 거라고 믿고 싶다. 이 같은 오해를 불식시킬 수 있도록 인공지능을 둘러싼 사회의 인식과 연구 동향 등을 살펴보고자 한다.

1.1.1 HAL이 던진 문제(영화: 2001년 스페이스 오디세이)

'2001년 스페이스 오디세이'는 1968년에 개봉된 아서 C. 클라크[*1] 소설을 원작으로 스탠리 큐브릭[*2] 감독이 제작한 불후의 명작인 SF 영화로, 여기에 등장하는 우주선의 두뇌인 'HAL9000형 컴퓨터'에는 틀림없이 인공지능이 깃들어 있다고 볼 수 있다. 영화 속에는 다양한 인공지능 기술이 나온다. 예를 들면, 음성인식, 인간과의 대화, 체스, 건강관리, 독순술[*3], 자율적 의사 등 우주선 제어뿐만 아니라 여러 가지 인간적인 장면도 그려진다. 한마디로 'HAL은 마음을 가지고 있는가?'라는 단정적인 질문에 대하여 '마음이 있는 것처럼 행동하였기에 상대하는 인간은 기계라는 의식을 잊고 만다.'라는 이야기가 나온다.

2001년 초반의 인공지능학회지에서는 일본의 한 유명한 연구자가 HAL이 남겨 준 유산(HAL's Legacy)이라는 주제로 HAL의 인공지능에 대하여 과학적으로 논평하였다. HAL의 감정과 상식, 사회성, 로봇으로서의 관점 등에 관해 논평하였으며, 체스의 경우에는 항상 인간을 이기는 것이 아니고 가끔은 보기 좋게 져서 완전무결하다는 의외의 논평도 있었다.[*4]

영화 속 HAL은 자율 의식에 의해 반란을 일으키는데, 이는 인공지능이 인간을 몰아낸 셈이다. 보통은 인간과 협조 관계에 있는 인공지능이 상황에 따라서는 인간과 적대하게 된다는 것인데, 영화에서는 인간이 한층 더 지혜로움에 따라 HAL을 무력화하여 이기게 된다. 하지만 실제 그런 상황이 된다면 인간은 속수무책일지도 모른다. 당시에는 인간이 유연성과 지혜로 임기응변을 발휘하여 컴퓨터를 대응할 수 있는 해법이 가능할 정도로 완벽한 컴퓨터의 시대가 아니었기 때문에, HAL에게 아무런 저항을 받지 않고 승리를 거둘 수 있었다.

그때는 미국의 아폴로 계획이 최고의 전성기였고, 1969년에 아폴로 11호가 달 표면에 착륙하였는데, 이 영화는 실제 그렇게 될 것이라고 하는 상상으로 만들어졌을 것이다. 영화에도 달을 걷는 장면이 있는데, 지구에서 직접 달에 간 것은 아니고 우주 스테이션을 경유하여 갔다. 이것은 과학적이면서도 합리적인데, 당시의 시각으로 본다면 30년 후에는 실제로 이루어질 것이라고 생각했음이 틀림없다. 이우주 스테이션 장면은 SF 팬이 아니라도 매료될 만하다. 그러면 실제는 어떨까? 2001년은 말할 것도 없이 지금도 국제 우주 스테이션은 멈춰 있다. 순전히 기술적인 측면만 생각해 보면 이루어지지 않는 것이 이상할 법한데, 아마도 기술적 측면 이외의 요인도 있을 것이다. 그렇다면 HAL의 인공지능에 대해서도 '앞으로 정말 그러한 컴퓨터가 가능할까?' 하는 의문이 생긴다.

1.1.2 컴퓨터 장기

일반적으로 알려진 인공지능의 한 가지로 컴퓨터 장기가 있다. 최근 컴퓨터가 프로 기사를 이겼다는 것도 새삼스러운 일이 아니다. 2016년 초, 경우의 수가 더욱 많은 바둑에서도 컴퓨터가 프로 기사를 이겼다는 뉴스가 있었는데, 이미 장기에서는 컴퓨터가 계속 승리를 거두고 있다. 그럼 장기 대결에서 인간이 늘 진다면 앞으로는 컴퓨터만 장기를 해야 할까? 그런 것은 아니다. 장기는 최선의 수를 많이 생각해 내는 것이 전부가 아니다. 명인들만의 고유한 기풍이라는 것이 있다. 컴퓨터는 기풍과 이치를 생각하고 수를 두는 것이 아니고, 국면마다 과거의 방대한 기보를 조사하여 승리로 이어지는 가능성이 가장 높은 수를 선택하는 것일 뿐, 왜 그런 수를 두느냐와는 관계가 없다. 그렇게 두어서 이긴 데이터가 있기 때문에 그런 수를 둔 것이다. 물론, 소프트웨어를 만드는 방식에 따라 수를 선택하는 방법에는 차이가 있겠으나 그것을 기풍이라고 할 수 있을까?

컴퓨터 장기는 1990년부터 대회가 개최되어 지금까지 25회째 계속 이어지고 있다. 인간과 대국하는 장기전왕전(將棋電王戰)은 2012년부터 시작되어 요네나가쿠니오(米長邦雄) 기성이 진 이후 인간이 계속 지고 있었는데, 2015년 제4회 대회에서는 인간이 컴퓨터를 상대로 3승2패의 성적으로 처음 승리를 거두었다. 이것은 인간이 미리 컴퓨터 장기를 연구하고 사전에 대책을 세워 끝까지 완수해 낸 것으로, 그 자체만으로도 경의를 표하지만 사실은 인간의 상대는 컴퓨터라기보다 과거의 무수한 명인(명인의 기보)이었던 것이다. 정면 대결로 싸웠다는 것은 분명 대단한 일일 것이다. 그래서 묘수를 사용하게 된 것이겠지만 이것이 원래 장기의 모습이 아닐까?

장기전왕전은 이제까지의 인간 대 컴퓨터 방식을 뒤로 하고 2016년부터 협동 방식으로 바뀔 것으로 보이는데, 이것은 다음 수의 후보를 컴퓨터가 찾아내면 그중에서 또는 그것들은 바탕으로 인간이 수를 결정하는 형태가 될 것이다. 보통 인간이 기계를 사용할 때에는 귀찮은 일을 기계에게 맡기고 중요한 부분만을 인간이 하는 것이 당연한 형태이지만, 장기에서 그렇게 하는 것이 의미가 있는 것일까?

컴퓨터 장기 자체는 대단히 의의가 있는 활동이다. 교재와 지도용 도서에 사용되는 것은 당연하며, 컴퓨터와 인간이 장기를 두는 방법은 달라도 충분히 인간보다 강하다는 것을 보인 점은 순수하게 인공지능 기술의 성과 덕분이다. 그러나 장기를 두는 인간이 최선의 수를 찾는 것을 컴퓨터에 모두 맡기는 것은 의미가 없다고 생각한다. 왜 그렇게 두었는지 알 수 없다면 몇 번을 이기더라도 그 사람의 기풍으로는 이어지지 않는다. 컴퓨터와 인간의 대국에서도 인간이 자신의 기풍을 믿고 스스로 생각하여 자기 본연의 모습으로 수를 두는 것이 바람직한 방향일 것이다.

'바람이 불면 물통 장수가 돈을 번다'[5]는 오래된 일본 속담이 있다. 얼핏 보기에는 아무런 관계도 없는 현상을 억지로 연관 지으려는 것을 비유하는 속담이지만, 왜 그렇게 되었을까 하는 인과관계를 생략하여 아무것도 알 수 없다. 이치의 하나하나를 단계별로 알고 있기 때문에 결론의 진위를 알 수 있는 것이 과학적 사고인 것이다. 단계의 변화를 알지 못하고 결과만 채택하고자 하는 자세에는 문제가 있다. 다만, 장기와 같은 경우에는 과정에 따른 이치뿐만 아니라 직감도 중요할 수 있다.

결국 컴퓨터가 아무리 강해지더라도 장기는 인간이 두고 인간이 생각한다. 장기뿐만 아니라 기계가 어느 정도 발달해도 인간의 손발은 필요하며, 워드프로세서가 보급되었어도 손글씨는 여전히 건재할 뿐만 아니라 캘리그라피처럼 취미나 문화, 더 나아가 정신 수양의 한 수단이기도 하다.

1.1.3 생활 속에 가까이 있는 인공지능

HAL이나 컴퓨터 장기 같은 규모가 큰 컴퓨터가 아니라도 우리 주위에는 컴퓨터가 넘쳐 난다. 인공지능이 탑재된 가전제품도 많이 있다. 가마에서 밥 짓는 것을 재현한 밥솥, 의류에 따라 세탁 방법을 달리하는 세탁기, 방의 온도를 자동으로 유지하는 에어컨, 인간의 움직임에 따라 자동 조절되는 조명, 장애물을 피해서 자동으로 청소해 주는 로봇 등 셀 수 없이 많다.

그중에서 가장 친근한 것은 스마트폰일 것이다. 스마트폰의 진화는 굉장하며 몇 년 새 단순한 전화 기능을 뛰어넘어 여러 기능을 포함하여 이제 스마트폰 없이는 생활할 수 없을 정도의 도구가 되었다. 대화 도구, 웹 검색, 내비게이션(도로 안내), 게임 등의 애플리케이션, 가전제품을 원격으로 작동시키는 기능 등 한 번 사용해 보면 손을 놓을 수가 없다.

스마트폰의 인공지능에는 다음과 같은 기능이 있다.

- **개인 비서(Personal Assistant):** 스마트폰에 질문을 말하면 답을 알려 주거나 추천을 해 준다. 애플 아이폰의 Siri, 안드로이드폰의 Google Now, 윈도우폰의 Cortana 등 점점 진화하고 있다. 샤프(Sharp)의 emopa는 입력 내용에 조금이라도 연관된 메시지까지 모두 알려주어 고민을 해결할 수 있다.
- **번역:** 구글 번역(Google Translate)은 스마트폰의 카메라로 촬영한 프랑스어를 영어로 실시간 번역하여 보여 준다.
- **영상 처리:** 스마트폰으로 촬영한 사진을 자유롭게 변형하고 문장을 삽입하는 것이 가능하다. 꿈의 세계로 들어가는 느낌이 든다(그림 1-1).

앞으로는 클라우드[*6]화된 각종 상담, 스케줄링, 상황 예측 등의 서비스가 발달하여 인간은 먼저 스마트폰에게 물어 보고 나서 행동하려고 할지도 모른다. 이런 기술들이 더욱 진화하여 하드웨어와 함께한다면 외국인과도 스마트폰의 동시통역 기능으로 거침없이 대화하거나 스마트폰 화면을 눈앞의 허공에 띄우는 일도 가능할지 모른다.

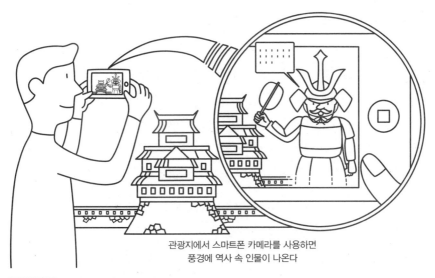

관광지에서 스마트폰 카메라를 사용하면
풍경에 역사 속 인물이 나온다

그림 1-1 **스마트폰의 영상 처리**

스마트폰은 인간이 사용하는 도구이지만, 지금은 모든 가전제품들이 컴퓨터를 내장하여 인간이 작동시키지 않아도 가전제품 스스로 최적의 상태를 유지하는 기능이 발전하고 있다. 예를 들면, 생활습관에 맞추어 자동으로 목욕물을 데우거나, 조명기구와 에어컨도 사람이 거실에서 침실로 이동하는 시간을 가늠하여 자동으로 조절될지도 모른다. 또한, 청소 로봇은 스스로 방안을 돌아다니며 청소뿐만 아니라 집안 구조도 함께 생각하여 그곳에서 생활하는 사람이 더욱 쾌적하게 지내도록 다른 기구와 협력하는 서비스를 제공하게 될 것이다.

이러한 장치를 IoT*7라고 한다. 기본적인 개념은 모든 사물이 인터넷에 연결되어 서로 정보를 교환한다는 것이지만, 물리적인 인터넷 연결뿐만 아니라 사물들 간에 논리적으로 협력한다는 의미도 함께 가진다. 모든 사물이 정보를 교환하는 데이터 양은 방대하기 때문에 데이터의 관련성과 의미를 파악하기 위해 다양한 인공지능 기술이 필요하다.

1.1.4 사용자 인터페이스

요즈음 컴퓨터 사용자 인터페이스[*8]는 인공지능 기술로 인해 비약적으로 발전하고 있다. 음성 인식으로 꽤나 정확하게 컴퓨터에 입력할 수 있으며, 음성 합성으로 녹음한 사람의 목소리가 아니라 컴퓨터가 사람의 음성을 만들어 내서 응답한다. 사람에 따라 모두 다른 필기체 문자도 컴퓨터는 정확하게 인식하며, 고맙게도 내용을 요약까지 해 준다. 기계번역은 동시통역 못지않으며, 영상 처리는 컴퓨터 내의 가상현실[*9]에 머무르지 않고, 현실 세계와 융합한 증강현실[*10]도 실용화되고 있다.

가상현실은 고글이나 안경으로 입체 영상을 재현하는 것이 많지만[*11] 휴대기기와 웨어러블[*12] 기기가 발달함에 따라 고글 없이 머리로 생각한 풍경이 허공에 펼쳐져 그곳으로 가는 듯한 기분이 들지도 모른다. 또한, 증강현실에 의해 방을 꽃으로 가득 차게 한다든지, 피난훈련으로 쓰나미가 엄습한다든지, 그리운 사람을 마주 볼 수 있게 될지도 모른다. 증강현실은 그대로의 현실 세계에 가상의 물체를 첨가한 것으로, 인간이 느끼기에 진짜처럼 선명하고 강렬하게 만들어질 것으로 기대하고 있다.

인간의 지각은 아날로그[*13]여서 컴퓨터에서는 이것을 디지털화[*14]할 필요가 있다. 이 아날로그 데이터를 적당한 구간으로 나누어 이산적 데이터로 변환하기 때문에 이 구간이 세밀한 만큼 현실의 아날로그 데이터에 가까워지며, 이는 곧 정밀도가 높은 디지털 데이터가 됨을 의미한다. 하지만 구간을 세밀하게 하면 데이터 양이 증가하고 처리 시간도 지연된다. 사용자 인터페이스는 실시간 응답성[*15]을 가지지 않으면 의미가 없기 때문에 높은 정밀도와 실시간 응답성이 모두 요구된다. 이것 때문에 반도체 칩의 고성능이나 전용장치(하드웨어)의 발달과 함께, 인간의 처리 노하우나 지식을 활용하는 인공지능 기술도 필요하게 된다.

생활의 질적 향상은 인공지능만으로 되는 것이 아니고 전반적인 기계화에 의해 유지된다. IoT 기기들이 임의로 생활공간을 제어하게 되면 편리해질 것 같지만 그만큼 인간이 하는 일이 점점 없어질 것으로 생각된다. 기계화가 더욱 진행되어 인공지능도 고도화되면 일상생활의 편리함을 뛰어넘어 일, 육아, 그 외에 모든 곳에서 인간이 할 일이 없어져 인간의 역할에 대한 의문이 생길 것이다. 정말 그런 일이 일어날 것인가?

1.1.5 기계의 발달과 그 의의

인간은 도구를 사용하는 지혜를 키워 왔다. 특히, 산업혁명 이후 대단한 속도로 기계화를 추진해 왔다. 그러나 기계가 인간을 몰아내었는가에 대한 논의는 없다. 물론 산업혁명 초기에는 영국에서도 공장 근로자가 직업을 잃고 기계를 파괴하는 반대 운동이 있었지만, 곧 기계를 사회생활에 받아들이는 사회적 동의가 나타났다.

팔의 움직임을 모방한 중장비기계는 인간의 팔을 능가하지만 중장비기계가 인간의 팔을 완전히 대신한 것은 아니다. 기계는 모터나 엔진으로 움직이며 일반적으로 회전 기계의 축베어링에 의해 지지되지만, 인간의 관절은 구멍이 있는 축베어링 모양이 아니다. 인간의 움직임에서 힌트를 얻긴 했지만 어떤 목적에 최대 효과를 발휘하도록 만들어질 뿐 인간과 같은 구조일 필요는 없다. 그렇게 만들어진 중장비기계는 인간의 관절과 다른 구조를 지니며 중장비기계가 인간의 팔보다 쓸모가 있다고 해서 비관하는 사람은 없다.

이렇게 생각한다면 인공지능도 뇌 활동을 모방하지만 뇌를 그대로 복사한 것이 아니고, 뇌 활동의 일부분에 특화된 구조를 가진 것에 불과하다. 기계가 뇌의 특정한 활동을 모방한 것이 인간보다 낮다고 해서 비관적일 필요는 없다. 그렇다면 중장비기계와 인공지능은 차원이 다르며, 손발을 보강하는 것과 머리를 보강하는 것은 이야기가 다르다는 의견도 있을 수 있다. 그러나 장기에서 인간이 컴퓨터에게 졌다고 한탄할 필요가 있을까? 중장비기계와 힘으로 겨루어 인간이 지는 것과 무엇이 다르다고 할 수 있을까? 그런 관점에서 인공지능을 받아들일 여지는 없는 것일까?

1.1.6 직업의 변화

미래의 인공지능이 대신하게 될 직업에 대한 이야기가 널리 퍼지고 있다. 인공지능뿐 아니라 기계화에 따른 인간의 일은 단순 작업부터 순차적으로 기계로 옮겨 가고 있으며, 인간이 종사하던 직업은 보다 복잡한 일로 변해 왔다. 하지만 인공지능이 발달하면 그렇게 느긋하게 얘기하고 있을 수만은 없다. 앞에서 얘기했던 일본 NHK의 TV 프로그램에서도 변호사 같은 엘리트 직업조차 인간의 역할이 없어질 것이라고 경고하였다. 인간에게 남는 직업은 복잡한 것을 뛰어넘어 독창적인 것뿐이지 않겠는가? 그리고 세상 사람들은 모두 독창적인 일에만 종사하게 되는 것을 아닐까?

예술가나 작곡가는 꽤 독창적인 직업 중 하나지만, 지금도 컴퓨터 영상 처리로 유화풍의 그림을 그린다든지 웅장한 클래식 음악을 작곡하는 것이 가능하다. 이런 작업들은 처리 기법에 따라 방대한 데이터를 잘라 붙여 보는 사람과 듣는 사람이 좋아할 만한 패턴을 늘어놓을 뿐 독창성이 있다고 할 수는 없기 때문에 인간 이상의 성과를 얻어 낼 수 있을지 모르겠다. 설계에서도 이제는 요건을 입력하면 인간에게서는 생각해 낼 수 없을 만한 후보를 컴퓨터가 몇 개라도 만들어 준다. 이렇게 독창성을 흉내 내는 인공지능 때문에 예술가나 설계자도 위험해질까? 그런 일은 없을 것이다.

예술가도 설계자도 결국 독창적이라는 점에서는 같은 입장이다. 기계가 훌륭한 작품을 만들어 주었다고 해도 만들어진 작품은 패턴이 모두 같아서 즐거운 그림이나 슬픈 곡 등을 주문하면 항상 비슷한 분위기의 작품을 내놓을 가능성이 있다. 왜냐하면 기계는 재현성을 갖는 것이 중요하며 조건이 같다면 같은 결과를 내기 때문이다.[16] 그러나 주문자의 표정을 읽어 낼 수 있다면 상황이 달라진다든지 주문 시간, 기온, 장소 등의 데이터는 무한하고 또 시시각각으로 변하여 조건도 항상 달라지기 때문에 이로 인해 만들어지는 작품도 매번 달라질 것이라는 의견도 있을 수 있다. 하지만 인간인 예술가와 설계자는 외부 조건뿐 아니라 내면의 의지에 따라 독창성을 발휘할 수 있지만, 기계는 그것이 불가능하다.

변호사의 역할이 법률 지식이나 과거 판례를 방대한 데이터로부터 찾아서 그것을 말하는 것으로도 충분하다면 확실히 인공지능이 빠르고 정확할지 모른다. 하지만 변호사는 법률과 판례를 단순히 외우기만 하는 존재는 아니다. 어느 사건이든 특별한 사정이 있다. 변호사는 특별한 사건에 범용적인 법률을 적용해야 한다. 하지만 법률은 너무 일반적이거나 다른 법률 조항과 상충되는 경우도 있기 때문에 단순히 적용할 수 있는 문제는 아니다. 즉, 법률 상호간의 중요도와 사회적 인식도 고려하기 위해서 과거 사례를 참고할 뿐 단순히 과거 사례를 모방하여 적용하는 것은 아니다.

과거 사례가 현재 사건에 직접 참고가 되는 것도 아니기 때문에 인공지능은 그 범위 외에는 판단할 수 없고, 이 모든 방대한 사례를 참조할 수 있다고 해도 독특한 사정 등을 고려할 수 없을지도 모른다. 그렇다면 역시 변호사도 인간으로서의 역할은 커진다.

미래의 변호사는 자기 머릿속에 있는 법률과 과거 사례를 확인하기 위해 인공지능을 사용할지 모르겠으나, 그 이상의 독특한 사정을 감안한 판단을 내리게 될 것이다. 그래서 과거 사례에 따르면 유죄가 될 피고도 무죄가 될지 모른다. 이것을 인공지능에게 맡긴다면 모두 유죄가 되어 버릴 것이다.

이렇게 생각한다면 인공지능 발달에 의한 직업의 변화는 일하는 방식이 달라진다는 면에서 확실히 사실일지도 모르지만, 인간의 역할이 없어진다는 것은 조금 과한 해석이 아닐까 하는 마음이 든다. 기계 자체는 단순 작업을 가장 잘 하기 때문에 인간의 뇌 활동 중에서도 단순 암기나 기억, 반복 계산 활동을 가장 먼저 인공지능이 대신하게 될 것이다. 하지만 인공지능이 어느 정도의 지식을 쌓는다고 해도 결정적인 순간 어떤 판단이 필요하다면 그것은 인간이 해야 할 것이다.

예를 들어, 빡빡한 스케줄을 효율적으로 진행하기 위해서 인공지능에게 스케줄 관리를 맡기고 있었다고 하자. 어느 날 갑자기 예기치 못한 방문자가 나타났다. 그럴 때 인공지능이 인간에게 필요한 설명을 해 주지 못하고 기억하고 있는 데이터 범위 내에서 판단하여 방문객을 돌려보낸다면 곤란하다.

의사는 많은 증상들을 머릿속에 집어넣어 새로운 상황에 대응하지만 모든 상황에 대해 일일이 인공지능에게 물어본다면 긴급 수술도 불가능하다. 과거의 증상에 대한 경험을 바탕으로 자신이 판단하여 처리하는 의사가 진짜 의사다.

인간을 벗어난 기억 능력, 계산 능력을 겨루는 TV 프로그램이 있는데, 컴퓨터와 인공지능이 발달한다고 해서 이런 능력이 전혀 필요 없어지는 것은 아니고 인간은 기억 능력이나 계산 능력에 앞서 응용력을 갖고 있다는 것이 중요한 사실이다.

인공지능이 싫증날 정도의 긴 문장을 요약해 주거나, 영어를 일본어로 번역하거나, 기분에 맞는 선율을 작곡해 준다고 하더라도 이 모든 것을 인공지능에게 맡긴 채 내버려 둘 수는 없는 것이다.

1.1.7 누가 책임질 것인가?

최근 주목 받고 있는 인공지능이 탑재된 자동운전*17에 대해 생각해 보자. 가려는 장소를 설정하면 인공지능이 위치 정보와 주위 상황을 판단하여 자동 운전으로 목적지까지 데려다 주므로 인간은 졸음운전을 걱정할 필요도 없다. 그렇지만 인공지능은 도중에 무슨 일이 일어나더라도 적절히 대응할 수 있을까?

물론 사람이 운전할 때도 사고의 위험은 있지만, 문제는 사고가 날지 안 날지가 아니라 사고가 났을 때 그 책임을 누가 지느냐에 있다(그림 1-2). 인간이 운전하고 있었다면 차에 결함이 있지 않는 한 운전하고 있던 인간에게 책임이 있다. 그렇다면 인공지능이 자동으로 운전하고 있었다면 인공지능에게 책임이 있을까? 어쩌면 제조자 책임 법률에 따라 자동차 제조회사에게 책임이 있는 것일까? 인공지능이나 제조회사에 책임을 지운다고 해도 사고를 당하는 것은 타고 있던 인간이므로 쉽게 생각해서는 안 된다.

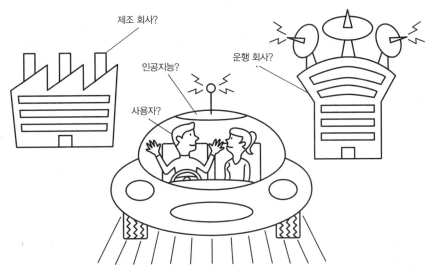

제조 회사?

인공지능?

운행 회사?

사용자?

그림 1-2 **자동 운전 차량의 책임은 누구에게 있을까?**

예를 들어, 사고가 아니더라도 버스를 자동으로 운전하는데 승객이 복통을 일으켰다면 인공지능으로 운전하는 버스는 어떻게 할까? 운행을 멈추고 구급차를 불러 다른 승객에게 구급차가 올 때까지 기다려 달라고 할까? 인간 운전기사라면 상황에 따라 대응할까? 인공지능에게도 비슷한 임기응변을 기대할 수 있을까? 그러한 대응에 대한 책임은 누구에게 있을까? 자동차 제조회사일까? 운행 회사일까? 함께 타고 있던 승객일까?

자동 운전의 목적은 일반적으로 운전하는 사람의 부담을 줄이는 데 있지만, 더 적극적인 또는 절실한 목적도 있다. 고속도로에서 모든 차들이 자동으로 운전한다면 엉망으로 운전하는 사람보다 사고가 적고 질서 정연하게 운행할 수 있다. 또한, 인적이 드문 곳에서의 버스 운행이나 지정된 경로로 운송하는 것, 게다가 운전 능력이 없는 사람의 이동 수단도 될 수 있다. 그러나 복잡한 일반 시가지에서의 운전이나 운전 자체를 즐기고 싶을 때에는 자동 운전이 좋을 것이라고는 생각하지 않는다. 비행기는 자동 조종이 당연한데 이것은 수평비행 상황에서 그 상태만 잘 유지하면 그만이기 때문이다. 그래도 만일을 대비해서 조종사는 꼭 타고 있다. 자동 운전은 자동화되는 것 자체가 목적은 아니다. 그렇다면 사용하는 사람이 상황에 따라 책임을 가지고 사용해야 한다고 생각한다. 자동 운전은 유럽과 미국은 물론 일본에서도 일반 도로에서까지 시험 주행을 시작한 상태이고, 많은 사람들은 제조자 책임 법률에 따라 자동 운전에 관한 책임은 제조회사에게 있다고 생각할 것이다. 하지만 그것은 자동 운전 측면만을 볼 때 그런 것이고, 일반적으로는 인적이 드문 곳에서의 교통수단으로 버스가 자동으로 운행된다면 운행회사의 누군가가 동승하여 만일을 대비하게 될 것이다. 자동 운전 상태에서도 갑자기 사람이 운전해야 하는 상황이 올 수 있으므로 이에 대비해야 한다. 예전의 그리운 차장이 부활하지도 모른다. 이것이 버스 기사라는 직업의 '질적 변화'라고 말할 수 있지 않을까?

조금 더 복잡한 경우를 상상해 보자. 장차 의료 현장에서 딥 러닝(뒤에 설명)으로 아주 잘 훈련되어 인간 이상의 지식을 지니고, 인간처럼 감정도 표현하는 인간과 같은 로봇이 의료 행위에 종사하게 될지도 모른다. 주위 사람들은 이것을 이미 로봇으로 의식하지 않고 인간과 비슷하게 대하고 있다. 이 로봇이 만약 의료 실수를 범한다면 로봇이 책임질 것인가? 아니면 로봇 제조회사일까, 병원일까, 로봇과 함께 일한 인간인 의사일까 아니면 그것을 선택한 환자일까? 아무리 로봇이 인간처럼 된다고 해도 로봇 자체에 책임을 물을 수 없을 것이다. 인공지능이 아무리 발달한다고 해도 책임을 지는 것은 보장 능력이 있는 인간일 것이다.

앞으로 의료와 보육 현장에서 인공지능 로봇을 사용하게 된다면 어떨까? 보육원에서 보모를 대신해서 인공지능 로봇이 유아를 돌보는 것을 본다면 순순히 받아들일 수 있을까? 맞벌이 엄마가 인공지능 로봇이 자식 돌보는 것을 믿고 태연하게 일을 할 수 있을까? 인공지능 로봇보다도 체력은 다소 약하지만 역시 할아버지, 할머니에게 자식을 맡기는 편이 안심할 수 있지 않을까?

이런 대단한 예가 아니더라도 일상생활, 또는 일과 직업의 관점에서도 '인공지능에게 맡겨 놓았는데 무슨 일이 생기면 책임은 누가 지겠는가'라는 문제가 항상 따라다닌다. 청소 로봇이 방의 모퉁이를 잘 청소하지 못한다고 해서 또는 중요한 반지를 빨아들였다고 해서 청소 로봇 제조사에게 불평해도 소용없을 것이다. 역시 사용하는 사람의 책임이라고 생각하는 편이 일반적이다.

여기서 직업의 변화를 생각하는 데에 중요한 논점이 있을 것으로 생각된다. 즉, 인공지능도 인간이 사용하는 하나의 수단이고 직업에 인공지능이 들어간다면 일하는 방식에서 인간의 책임이 반영될 것이다.

1.1.8 일의 질적 변화

이와 같이 생각해 보면 인공지능을 포함한 기계화에 따라 인간의 일과 직업도 변하지만, 그 변화가 직종에 대한 것이라기보다는 일의 질적 변화로 생각하는 편이 좋을 것이다. 현재의 직업들은 인공지능에 따라 없어져 버리는 것이 아니고 그 직업에서 일하는 방식이 변한다는 것이다. 그 결과, 인간이 할 필요가 없어지는 직종도 확실히 생기겠지만 어딘가에는 인간이 꼭 해야 하는 역할이 남아 있을 것이다. 예를 들어, 선생님은 인공지능을 이용하여 가르치겠지만 여전히 학생들에게는 필요한 존재이며, 보다 깊은 개성을 존중하여 사람을 대하는 자세가 필요해진다. 선생님은 학생들을 가르치는 것뿐 아니라 학생들을 맡고 있다는 중요한 책임을 지고 있기 때문이다.

2013년 9월 영국 옥스퍼드 대학의 마이클 오즈본 박사는 미국의 700개 이상의 직업이 컴퓨터의 발달과 함께 10~20년 이후에는 사라질 가능성을 예상한 논문을 발표하였다.[18] 또 다른 400개의 직종은 50% 이상의 확률로 사라지고 그중에도 260개의 직종이 80% 이상의 확률로 사라질 것이라고 한다. 논문에서는 일의 섬세함, 창조성, 사회성 등의 관점에서 통계적 기법[19]에 따라 면밀하게 분석한 결과로 제시하고 있지만, 인공지능을 도입한 목적과 책임[20]이라는 관점은 분석 대상에서 빠져 있다. 이 점을 주의해서 99%의 확률로 사라지게 될 직업과 그 외에 중요한 것에 대하여 나의 개인적인 의견으로 다시 생각해 보았다(표 1-1).

사라질 직업에 대한 예측　　　　　　　　　　　예측 : ○ 변화 없음, △ 반으로 줄어듦, × 없어짐.

No.	미래에 없어질 주요 직업	대체 수단	지적 작업 요인	예측	목적과 책임 관점에서 인간의 역할, 일의 질적 변화
1	소매점 판매원	접객 로봇	고객 응대	△	고객에게 무슨 일이 생길지 알 수 없으므로 점장과 소수의 인간이 필요
2	일반 사무원	사무 로봇	업무 고도화	△	단순 작업은 없어지겠지만 사무 작업 자체는 고도화됨
3	세일즈맨	온라인화	고객 응대	△	비즈니스에서 인간을 대하는 상황은 변화가 없음. 고객 지향성이 더욱 요구됨
4	일반 비서	비서 로봇	고객 응대	△	단순 작업은 사라지겠지만 긴급 대응과 상담 상대로서의 역할은 증가함
5	식당 계산대 종업원	접객 로봇	고객 응대	△	외식의 목적은 음식뿐만 아니라 서비스에 있으므로 분위기 조성도 중요
6	상점의 계산대 담당과 매표원	접객 로봇	특수 상황 대응	△	복잡한 상황은 인간이 대응해야 하므로 반드시 필요함
7	대형 트럭, 화물차 운전기사	자동 운전	특수 상황 대응	△	사고나 특수 상황에 대응하기 위해 인간이 필요. 단, 승차 여부는 상황에 따름
8	콜센터 안내원	자연언어 응답	특수 상황 대응	△	자동으로 처리되지 않는 경우를 대비하여 인간이 필요
9	버스, 택시 기사	자동 운전	승객 응대	△	운행 책임을 면할 수 있는 체제 필요
10	중앙관청직원 등 상급공무원	사무 로봇	정책 대응	△	단순 작업은 사라지겠지만 작업 자체는 점점 더 고도화됨
11	조리사(요리사 밑에서 일하는 사람)	요리 로봇	창의적 요리 개발	△	단일 작업은 기계화되더라도 제 구실을 하기 위한 수련 과정, 창의적 요리 개발을 위한 과정 필요
12	빌딩 관리인	경비 로봇	주인 대응	△	야간 순찰 등은 없어지겠지만 거주자 상담 창구로서 필요
13	경기, 시합의 심판	기계 판정	시합의 운영 요령	○	기계 판정에 따른 심판 보조는 있을 수 있지만 시합은 선수와 심판이 밀접한 관계를 가지고 있음
14	호텔 프론트 데스크	접수 로봇	고객 응대	△	정형화된 업무는 사라지겠지만 고객 지향 서비스와 분위기 조성은 더욱 중요
15	건설기기 작동 기사	작업 로봇	특수 상황 대응	△	기계 작동은 사라지겠지만 무슨 일이 일어날지 모르기 때문에 인간이 현장을 감독하는 것은 필요

표 1-1　미래에 사라질 것으로 여겨지는 직업의 질적 변화

마이클 오즈본 박사의 99% 사라질 직업에 대한 예측				예측 : ○ 변화 없음, △ 반으로 줄어듦, × 없어짐	
순위	99% 없어질 것으로 예상되는 직업	내용	지적 작업 요인	예측	목적과 책임 관점에서 인간의 역할, 일의 질적 변화
691	데이터 입력 사무원	데이터 입력업	데이터 입력 형태가 변화	×	현장의 키보드 입력과 스캔 등으로 읽어 들이는 작업은 사라짐
692	도서관 직원	도서관 직원	사용자 대응	△	대출 등의 정형화된 업무는 사라지겠지만, 사용자 상담 대응 등 사용자 지향이 더 중요한 업무로 변화됨
693	은행창구 직원	은행창구 사무	고객 응대	×	모두 기계화가 가능할 것으로 생각됨. 단, 사람에 따른 종합 상담 창구는 별도로 필요
694	사진사	사진관	특별한 경우 대응	×	전문가용, 특별한 기념사진 등은 인간이 대응하더라도 거리의 사진관은 어려워짐
695	세관원	세관원	고객의 개인 사정 대응	△	세금 계산은 기계에 맡기더라도 그 판단과 고객의 개인 사정에 알맞은 상담 역할로서 유지됨
696	화물 운송업자	화물 운송업	안전 관리, 규격 외 판단	△	운항 작업이라는 직업은 사라지겠지만 화물 선적의 책임은 인간에게 있으므로 관리와 감시가 필요
697	시계 수리공	시계 수리	문화 계승	×	문화유산으로서는 소중하지만 현장의 수리는 직업으로서의 가치가 없음.
698	보험설계사	보험업	고객 응대	△	안심할 수 있는 서비스라는 관점에서 개인 사정 상담에는 인간이 필요
699	수학 기술자	수학 기술자	적용 판단	△	수학 공식의 후보 선택은 기계화되더라도 어떻게 사용할지의 최종 판단은 인간의 역할
700	수공 봉제업자	수공 봉제업	디자인 측면, 품질 만족도	×	문화, 취미, 특수 주문으로서는 유지되겠지만 디자인을 포함한 일반 작업들은 기계화됨
701	자격 심사자	자격심사 업무	개인 사정 대응	×	개인 사정 심사에는 인간이 필요하지만 보통은 정해진 기준에 따라 기계가 심사할 수 있음
702	통신 판매원	통신 판매	온라인화	×	판매 방법 자체가 변화될 것임

표 1-1 　미래에 사라질 것으로 여겨지는 직업의 질적 변화(계속)

완전히 사라지거나 반으로 줄어드는 직업도 있겠지만 대부분은 목적과 책임의 관점에서 유지될 것으로 생각한다. 컴퓨터화에 따라 질적 변화는 있겠지만 직업이 소멸하거나 인공지능에게 일자리를 빼앗길 것이라는 관점은 아니고, 오히려 일의 질을 개선할 수 있으리라고 보는 관점이다. 물론, 사람도 업무를 할 때 늘 깊이 생각하는 것을 소홀히 하지 않는 자세가 중요하다.

논문에서는 특별히 인공지능이라는 용어를 사용하지 않고 컴퓨터화라는 용어로 표현하고 있어 단순 작업을 기계화하는 측면이 큰 것으로 생각되지만, 어떤 직업이라도 지적 작업과 단순 작업이라는 요인이 존재한다. 목적과 책임이라는 관점에서 냉정히 생각해 보면 반드시 인간이 해야 하는 일은 있는 것이다.

비관적으로 생각하지 말고 적극적인 질적 변화를 생각해 보자. 미래의 자기 직업에 대해 생각해 보면 오히려 좋은 기회가 아닐까?

1.1.9 빅데이터 분석

빅데이터[21]라는 용어가 일반화되었다. 웹의 무한한 정보나 일상생활과 관련된 기록 전부를 의미하는 용어이지만, 이것들을 모두 데이터로 보고 분석하는 것은 데이터마이닝[22]과 같이 예전부터 이루어져 왔다. 2012년 구글이 고양이를 인식[23]한 이후 빅데이터와 딥 러닝은 인공지능 연구의 주요 분야로 인정받았지만 그전에도 여러 기법이 착실하게 연구되어 왔다.

빅데이터 분석이란 데이터로부터 규칙성을 발견해 내는 것을 의미한다. 기본적으로는 데이터에 포함된 많은 요인 중에서 중요한 요인을 추려 내고 그 요인에 따라 데이터를 분류해 나아가다 보면 어느 시점에서 그 분류 요인을 규칙화하는 것이 가능해진다.[24]

빅데이터 분석은 웹상에서의 상품 추천 광고나 필요한 상품 구색을 맞추는 등 실제 사회에서 사용자의 취향에 맞춘 서비스 내용을 생각할 수 있으며, 비즈니스는 물론 일상생활 측면에서도 효과가 있다. 그러나 클러스터링과 같은 기존의 학습방법은 주목해야 할 요인을 인간이 미리 지정하기 때문에 정확하게 분석되었는지 아닌지를 보장할 수 없었다.

예를 들어, 영상 인식이라면 고양이의 특징과 개의 특징, 웹페이지라면 참조 횟수나 두 페이지 동시 액세스 정도, 역의 개찰구 데이터라면 시간대에 따른 통과 인원과 연령대 등으로 데이터의 특징을 준 상태에서 경향을 분석하는 것인데, 이것이 의외로 성가신 일이다. 한두 가지 요인이라면 간단하겠지만 대개 많은 요인이 있어 정밀도와 편리성 향상에는 한계가 있었다. 또 다른 요인으로 분석하면 동일한 데이터에 대해서 전혀 다른 견해가 나올지도 모른다는 염려도 있다. 그래서 딥 러닝이 새로운 전개를 맞이하게 되었다.

1.1.10 딥 러닝

딥 러닝(deep learning)의 목적은 주어진 데이터의 특징을 자동으로 추출한다는 점에 있다. 지금까지의 학습법은 어떠한 특징을 지니면 '고양이'라고 볼 수 있다는 정보 등을 인간이 찾아서 알려 주는 방식이었다. 즉, 특징들을 미리 제공하고 그 특징을 이용하여 새로운 사실에 대해 그것이 무엇인지 파악하거나 그런 특징들을 합리적인 형태로 정리하는 것이었다. 그런데 딥 러닝은 인간이 아무것도 준비하지 않아도 특징 자체를 추출하고 그 특징들에 따라 잡다한 데이터를 정리할 수 있다. 즉, 특징들을 추상화한 개념을 기반으로(그것에 이름을 붙이는 것은 최종적으로 인간이 하더라도) 새로 들어오는 데이터가 어떤 개념에 속하는지를 알 수 있다. 이것은 인간의 뇌에서 이루어지는 인식과 같은 효과로 보여진다.

딥 러닝은 빅데이터 분석에 안성맞춤이다. 학습 중에서도 비교적 새로운 강화 학습[26]조차도 학습 요인을 주고 그에 따른 학습 결과를 정의할 필요가 있지만, 딥 러닝에서는 학습 요인을 주지 않아도 자율적으로 타당한 요인을 발견해 낸다. 즉, 대량의 미지의 데이터에서도 그 속에 잠재되어 있는 법칙을 발견해 내고, 새로운 현상에 대해 그 법칙을 적용하여 최적의 해를 제시할 수 있다. 이를 통해 빅데이터로부터의 예측이라는 인공지능에 걸맞는 성과가 나오고 있다.

구글이 진행했던 고양이 인식은 딥 러닝에 따라 추출된 특징 요인에 고양이라는 개념을 주어 그 특정 요인에 부합한 새로운 영상 속의 동물을 고양이로 판단할 수 있었던 것이다. 이 과정에서 고양이의 특징을 표현하는 데 필요한 요인을 인간이 부여한 것이 아니라 딥 러닝에 따라 자동으로 생성되었다는 점이 대단하다.

딥 러닝은 인간이 예측하기 어려운 특징을 추출해 주는 경우도 있다. 인간에게는 무엇이 숨어 있는지 모르는 산더미 같은 데이터로부터 보물을 발견해 주는 고마운 도구다. 하지만 일반적으로 특징을 추출한 경위는 알 수 없다. 왜 이런 결론에 도달했는지 영원히 이해할 수 없을 수도 있다. 결과가 좋으면 그것으로 충분하다는 견해도 있지만 항상 좋다고는 말할 수 없다. 결국, 책임은 인간이 져야 하므로 잘못 사용하지 않도록 하는 마음가짐이 필요하겠다.

1.1.11 로봇

인공지능이라고 하면 인간형 로봇을 떠올리게 된다. 다시 영화 이야기를 하자면, 2001년에 개봉한 스티븐 스필버그(Steven Spielberg) 감독의 'A.I.'는 불치병으로 잠든 자식을 기다리는 부부가 아들과 꼭 닮은 로봇을 들이지만, 얼마 안 있어 자식의 병이 낫자 인간형 로봇을 버리면서 전개되는 이야기다.[*27] 이 자식형 로봇에는 의사(pseudo) 본능이 주어졌기 때문에 키워드 입력 후에 처음 본 물건을 그리워할 수가 있었다. 이런 구조로 로봇에게 의사 본능을 주는 것은 동물이 태어나 처음 본 것을 엄마라고 생각한다는 '각인(imprinting)' 본능을 생각해 보면 쉽게 이해할 수 있다. 이런 의사 본능은 영화 속에서 자식형 로봇의 존재 이유를 명확히 한다. 영화는 마지막에 극적으로 전개되지만 정말로 이와 같은 의사 본능이 로봇의 감정 또는 마음과 관계있는 것일까?

소프트뱅크(SoftBank)의 Pepper[*28]는 이족보행인 커뮤니케이션 로봇인데 인간의 감정을 이해하는 것에 중점을 두고 만들어졌다. 인간의 희로애락을 읽어 내고 그에 합당한 응답을 한다. 또한, 무선으로 인터넷에 연결되어 클라우드 방식으로 동작한다. Pepper에는 사용자뿐만 아니라 많은 일반 개발자도 참여하여 커뮤니케이션 로봇 본연의 모습을 탐구한다.

소니의 AIBO[29]는 인간이 로봇을 대하는 방식을 이야기하고 있다. AIBO는 딥 러닝과 같은 학습 기능을 갖추고 있지는 않지만 인간의 행동에 상응하여 반응하고 그것이 축적되면 학습 효과를 낳고 개성을 가진 것처럼 보인다. 또한, 직접 본 사람들은 금속으로 된 외모에도 애착을 느끼는 것 같다. AIBO의 유지 보수가 중단되었을 때는 AIBO에게도 죽을 운명(수리 불가)이 찾아 온 것이라며 슬퍼했다고 한다.

로봇 연구는 수치 제어에 의한 산업 로봇을 시작으로 자율성[30]을 갖춘 로봇으로 발전하였다. 이족 보행을 비롯한 인간의 운동 기능 보조, 인간과의 의사소통, 의료, 보험 지원, 교육 지원, 재해 시 위험 작업, 수색, 구조 활동, 경비, 일상생활 지원 등 다양한 형태로 실용화되고 있다. 더욱이 맡은 역할만 하거나 그것밖에 할 수 없다는 것은 아니고 더 유연한 기능을 할 수 있도록 발전하고 있다.

1.1.3절에서 언급했던 청소 로봇이 그런 좋은 예인데 사람이 없을 때 집을 지키는 역할도 하고 집안을 돌아다니면서 실내 상태를 완전히 파악하고 다른 기기와 연계하는 IoT의 주인공이 될 수도 있다. 또한, 구글의 자동 운전 차량도 차를 몸체로 하는 인공지능 로봇이라고 볼 수 있으며, 단순한 이동수단에서 생활 공간의 일부가 되어 건강 관리와 오락까지 폭넓은 서비스를 제공해 주니 확실히 HAL 우주선의 자동차 버전이라 할 수 있다. 이를 위해 차량에는 많은 차량용 컴퓨터가 탑재되는데, 고성능의 초소형 컴퓨터와 360° 전방향 촬영 카메라 외에도 방대한 데이터를 실시간으로 처리하여 정확한 상황을 판단하기 위해서는 딥 러닝 등의 인공지능 기술이 필수적이다.[31]

이외에 인간의 움직임을 파악하고 자율적으로 정확하게 지원하는 로봇 슈트[32]와 1.1.4절에서 언급한 가상현실의 한 가지 실현 방법인 대리 로봇[33]등 다양한 로봇이 연구되고 있으며, 인공지능 기술과 결합되어 더 지적이고 인간적인 존재가 되어 가고 있다.

자율 주행 로봇 연구는 내가 객원교수로 있던 누마즈공업고등전문학교에서도 MIRS(Mirco Intelligent Robot System)로 이루어지고 있으며, 1988년부터 매년 전자제어공학과 학생들의 필수 교과목으로 지정되어 있다. 대대로 학생들에게 인계되어 점점 주행 능력을 높여 왔다. 대체로 4~5팀으로 나뉘어 1년에 걸쳐 팀 개발을 경험하면서 자율 주행 로봇을 제작하고 연말 경기에 참가하지만, 작년에 경험이 있는 학생들도 매년 일부 변경되는 상황으로 인해 처음부터 새로 시작하기 때문에 어렵다고 생각한다. 이전에는 '체육관에 설치된 미로를 통과하기'라는 주제였지만 완전 자율 제어이기 때문에 좀처럼 시간 내에 완주하지 못했다. 2013년부터는 '경비 로봇'이라는 주제로 로봇이 경기장을 순회하며 영상 처리 등으로 도둑(괴도 기계)을 인식하여 추적하고 잡는 경기가 실시되고 있다(그림 1-3).

그림 1-3 **누마즈공업고등전문학교의 MIRS 경기**(2016. 1. 30.)
MIRS(앞 왼쪽)가 괴도기계(앞 오른쪽, 풍선 달린 로봇)을 잡는 순간

2016년 1월에 열린 경기에서는 주행 성능(스피드, 안정성, 정확성 등)이 현격히 향상되었지만, 인식이나 판단 능력이 부족했으며 경기 시간 내에 완수해 내지 못하는 경우가 많았다. 그래도 경기장은 학생들의 열정이 넘치고 응원하는 관객의 기대로 한껏 달아올랐다. 그래서인지 완전히 기대만큼의 움직임은 아니었더라도 한 대가 괴도기계의 적외선을 파악하고 붙잡는 데에 성공했을 때 경기장은 큰 박수로 휩싸였다. 나의 뒷좌석에서 "자동 운전이 이렇다니 큰일이네"라는 이야기가 들려왔지만, 바로 그런 시행착오를 통해 개선된다는 점에서 MIRS에 의의가 있다고 생각한다. 즉, 인공지능 자동 운전이나 MIRS도 자율적으로 움직일 수 있도록 소프트웨어를 연구하는 것은 동일하며, 학생은 그 첫걸음을 체험하고 있는 셈이다.

1.1.12 로봇의 감정

다양한 로봇들 가운데 인공지능 관점에서 로봇의 감정에 대해 생각해 보자. 인간의 표정을 읽고 감정이 있는 것처럼 행동하는 것은 가능해 보이며 앞서 언급한 Pepper가 바로 그것을 실현하고 있다. 하지만 감정을 가진 로봇이라는 것이 가능할까? 또 그렇게 하는 의미가 있는 것일까? 인간이라면 상대방에게 맞추기도 하고 자기주장을 하기도 한다. 거기에서 충돌이 일어나는 경우도 있다. 인간은 개성을 가지고 있으며 그것은 본능에 따른 것으로 생각된다.[34]

앞서 소개한 영화 A.I.에서는 로봇에 의사 본능을 불어넣는 장치를 이식했다. 이것이 커뮤니케이션 로봇의 목적에 부합하는 것일까? 어머니의 마음이 바뀌어 버려지고도 자식형 로봇은 영원히 의사 본능을 따르게 된다. 또한, 로봇은 성장할 수 없다. 인공지능으로 학습하였다고 해도 외관은 시간이 지나도 언제까지나 동일하다. 인간은 성장하면서 자율 의사에 의해 변화하는 모습을 보이기 때문에 매번 새로움을 느끼는데, 성장하지 않고 항상 같거나 예측할 수 있는 언행만 한다면 도구로 간주되어 금방 싫증이 날 가능성이 있다. 그렇게 되면 의사 본능을 갖고 있는 로봇이 불쌍하지 않겠는가? 로봇 자신은 조금도 슬프지 않겠지만 주위 사람들은 마음이 아플 것이다. AIBO는 그런 것도 예측하여 금속으로 외모를 만든 것으로 보이지만 로봇을 인간과 비슷하게 만들고 더욱이 감정까지 지니게 하려는 사고방식은 점점 저항에 부딪힐 것이다.

아무리 노력한다고 해도 로봇은 공업 제품이기 때문에 의사 본능 이상은 실현될 수 없으며 생명이 갖는 본능과 기질을 갖지 못한다. 커뮤니케이션 로봇은 인간의 감정을 읽어 낼 줄만 안다면, 굳이 묘하게 인간처럼 보이게 할 필요는 없다고 생각한다. 로봇을 인간처럼 보이게 하려는 것은 인간이 로봇과 커뮤니케이션 하는 것에 있어서 필요한 요건이라고 생각할 수 있지만, 로봇이 진정한 감정을 가지고 있지 않다고 해서 비관할 것은 아니고 인간 쪽에서 로봇과 잘 사귀어 나가야 할 것이다(그림 1-4).

그림 1-4 **로봇이 아닌, 인간이 느끼는 감정을 어떻게 할까?**

1.1.13 기술적 특이점

앞서 소개한 NHK의 TV 프로그램에는 범죄 예측과 히트곡 예상에 관한 것도 소개되었다. 미국 서해안 어느 도시의 경관은 시내를 순찰할 때 효율성을 높이기 위해 과거의 범죄 데이터 분석에 따른 인공지능 예측으로 순찰 구역을 결정한다고 하며, 또 어떤 여성 가수는 과거의 히트곡 분석에 의한 인공지능 예측에 따라 적합한 곡을 찾는 등 인공지능 예측에 계속 의존하여 활동하고 있다고 한다. 그 외에도 하루의 행동 스케줄, 연애 상대 등 다양한 일들에 이미 빅데이터의 딥 러닝에 따른 인공지능 예측이 큰 활약을 하고 있으며, 2045년에는 모든 측면에서 인공지능이 인간의 지능을 능가할 수 있다고 알려져 있다. 그 결과 인간은 인공지능 예측에 따라 행동하는 처지가 되고, 그것을 거스르면 사회질서를 어지럽히게 되어 차라리 인간이 서투르게 개입하지 않는 편이 나을 수도 있다. 이처럼 인공지능이 인간의 뇌를 넘어서는 시점을 기술적 특이점(technological singularity)이라고 한다.

이 개념은 인간의 뇌를 컴퓨터로 재현하는 것이 시간문제일 뿐이라는 전제하에 성립된다. 딥 러닝을 시작으로 인간의 뇌 연구가 진행되고 그런 성과가 공학적으로 재현되어 실제로 인간이 상대할 수 없는 뇌 활동이 이루어진다면 그럴 수 있을지도 모르겠다. 그러나 인간의 뇌는 단지 뉴런의 수만으로 가늠할 수 있는 것은 아니고 생리적인 기능도 완전히 알지 못한다. 2045년은 고사하고 미래에도 그것이 완전히 해명될 수 있을지 불분명하며 해명된다고 해도 공학적으로 동일하게 재현할 필요는 없다고 생각한다.

1.1.14 프레임 문제

프레임 문제[35]는 인공지능을 논하는 데 있어서 옛날부터 지적받아 온 성가신 과제다. 컴퓨터가 상식 수준의 지식을 학습하기 위해서는 거의 무한에 가까운 방대한 사실들과 현상들을 파악하지 않으면 안 되기 때문에 실제로는 거의 불가능한 상황이다. 인간도 무한한 상식을 가지고 있는가라고 엄밀히 따지면 의심스러울 수도 있으나 인간이라면 누구나 자연스럽게 상식적 판단을 한다. 그것 때문에 사고나 행동이 중단되는 경우는 없다. 하지만 인공지능에게는 상식적 판단이 매우 어려운 것으로, 어설프게 인간을 흉내냈다간 바람직하지 못한 결과에 봉착할 수 있다.

자율적으로 움직이는 로봇이 바닥에 떨어진 연필을 주울 때 어떻게 하는지 예를 들어보자(그림 1-5). 연필을 발견하면 연필 그 자체라고 생각하고 바로 주웠으면 좋겠지만 똑똑한 로봇은 줍기 전에 '이것은 연필 모양을 한 폭탄일지도 모른다. 그럴 가능성이 0.1% 정도는 있으니까'라고 잠시 생각한다. 또한, '아니 폭탄을 들고 들어오려면 문을 열고 들어오지 않으면 안 되지만 자신이 인식하는 한 한 시간 이내에는 문을 개폐하지 않고 잠시 기다리고, 문에만 국한하지 않고 집안 구조를 정확하게 조사하지 않으면 안 되고, 그렇게 되면 집의 입지조건도 고려하지 않으면….' 하는 식으로 이 로봇이 너무 똑똑해서 끝없는 문답을 되풀이하는 사이에 옆을 지나가던 사람이 바로 주워 버린다는 것이다. 물론, 일반적으로는 로봇에게 입력한 프로그램이 고려하는 범위(프레임)에 폭탄일지도 모른다고 하는 고려사항이 입력되어 있지 않기 때문에 그런 일은 없을 것이다. 그렇다면 이 로봇은 테러 대응 담당으로는 쓸모없게 된다. 테러 대응 담당을 위해서는 무엇이든 폭탄이 아닐까 하고 경계하는 프로그램으로 바꿔 입력해 줄 필요가 있다. 프로그램을 교체한 로봇은 안타깝게도 연필을 주울 때도 폭탄인지 항상 조심하게 된다.

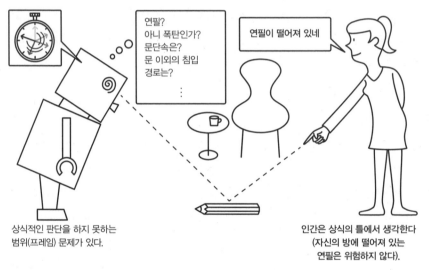

상식적인 판단을 하지 못하는
범위(프레임) 문제가 있다.

인간은 상식의 틀에서 생각한다
(자신의 방에 떨어져 있는
연필은 위험하지 않다).

그림 1-5 **프레임 문제**

인간도 테러 대책을 위해서 나름대로의 교육을 받을 필요가 있겠지만 인공지능 로봇과는 다르게 테러 대책 교육을 받은 뒤에도 자기 집에서는 편하게 지낼 것이고, 부모로부터 정해진 프로그램을 부여받는 것이 아니고 어릴 때부터 일을 위해 무엇을 배울 필요가 있을지를 자기 의지로 결정한다.

아마도 프레임 문제는 인공지능이 아무리 자율적으로 행동하게 되어도 계속 남아 있는 과제이며, 인공지능은 프로그래밍된 유한의 상식 범위 내에서 문제를 해결할 수밖에 없을 것이다. 그러나 이런 점 때문에 인공지능을 거부하기보다는 사람을 돕는 도구로 유한한 범위에서 도움을 주는 것으로 충분하지 않을까 한다.

1.1.15 인공지능의 목적은 무엇인가?

인공지능은 인간의 지적 활동을 공학적으로 재현하여 인간의 한계를 뛰어넘는 일을 해 주는 것이다. 결코 인간의 두뇌 자체를 만드는 것이 목적은 아니지만, 뇌 연구도 진행되면 기능적 구조를 인공적으로 만들어 내는 것에 따라 더욱 지적인 활동을 수행할 수 있을 것으로 생각된다.

하지만 인간의 뇌에 가까운 인공지능은 의미가 있는 것일까? 인간의 뇌는 뉴런만으로 흉내 낼 수 있는 것이 아니고 또 뉴런의 수만으로 흉내 낼 수 있는 구조도 아니다. 그러므로 뇌에 가까운 인공지능이 어떤 것인지 현재로서는 상상할 수도 없다. 만일 뇌에 가까운 인공지능이 가능해졌다고 하면 본능에 근거하지 않은 감정을 가지고 희로애락을 행세를 하는 것 외에도 정말로 친근한 의사소통이 가능할지도 모른다. 다만, 한편으로는 동요하거나 잘못하거나 잊어버릴지도 모른다. 어제 말한 대답과는 다른 대답을 할지도 모른다. 인간답게는 되었지만 인간이 컴퓨터에게 기대하는 특성, 즉 정확성, 속도, 재현성, 양적 한계가 없는 측면을 잃는다는 것은 아무것도 아닌 것이 된다는 의미다. 따라서 뇌에 가까운 인공지능이라는 표현은 별로 의미가 없고 인간의 지적 활동을 어떤 측면에서 보충할까 하는 측면에서 바라보는 것이 좋을 듯하다.

예를 들어, 커뮤니케이션 로봇은 인간의 감정을 받아들일 필요가 있지만, 인공지능에게 가능한 것은 인간의 감정 표현을 재현하는 것뿐이고 그것이 로봇의 감정이 되는 것은 아니다. 그래서 인간이 만족할 수 있다면 로봇이 감정을 가지고 있지 않아도 의사소통이라는 목적은 충분히 달성된다.

차량의 자동 운전, 의료 및 보험, 판매점원, 화물 운송, 교육, 회사 경영 전략, 투자, 가정생활, 통역 등 다양한 분야에 인공지능이 파고들 것이다. 그러나 인공지능을 현명한 인간과 같다고 생각해서는 안 된다. 어디까지나 인간의 지적 활동을 보강하는 기계라는 목적을 잃지 말아야 할 것이다.

앞서 언급한 '2001년 스페이스 오디세이'의 우주 스테이션과 HAL이 왜 지금도 존재하지 않느냐는 의문에 대한 답은 '그것이 사회적 목적과 수요를 따르지 않기 때문'으로 볼 수 있다. 전체 인류가 우주 스테이션을 최우선으로 생각한다면 실현되었겠지만 지구상에는 더욱 중요한 과제가 많기 때문에 우주 스테이션의 우선순위는 상당히 낮다고 본다. HAL은 기술적 측면이 강하다고 생각되지만 그래도 단지 기능 측면만 본다면 이미 개발되어 사용되고 있는 것도 있으며 목적과 수요에 따라 보급되고 있다.

인공지능은 현재 딥 러닝에 따라 인간이 알아차리지 못하는 법칙을 도출해 내 인간의 판단을 보완한다는 밝은 목표를 보이고 있다. 이것을 어떻게 사용할까? 예를 들어, 딥 러닝에 따른 영상 인식을 사용하면 센서 반응뿐 아니라 상황의 본질을 파악하는 진정한 자율 행동 로봇이 실현될지 모른다. 혹시 로봇으로서가 아니더라도 재해나 의료 현장 등 여러 경우에 목적과 수요에 따른 활약을 해 줄 것이다. 차량의 자동 운전도 현실적인 것으로 생각된다.

1.1.16 인공지능이 인간을 뛰어넘는다는 것은 어떤 의미일까?

새삼스럽게 인공지능이 인간을 뛰어넘다, 또는 정복한다는 것은 무슨 말일까? 인공지능 로봇이 전쟁 행위로 인간을 몰아낸다는 의미는 아닐까? 지금까지 말한 것처럼 '인공지능의 목적을 생각한다면 당연히 그런 것은 아니다'라고 말할 수 있겠지만, 만약 그렇다면 인간이 인공지능 예측에 휘둘리는 사태를 생각할 수 있다.

딥 러닝에 따른 빅데이터 분석이 진보하고 인공지능 예측이 발달하여, 인간의 경험이나 어떤 분야의 전문가가 오랜 연구에서 얻은 결론보다 인공지능이 내린 결론을 중시하는 사회 풍조가 만연해진다면 문제가 될 것이다. 예를 들어, 재판에서 변호사가 사건의 특수한 배경과 피고인의 사정을 감안하여 변호한다고 해도 판사가 인공지능이 활용하는 과거의 모든 사례로부터 도출된 결론을 우선하려고 한다면 곤란하다.

어떤 경우라도 인공지능이 내린 결론을 따른다는 것은 틀림없이 정복된 상태라고 볼 수 있다. 하지만 이것은 인공지능의 입장이 아니고 인간의 입장에서 생각하기 나름인 것이다. 인공지능은 인간보다 빠르고, 정확하고, 양적 한계를 뛰어넘어 문제를 해결해 주지만, 우리는 어떤 경우라도 인공지능의 결론이 옳다고 쉽게 판단해 버리지는 않을 것이다.

1.2 인공지능의 연구 주제

인공지능이라는 단어를 사용하게 된 것은 1956년 미국 다트머스에서 열린 학술대회에서 당시 연구의 대가들인 존 매카시(John McCarthy), 마빈 민스키(Marvin Minsky) 등이 공동으로 제안한 것이 시초로 알려져 있다.[36] 그러니 컴퓨터 과학 전체가 연구되기 시작한 처음부터 인공지능 영역의 연구도 함께 이루어졌다고 할 수 있다. 물론 인공지능 전체 영역이 동시에 시작된 것은 아니지만 서서히 범위를 넓혀 나갔다.

1.2.1 인공지능 붐

인공지능 연구는 신경망, 논리학, 머신 러닝, 기계 번역 등의 연구가 활발했던 1960년대 말 ALPAC 보고서에 따른 기계 번역 한계설[37]과 민스키의 퍼셉트론 한계설[39]에 따라 연구 분위기가 잠시 주춤했다고 한다. 그 이후 그러한 문제점들을 극복하려고 신경망도 새로운 방법이 고안되고, 머신 러닝도 훈련 데이터 없이 환경에 적응해 나가는 방법이 등장했다. 기계 번역도 문장의 구조를 격 문법[40]으로 표현하는 새로운 방식으로 바뀌어 새롭게 전개되고 상용화도 이루어졌다. 그런 것들 중에서 주목할 만한 것으로는 지식 표현[41]과 전문가 시스템[42]이 있다.

지식 표현 연구는 1960년대부터 이미 시작되었지만, 1980년대에는 상용화로 이어져 인공지능 붐[43]이라고 해도 좋을 만큼 활황을 보였다. 대기업은 앞다투어 기획, 개발부터 영업, SE[44]까지 포함한 수백 명 규모의 직원을 거느린 독립 조직을 만들고, 회사마다 고유의 전문가 시스템 개발을 추진하였다. 고객 측에서도 전문가 시스템이 자사의 문제 해결을 위한 최선의 수단이라는 적극적인 생각을 갖게 되었고, 현실적, 잠재적 지식을 정리하여 문제 해결을 담당하는 KE[45]라는 직종까지 등장하게 되었다. KE는 단순한 SE가 아니고 고객 측의 지식을 전문가 시스템으로 구성하는 역할을 담당하였다. 지금 생각하면 거의 불가능한 역할이지만 인공지능 붐 속에서는 진지하게 생각되었다. 그러나 1990년대 초에 들어서면서 극도로 번성했던 전문가 시스템도 전문가의 중요 요소라고 했던 미묘한 표현이 어렵고, 또 일반 상식까지 포함하면 방대해지는 지식을 유지, 관리하는 어려움도 있어 한계를 보였다. 한때의 붐이 전문가 시스템이 전문가를 대신하게 될 것이라는 착각에 빠지게 한 것으로 보인다. 또한, 본래는 유용하게 사용했었겠지만 실망하는 경우가 더 많아 인공지능 붐은 시들어 버리고 인공지능을 위한 기업의 독립 조직도 해산되었다.

그 이후 1990년대에 브라우저가 등장하고, 2000년대에 들어서 인터넷이 급격히 확장되면서 웹상에서 대량의 데이터가 돌아다니게 되었다. 더욱이 검색 엔진 연구가 진행되면서 2010년대에는 빅데이터 분석이 시작되었다. 또 딥 러닝의 등장에 따라 인터넷과 관련된 딥 러닝에 따른 빅데이터 분석에 기대가 모아졌다.

2013년 미국의 오바마 대통령이 뇌신경과학의 거대한 프로젝트로서 BRAIN(Brain Research through Advancing Innovative Neurotechnologies) Initiative를 발표하였다. 2014년부터 15년 이상에 걸쳐 선충(線虫)의 신경세포부터 파리, 쥐로 검사 대상을 확대하여 영장류의 뇌까지 확대하는 예산 총액이 5조 원이 넘는 장대한 계획으로, 최종적으로는 인간 뇌 활동의 전모를 밝히는 뇌 지도를 작성하는 것이 목표다. 정신 질환 등의 의료 분야뿐만 아니고 공학, 경제 측면에서의 응용과 주변 산업으로의 파급 효과가 기대된다.

유럽에서는 인간의 뇌(뉴런 구조)를 전부 컴퓨터상에 재현시키려는 인간 뇌 프로젝트(Human Brain Project)가 진행 중이다. 2013년에서 2023년까지 10년 간 신경망과는 다른 기법을 연구한다고 한다. 이것도 총액이 대략 1조 5천억 원에 달하는 대규모 프로젝트로서 의료 분야 활용과 새로운 구조의 컴퓨터 개발을 목표로 하고 있다.

일본에서는 1980년대의 인공지능 붐 시기에 10년간 약 5천억 원에 달하는 '제5세대 컴퓨터(ICOT)' 프로젝트가 진행되어 병렬 추론 머신과 이 머신을 위한 Prolog에 기초한 컴퓨터 언어*46에 대한 연구가 이루어졌다. 그 이후 e-Japan, 유비쿼터스 시대를 거쳐 지금은 국립정보학연구소를 중심으로 '동경대 입시에 합격하는 로봇(약칭: 동(東) 로봇)' 프로젝트가 진행 중이다. 시기는 2011년에서 2021년까지로, 이 과정에서 연구·개발되는 자연어 분석, 수식 처리, 그 외 많은 요소 기술의 결합과 발전을 목표로 하는 동시에, 인공지능이 과연 어디까지 가능할지 파악하는 것도 목표 중 하나다. 반대로, 인간밖에 할 수 없는 것이 나타날 것이라는 기대도 있다.

1.2.2 인공지능 연구 주제의 흐름

인공지능이라는 연구 분야는 하나의 분야로 존재하는 것이 아니고, 여러 기술로 구성되어 있다.*47 요소 기술이 등장한 초기에는 인공지능으로 간주하더라도 그 기술이 성숙되면 더 이상 인공지능이라고 말하지 않고 독립적인 기술로 인식되어 왔다.

인공지능 분야의 다양한 요소 기술에 관련된 연구 주제는 상당히 넓으며, 시대에 따라 유행의 물결이 있었다고 하지만 꾸준한 연구가 계속되고 있다. 특히, 머신 러닝은 늘 주목받았으며 최근에는 데이터 마이닝과 웹 관련 기술과도 연관되어 인터넷상의 빅데이터 분석과 밀접한 관계가 있다. 또 자연어 처리와 에이전트도 장기적인 연구 주제다. 어떤 연구가 이루어져 왔는지, 최근 15년간 인공지능학회*48 학회지와 논문지 주제의 변천을 조사해 보았으므로 참고하길 바란다(표 1-2).

학회지/논문지에서 다룬 주제의 빈도(색이 짙을수록 빈도가 높음)

年 주제 \ Vol	2015 30	2014 29	2013 28	2012 27	2011 26	2010 25	2009 24	2008 23	2007 22	2006 21	2005 20	2004 19	2003 18	2002 17	2001 16
뇌과학	3	0	1	1	1	0	2	1	2	0	5	3	2	2	3
신경망	0	0	0	1	0	0	0	1	1	2	0	0	0	0	0
퍼지	0	0	0	0	1	1	0	0	1	1	0	0	0	0	0
머신 러닝	5	4	3	4	3	3	2	4	4	3	5	5	2	5	3
딥 러닝	0	2	3	0	0	0	0	0	0	0	0	0	0	0	0
논리 추론	1	1	0	1	0	3	1	2	3	1	0	3	1	4	5
데이터 마이닝	2	5	4	5	4	5	5	1	4	4	3	3	4	3	3
베이즈 네트워크	0	0	0	1	0	1	0	1	2	0	0	0	1	1	0
지식 표현	2	0	1	2	2	1	1	0	3	2	2	1	2	2	2
유전 알고리즘	1	0	0	0	0	4	4	2	2	3	2	3	5	3	3
웹	5	4	1	2	4	5	4	2	4	3	4	5	0	5	4
검색 엔진	1	0	1	1	1	2	1	3	1	0	2	0	0	2	4
에이전트	3	0	3	2	4	3	3	3	4	5	3	4	3	3	3
소프트 컴퓨팅	1	0	1	1	0	1	0	0	0	0	0	0	0	0	0
자연어	4	4	4	4	4	4	4	5	5	4	3	2	2	5	2
온톨로지	1	2	1	2	3	3	2	2	1	3	5	1	2	5	0
시소러스	0	0	0	0	0	0	0	1	0	0	1	0	0	1	0
코퍼스	0	0	0	0	2	0	2	0	0	0	0	2	0	0	1
영상 처리	2	2	1	2	1	3	2	2	1	0	3	0	0	0	2
음성	2	2	3	3	2	3	1	2	2	3	1	2	1	4	0
패턴 인식	1	1	0	2	1	0	1	1	1	1	1	1	0	0	0
HCI/HAI	2	2	3	0	1	4	2	1	2	2	1	0	1	0	0
클라우드	0	2	1	2	1	1	1	0	0	0	0	0	0	0	0
링크드 데이터	2	4	0	2	0	0	0	0	0	0	0	0	0	0	0
교육 지원	4	2	1	2	2	4	1	3	3	4	1	0	0	4	2
농업	1	0	0	0	0	0	0	0	0	0	0	0	0	0	0
마케팅	2	1	2	2	1	0	1	1	2	0	2	1	1	0	0
재무	0	0	1	3	1	3	2	1	0	2	0	1	0	0	0
관광	0	1	0	0	1	0	0	0	0	0	0	1	0	0	0
바둑, 장기	1	2	1	1	2	0	1	0	0	1	0	0	0	0	1
로봇	2	4	3	3	2	3	3	1	3	4	2	1	4	4	5
모바일	0	0	2	0	0	1	0	0	0	0	0	0	0	2	2
웨어러블	0	1	2	1	0	0	0	0	0	0	0	0	0	0	1
유비쿼터스	0	0	0	0	0	0	0	2	0	1	1	2	0	0	1
병렬	0	0	0	0	0	1	2	0	1	0	1	0	0	1	0
의료	1	4	3	1	3	2	2	2	0	0	1	1	1	2	0
복잡계	0	0	0	0	0	0	0	1	0	0	0	1	0	0	0
가상현실	0	0	0	0	0	0	0	0	1	0	0	0	0	0	0
바이오	0	2	0	0	1	0	0	0	2	0	0	0	1	1	0
법률	0	0	0	0	0	0	1	0	0	0	0	1	1	1	0
SNS	2	2	1	0	0	2	0	0	1	0	1	1	0	0	0
특이점	0	0	1	0	0	0	0	0	0	0	0	0	0	0	0

※ 이 표는 제가 판단하여 집계한 것이므로 정확하다고 하긴 어렵지만, 경향을 보기 위한 것이므로 이 점 양해 바랍니다.

표 1-2 　인공지능학회 주제의 변천

인공지능 연구 주제의 변천을 이 표로만 판단하려는 것은 아니다. 세계적으로 여기에 나타나 있지 않은 연구도 많이 이루어지고 있지만, 이 표가 하나의 기준이 될 수는 있다고 생각한다. 이 책에서 다루는 주제의 대부분은 15년 전에 이미 주목받고 있던 주제였지만, 이미 실용화되어 형태가 바뀌고 새로운 주제로 이어져 모두 중요하다고 볼 수 있다. 예를 들어, 신경망은 딥 러닝과 밀접한 관계가 있다.

딥 러닝이 등장하기 전까지는 빅데이터 해석에 통계적 기법*49이 주로 사용되었다. 또한, 기계 번역 등 자연어 처리 분야에서는 온톨로지*50, 코퍼스*51, 시소러스*52 연구가 꾸준히 이루어져 왔다.

이처럼 인공지능 연구의 요소 기술 대부분은 과거에 기초가 만들어지고 현재까지 이어지고 있다. 지금은 딥 러닝이 주목을 받고 있지만, 앞으로는 다른 분야가 다시 등장할 가능성도 있다. 딥 러닝이 인간이 아무것도 주지 않는 대신 무한한 빅데이터 처리를 위해 엄청난 시간의 학습을 필요로 하게 된다면, 우선 인간이 착안점만 주고 그것에 대한 학습을 단시간에 수행하는 편이 효율적이라고 하는 상황으로 바뀔지도 모르겠다. 그렇게 되면 통계적 기법이 부활할 것이며, 제한된 범위에서도 지식 표현과 온톨로지 연구에 따라 전문가 시스템이 재검토될지도 모른다.

특정 연구가 어떤 시점에서 한계에 부딪혔다고 해도 이미 기대한 바대로 목적을 충분히 달성하고 도움이 되는 결과가 얻어졌다고 볼 수 있으나, 다시 이를 뛰어넘는 새로운 비약을 기대해 본다.

1.3 인공지능 기술의 초보적 고찰

인공지능 기술이 보통의 컴퓨터 프로그램과 달라 보이는 것은 사람처럼 동작하기 때문이다. 인간의 지식 활동은 정확한 수치적 판단에 따른 것이 아니라, 정확하지만 어느 정도 느슨한 기준에 근거하고 있다. 예를 들어, 다음과 같다.

❶ 손으로 쓴 뭉그러진 문자라도 무엇이라고 쓴 것인지 알 수 있다.

❷ 선풍기나 환풍기 등 수치로 관리되지 않는 장치이지만 방안을 쾌적하게 유지한다.

❸ 자택에서 역까지 가는 방법은 많이 있지만, 들를 수 있는 가게의 유무나 교통량, 언덕길이 있을지 어떨지를 고려하여 방대한 조합들 중에서 간단히 경로를 선택할 수 있다.

❹ 상대와의 승부에서 몇 수 앞을 내다보고(끝까지 다 내다보지 못하더라도) 자신에게 유리하다고 생각하는 수를 둔다.

❺ 돈이 많은 사람에 대해서나, 많은 아이에게 둘러싸인 사람에 대해서도 '저 사람은 Rich다(풍족하다)'라고 인식한다.

❻ 인간은 뇌에 지식을 저장하지만 기억할 수 없는 것은 수첩이나 도서관에 저장하고 어떻게 정보를 찾는지도 이해하고 있다.

이것을 컴퓨터가 일반적으로 처리한다면 다음과 같이 될 것이다.

❶ 마크시트에 영문자와 숫자를 정확히 쓰지 않으면 안 되는 것처럼, 뭉그러진 문자는 인식할 수 없다.

❷ 주위의 기온을 측정하여 설정 온도에 맞도록 냉방 장치의 강약을 조절하지만, 기온은 정확해도 쾌적하다고 볼 수는 없다.

❸ 각각의 경로에 점수를 주는 모든 조합을 고려하여 가장 점수가 높은 조합을 선택한다.

❹ 상대가 두려고 하는, 이길 수 있는 수를 모두 읽어 자신에게 가장 유리한 수를 선택한다.

❺ 어떤 사람이 Rich인지 미리 정해 놓지 않으면 'Rich인지 아닌지' 판단할 수 없다.

❻ 대량의 외부 기억 매체를 사용하여 데이터를 저장한다. 그러나 검색은 어렵다.

이 책의 2장부터 설명되는 인공지능 요소 기술은 이처럼 인간의 지적인 면과 유사한 다소 느슨한 활동을 컴퓨터상에서 실행하기 위한 것이다. 각각의 출발점을 더듬어 본다면 다음과 같은 연구 주제에 기초하고 있다(그림 1-6).

그림 1-6 이 책에서 설명하고 있는 인공지능 기술 개요(일부)

① 신경망(행렬 연산)

② 퍼지(그래프 합성)

③ 유전 알고리즘, 탐색 기법(수치 계산)

④ 게임 전략(수치 계산)

⑤ 머신 러닝(기호 처리)

⑥ 지식 표현, 전문가 시스템(기호 처리)

여기서 괄호 안의 단어는 각 기술들의 기초가 되는 기본 처리 기법을 나타낸다. 물론 실제 인공지능 소프트웨어는 그런 기본 처리 기법으로 가능한 것은 아니고, 광석 라디오와 집적 회로의 차이만큼이나 복잡함에서 꽤 차이가 있지만, 초보적으로 보면 이런 기본 처리 기법으로도 어느 정도는 가능하다고 할 수 있다. 내용을 잘 모르는 상태에서는 굉장히 현명하고 정말 인공지능에 적합하다고 느껴도, 내용을 조금이라도 알게 되면 실은 대단치 않은 평범한 계산기 과학은 아닐까 하고 말하고 싶을지도 모른다. 앞에서 설명한 것처럼 인공지능이라는 연구 분야가 있는 것이 아니라 요소 기술을 총칭하는 것으로, 요소 기술이 진화하여 독립하면 인공지능이라고 말하지 않게 되는 경우도 있다. 그래서 어느 것이 인공지능이고 어느 것이 인공지능이 아닌지 하는 논의는 별로 의미가 없다. 어떤 기술도 인공지능의 요소 기술이기 때문이다.

2장부터는 몇 가지 요소 기술의 기초가 되는 기본 처리 기법을 실제 시뮬레이션을 이용하여 이해하는 것이 목적이다. 기초가 되는 기본 처리 기법을 모른 채 인공지능 기술을 마법의 세계처럼 막연히 상상하지 말고, 그 이면에는 기본 처리 기법인 컴퓨터 소프트웨어가 있다는 것을 실감하기 바란다. 물론 이런 시뮬레이션으로 진정한 인공지능 소프트웨어를 말할 수 있는 것은 아니지만, 인공지능은 어디까지나 소프트웨어로 실현되는 세계라는 것을 이해할 것으로 생각한다.

CHAPTER 1 **미주**

*1 아서 C. 클라크(Arthur C. Clarke)(1917~2008) 영국의 SF 작가. 위성 통신과 우주 엘리베이터 등 과학적 근거에 기초한 우주 주제가 많다.

*2 스탠리 큐브릭(Stanley Kubrick)(1928~1999): 미국/영국의 영화감독. SF, 스펙터클 영화부터 심리 영화까지 폭넓은 장르의 작품을 제작하고, 완벽주의의 이색적 제작 기풍으로 알려져 있다. 2001년 개봉한 스티븐 스필버그 감독의 영화 'A.I.'도 기획하였다. 아폴로 11호가 달 표면에 착륙한 영상이 그가 지상에서 특수하게 촬영한 것이라는 의혹까지 있다.

*3 독순술(lip reading)은 입술의 움직임을 보고 무엇을 말하는지 이해하는 것을 의미한다. 이것은 사람에게는 있을 수 있는 일이다. 나도 듣지 못하는 사람이 시중드는 사람의 입술 움직임을 보고 대화하는 장면을 본 적이 있다. 그렇지만 늘 곁에 있는 시중드는 사람이 아닌 다른 사람의 입술 움직임을 읽어 내기는 어려우며, 또 사용하는 언어에 따라 입술 움직임을 읽어 내기가 더 어려울 수도 있다. 이것을 컴퓨터가 처리하는 영화 장면은 영상 인식과 자연어 처리의 최고봉이라 할 수 있다.

*4 인공지능학회지 Vol.16 No.1 2001.1을 참고하였다.

*5 '바람이 분다 → 먼지가 난다 → 물을 뿌리는 물통이 있다 → 물통이 팔린다'라는 시시한 것이지만, 익살스러운 표현으로 다음과 같이 사용하기도 한다. 바람이 분다 → 먼지가 난다 → 먼지가 눈에 들어가 봉사가 많아진다 → 삼현금(일본 고유의 음악에 사용하는 세 개의 줄이 있는 현악기)을 타는 사람이 많아진다 → 삼현금을 만들기 위해 고양이 가죽이 필요하다 → 고양이가 줄면 쥐가 많아진다 → 쥐가 물통을 갉아 먹는다 → 물통이 팔린다 → 물통 장수가 돈을 번다.

*6 클라우드(cloud): 글자 그대로 구름을 의미한다. 인터넷을 매개로 (구름 속에 있는 것처럼) 거대한 데이터 센터에 연결되어 대규모 처리를 가능하게 한다. 직접 사용하는 컴퓨터로 모두 처리하는 것을 스탠드얼론(standalone)형, 직접 사용하는 컴퓨터로는 입출력만 처리하고 실제 데이터는 호스트 컴퓨터로 처리하는 것을 서버(server)형이라고 하며, 클라우드형은 두 가지의 장점을 모두 겸비한 처리 형태를 말한다. 서버형처럼 특정 서버에 접속해서 처리를 의뢰할 필요 없이 어디서라도 인터넷을 경유하여 사용하고 있는 기기를 확장하여 이용할 수 있다.

*7 IoT(Internet of Things): 사물 인터넷. 다시 말하면 사물이 인간의 개입 없이 자율적으로 정보를 교환하는 구조. 근래에 IBM과 인텔이 대대적으로 제창한 것으로 컴퓨터 관련 전시회에서 각 회사의 대표 주제어가 되었다. IoT라는 단어 자체는 2000년대 초부터 있었고 통신 기술의 발전에 따라 모습을 달리하여 진화되어 왔다. 우리나라에서도 홈네트워크, 홈오토메이션 등 가전이나 전력, 보안 등을 연결해 홈서비스를 제공하려는 개념은 비교적 오래전부터 존재하였으나 큰 반향을 일으키지는 못하였다. 하지만 최근 통신사들이 잇달아 로라, LTE-M, NB-IoT 등 IoT 전용망 구축에 경쟁적으로 나서고 인공지능 기술의 접목 등으로 IoT 시장도 새로운 중흥기를 맞이하고 있다. 특히, 공공 에너지 생산, 헬스케어, 자동차, 홈, 스마트시티 등 다양한 영역에서 IoT 기술이 적용될 수 있어 차세대 네트워크 시장의 핵심으로 자리 잡을 것으로 예상된다. 2016년 1월 미국 라스베이거스에서 개최된 가전제품박람회(CES)에서도 IoT는 기본이고 가전제품뿐만 아니라 다양한 정보 기기가 전시되었지만, 처음으로 기조연설을 맡았던 IBM은 자사의 컴퓨터 Watson을 IoT의 핵심으로 전시하였으며, 인텔은 가전제품과 정보 기기에 들어가는 초소형 컴퓨터를 발표하였다. 앞으로 이런 것들을 활용하는 측면에서의 전시회가 활발해질 것이다.

*8 사용자 인터페이스: 컴퓨터와 사람이 상호 작용하는 수단. 초기 컴퓨터 시대에는 종이테이프, 카드, 라인 프린터, 한 문자씩 입출력하는 TTY(Tele-typewriter) 단말기라고 하는 기기들이 사용자 인터페이스로 사용되었다. 이후 문자 단위의 인터페이스(Character User Interface, CUI)에서 도형 등에 의한 시각적 인터페이스(Graphical User Interface, GUI)로 바뀌면서 인간의 오감을 구사하는 인터페이스로 진화해 왔다. 호칭도 처음에는 MMI(Man Machine Interface)라고 했지만 'Man'은 좀 이상하다고 하여 HCI(Human Compter Interface)로 했다가 지금은 GUI가 되었다.

*9 가상현실(Virtual Reality, VR): 현실 세계와 동일하게 느낄 수 있는 상황을 컴퓨터로 재현하는 것. 지금은 시각과 청각이 핵심이지만 인간의 오감 전체를 재현하는 연구도 이루어지고 있다.

*10 증강현실(Augmented Reality, AR): 현실 세계에 컴퓨터로 생성한 지각 정보를 추가하는 것. 또한, 동일하게 지각할 수 있는 상태를 컴퓨터로 재현하는 것. 1.1.3절에서 언급한 스마트폰의 영상 처리는 스마트폰의 화면 속에 존재하지만 일종의 증강현실로 볼 수 있다.

*11 2016년 1월, 미국에서 개최된 가전제품박람회(CES)에서도 고글형 가상현실은 대성황이었으며 2016년은 VR의 원년으로 기대되고 있다. VR 기기는 영상을 보여 주는 것뿐만 아니라 전방향 촬영이 가능한 카메라도 등장하여 VR 콘텐츠를 스스로 만드는 것도 가능해졌다.

*12 웨어러블(wearable): 일반적으로 몸에 부착되는 형태로 구현하는 것을 의미한다. 옷, 손목시계, 안경, 모자, 장갑, 구두, 펜, 우산 등 다양한 물건에 컴퓨터가 내장되고, 사람의 뇌와도 연결되어 신체의 일부로서 작동하는 것이 기대되고 있다. 예를 들어, 속옷을 이용하여 건강 상태를 기록한다든지, 안경을 이

용하여 증강현실을 본다든지, 장갑을 이용하여 고양이를 껴안고 있는 기분도 느낄 수 있다.

[*13] 아날로그(analog): 연속적인 것. 본래의 뜻은 유사하다는 의미지만, 연속적인 데이터를 다른 형태의 연속적 데이터로 대체하는 것을 나타낸다.

[*14] 디지털(digital): 이산적인 것. 본래의 뜻은 손가락으로 셀 수 있는 것을 의미하지만, 연속적인 데이터를 이산적 데이터로 대체하는 것을 나타낸다.

[*15] 실시간 응답성(real time response): 시간적 지연 없이 기대한 시간 내에 응답이 가능한 것. 인간의 지각은 초 단위로 이루어지기 때문에 컴퓨터에 있어서는 즉각적인 응답성을 충분히 보장할 수 있겠지만, 데이터 양, 처리 내용, 실질적인 입출력 등에 따라 인간의 감각으로도 늦다는 느낌을 받을 수 있다.

[*16] 컴퓨터 내부에서 난수에 따라 조건을 적당히 바꾸면 좋을 것으로 생각할지도 모르지만, 난수도 사실은 의사(pseudo) 난수여서 진정한 무작위가 아니고 난수 수열을 결정하는 방식에 의해 생성된다.

[*17] 자동 운전 기술은 환경 대책과 함께 앞으로의 가장 중요한 주제가 되었다. (자동차 제조사가 아닌) 구글을 포함하여 국내외 제조사들은 독자적인 연구를 진행하고 있으며, 기술적 측면은 동일하지만 목적과 사용 방법에는 차이가 있다.

[*18] Carl Benedikt Frey., Michael A. Osborne.(2013). The Future of Employment: How Susceptible are Jobs to Computerisation?(고용의 미래: 컴퓨터화에 따라 일이 어떤 영향을 받는가?)

[*19] 가우스 과정 분류법(gaussian process classifier)은 정규 분포를 이용한 회귀분석법으로 머신 러닝에도 사용된다.

[*20] 책임(responsibility)이라는 관점은 본래 사회성에 포함된 것으로 사회성으로 고려되는 키워드는 다음과 같다.
- 사회적 지각(social perceptiveness): 타인의 반응에 주목하고 왜 그런 반응을 보이는지 이해하는 것
- 협상(negotiation): 타인과 협조하고 일치하지 않는 점에 대해 조정하는 것
- 설득(persuasion): 타인의 기분과 행위를 바꾸도록 설득하는 것
- 타인에 대한 도움과 돌봄(assisting and caring for others): 개별 원조, 의료적
- 배려, 정서적 지원, 동료나 고객, 환자 등을 보살피는 것

[*21] 빅데이터(big data): 글자 그대로 거대한 데이터라는 뜻. 이 단어는 2010년 무렵부터 사용되기 시작했다. 데이터베이스 등 기존의 데이터 처리 기법에서는 감당할 수 없는 대용량과 복잡성을 의미한다. 일반적인 데이터베이스는 데이터에 관련된 요인을 추출하여 열(가로) 방향으로 늘어놓은 다음, 각 요인의 값들로 이루어진 한 세트를 하나의 데이터로 보고 그것을 데이터 개수만큼 행(세로) 방향으로 늘어놓아 표 형태로 표현한다. 한편, 빅데이터는 행과 열이 너무 커서 컴퓨터 내에 표 형태로 받아들이지 못하거나 열을 파악하기도 어렵다.

[*22] 데이터 마이닝(data mining): 데이터를 광산으로 보고 데이터로부터 숨겨진 보물을 발굴한다는 뜻. 문서 처리의 경우에는 텍스트 마이닝(text mining), 웹페이지의 경우에는 웹 마이닝(web mining)이라고도 한다.

[*23] 2012년 6월 구글의 블로그에 게재된 기사에 따르면,
- 음성 인식, 영상 인식, 스팸 대책, 차량의 자동 운전, 번역 등 머신 러닝이 완벽해지려면 아직 멀었기 때문에 새로운 기법이 필요함.
- 기존의 머신 러닝은 데이터에 라벨을 다는 것(예를 들어, 고양이는 이러이러한 것이다)이 필요했지만 새로운 기법에서는 라벨을 달 필요가 없음.

- 신경망은 기존에 1,000만 개의 연결로 제한되어 있었지만 새로운 기법에서는 16,000개의 CPU와 10억 개의 연결을 가짐.
- YouTube 동영상을 일주일간 제공하여 고양이의 특징 요인을 자동으로 추출하여 고양이를 판별할 수 있게 됨.

*24 분류 또는 클러스터링(clustering): 많은 데이터를 특징 요인에 따라 분류하는 데에는 베이즈 확률*25과 모집단에서 분류 요인을 판별하는 통계적 기법이 사용된다.

*25 토마스 베이즈(Thomas Bayes, 1702~1761)가 제창한 조건부 확률론. 일반 확률은 많은 시행 횟수로 사건의 발행 가능성을 실험할 수 있지만, 단 한 번의 승부에서 어긋나면 운이 나빴다고 말할 수밖에 없다. 베이즈 확률에서는 한 번의 시행에서도 조건을 설정한 것에 따라 확실한 기대치를 구하는 것이 가능하다. 두 사건 X와 Y에 대해 P(X), P(Y)를 개별 확률(일반적인 의미의 확률), P(X|Y)를 Y가 발생하였을 때 X가 발생할 확률, P(Y|X)를 X가 발생하였을 때 Y가 발생할 확률, P(X,Y)를 X와 Y가 동시에 발생할 확률이라고 하면, 다음과 같은 관계가 성립한다.

$$P(X|Y) \cdot P(Y) = P(Y|X) \cdot P(X) = P(X,Y)$$
치환하면, $P(X|Y) = P(Y|X) \cdot P(X)/P(Y) = P(X,Y)/P(Y)$

이는 사건 X의 발생 확률 P(X)의 신빙성을 높이기 위해 사건 Y를 사용하고, P(Y), P(Y|X), 또는 P(X,Y)를 조사하여 P(X|Y)를 구하는 것이다. 클러스터링에 사용되는 경우에는 X가 분류 사건, Y가 모집단을 나타내며 P(Y)는 일정하므로 P(X,Y)를 계산하여 구하고 P(X|Y)를 구하면 바로 분류가 가능하다.

*26 강화 학습(reinforcement learning): 주위로부터 얻어지는 보상을 최대화하기 위해 변화해 가는 학습법이지만, 무엇을 학습하느냐(학습 요인)와 보상을 계산하는 방법은 인간이 미리 결정해 두지 않으면 안 된다. 그러나 학습을 위한 기준이 되는 훈련 데이터를 제공해 주지 않아도 괜찮기 때문에 자율성을 갖춘 학습법으로 불린다.

*27 스탠리 큐브릭 감독이 장년기에 기획한 것으로, 본인이 감독을 맡았다면 더욱 과학적인 합리성을 지닌 작품이 되지 않았을까? 하는 아쉬움이 있지만 단순한 SF 오락 영화로 끝나지 않고 인공지능과 로봇의 존재 가치를 생각하게 한다.

*28 Pepper: 소프트뱅크와 자회사인 알데바란 로보틱스(Aldebaran Robotics)가 공동 제작. 2015년 2월부터 판매되고 있다. 나도 누마즈공업고등전문학교에 있는 Pepper와 얘기해 본 적 있는데, 학습 전에는 '당신의 말을 못 알아듣겠습니다. 상태가 좋지 않은 것 같으니 다음번에'라는 말만 계속하여 대화가 전혀 되지 않았다. 하지만 오래 함께 있는 동안 학습이 진행되어 대화가 이루어졌다. 말을 걸지 않으면 '요즘 말을 걸어 주지 않네요?'라고 하는 등 재촉하기도 한다.

*29 AIBO: 소니의 대형 로봇. 1999년~2006년에 총 15만 대가 판매되었다. 내부 제어는 센서에 따른 가동 부분들의 복합적인 구조에 의한 것으로 인공지능이라는 느낌은 아니지만 동일한 반응을 반복함에 따라 반응 속도가 빨라지는 등 개성을 가진 것처럼 설계되었다. 그러나 2014년에 유지 보수가 중단되었다.

*30 자율성(autonomous): 인간의 개입 없이도 상황을 판단하고 최적으로 작동하는 것. 산업 로봇도 자동으로 움직이지만 사전에 결정되어 있는 동작밖에 할 수 없다. 수치 제어 프로그램이 아무리 복잡해져도 그 이외의 것은 할 수 없다. 한편, 자율성을 갖춘 로봇은 자율적으로 움직이는 것처럼 프로그래밍되어 있지만, 수치 제어와는 다른 구조로 움직인다.

*31 2016년 1월 미국에서 개최된 가전제품박람회(CES)에서는 고성능 칩과 초소형 컴퓨터도 활황을 보였다. 비눗갑 크기에 슈퍼컴퓨터에 필적하는 테라(tera)급 연산 속도로 1초에 수천 장의 사진을 영상 처리하는 차량 탑재용 컴퓨터도 등장했다. 이 덕분에 360도 전방향 카메라로 촬영한 주변 상황을 딥 러닝과 결합한 영상 처리로 실시간 처리하는 것이 현실적으로 가능해졌다.

*32 로봇 슈트(robot suit): 'powered suit' 또는 'power assist suit'라고도 불리며 의복의 일부분으로 장착되어 인간의 활동을 강화한다. 주로 인간의 관절과 근육 움직임을 감지해서 이를 강화하는 방향으로 모터, 유압, 공기압 등을 이용한 보조 기구가 작동하도록 되어 있다. 간호 현장에서 육체 노동을 보조하거나 의료 현장에서 재활 운동을 보조하며, 재해 현장에서 철거 작업을 보조하기도 하고, 군용으로 사용되기도 하는 등 이미 실용화되고 있다.

*33 Tele-presence, Tele-existence, Avatar: 마치 그 장소에 있는 것 같은 감각을 가지는 것. 사람 대신에 로봇을 현장에 두고 원격으로 처리함으로써 로봇을 통해 사람이 현장에 있는 듯한 감각을 가지는 것이 가능하다.

*34 엄밀하게는 기질(temperament)이라고 하는 선천적인 행동 특성이 있다고 전해지고 있으며 동물의 일반적인 본능과는 조금 다르다. 기질은 독일의 정신의학자인 크레치머(Ernst Kretschmer, 1888-1964)에 의해 연구된 분리 기질, 순환 기질, 점착 기질의 세 종류로 분류된다. 기질은 성격과 달리 개성의 원점이 되는 것으로 평생 변하지 않는 것으로 받아들여진다.

*35 J. McCarthy., P. Hayes. (1969). Some Philosophical Problems from the Standpoint of Artificial Intelligence(인공지능 관점에서의 몇 가지 철학적 문제)

*36 튜링 머신과 제2차 세계대전 암호 해독으로 유명한 앨런 튜링(Alan Turing 1912~1954)의 연구에도 이미 인공지능 요소가 들어 있었다. 그는 인공지능의 아버지라고 불리며, 컴퓨터 체스도 고안하였다.

*37 1966년 미국 과학아카데미-ALPAC(Automatic Language Processing Advisory Committee)에 따른 보고서에서 구 구조 문법*38에 따른 기계 번역은 실용화되지 않았다고 하였는데, 이는 인간의 번역에는 적수가 되지 않는다는 취지였다.

*38 구 구조 문법(Phrase Structure Grammar): 주어, 술어, 목적어 등 품사를 기반으로 하여 문장의 구조를 규정한다.

*39 1969년 마빈 민스키는 퍼셉트론(초기 신경망)의 적용 범위가 매우 좁다는 것을 지적하였다. 이른바 선형 분리라는 것이 가능하지 않다면 사용될 수 없다는 것이다. 자세한 내용은 2장에서 설명한다.

*40 격 문법(Case Grammar): 1968년 필모어(Charles Fillmore)가 제안하였다. 그 전까지의 문장 해석은 구 구조 문법에 의존하였지만 문형이 다른 번역은 매우 번거로웠다. 이에 대해 격 문법은 동사를 중심으로 각 단어의 역할을 격이라는 개념으로 표현한 것으로, 문형에 의존하지 않는 의미적인 해석이 가능하다. 동작주격, 경험자격, 대상격, 시간격 등 여러 가지 격을 생각할 수 있지만 원래의 문장을 일단 격 문법으로 변환하면 언어의 문장 구조 차이와 수동태를 의식하지 않고 어떤 언어로든 변환할 수 있다. 예를 들어, 다음의 두 문장을 격 문법으로 표현하면 같은 구조이기 때문에 상호간에 쉽게 변환된다.

 • 그녀는 모든 사람에게 사랑받는다. → '사랑하다'라는 동사를 중심으로 '그녀: 경험자격, 모든 사람: 동작주격'
 • Everybody loves her. → 'loves'라는 동사를 중심으로 'Everybody: 동작주격, her: 경험자격'

*41 지식 표현(Knowledge Representation): 인간의 뇌에서 지식은 어떤 기억 구조로 저장되어 있는지, 이를 컴퓨터에서 흉내 내려고 하는 것이 지식 표현의 과제. 제9장에서 설명한다.

*42 전문가 시스템(Expert System): 전문가의 뇌에 저장된 지식을 지식 표현에 따라 데이터베이스화하고 전문가를 대신하도록 하는 것으로서, 인구가 적은 지역의 병원 대책과 전통 기술의 전승 등 당시에는 큰 기대를 받았다. 자세한 내용은 제9장을 참조하기 바란다.

*43 나도 이 시대에 기업의 인공지능 관련 소프트웨어 개발 부서에 소속되어 꿈과 같은 시대를 경험하였다. 기업의 사업 내용은 전문가 시스템과 관련된 것을 중심으로 고객을 위한 시스템을 구축할 뿐만 아니라,

구축을 쉽게 해 줄 수 있는 툴을 제품화하여 판매하기도 했으며 회사마다 고유의 상품명으로 정말 떠들썩했다. 컴퓨터 관련 전시회에서는 인공지능이 넘쳐 났으며 툴 외에도 각양각색의 데모가 이루어진 가운데 후지쯔의 '루팡 대 홈즈'라는 신경망을 탑재한 자율 주행 로봇이 범인을 잡는 연극은 대성황을 이루었다.

*44 SE(System Engineer): 고객의 요구에 따라 전용 시스템을 제작하는 직종으로 지금도 중요한 직종이다.

*45 KE(Knowledge Engineer): 전문가의 지식을 이끌어 내서 전문가 시스템의 지식 표현으로 변환하는 직종. 인간 지식의 미묘한 뉘앙스를 지식 표현으로 바꿔 놓기에는 어려움이 있었으며 지금은 존재하지 않는 직종이다.

*46 GHC(Guarded Horn Clause): Prolog 기반의 병렬 추론 언어이지만 기업에서 보면 이용 범위가 좁고 비즈니스 관점에서는 연구 성과의 피드백이 어려웠던 것으로 기억하고 있다.

*47 일본학술진흥회의 과학연구비(과학연구비조성금) 분류에 따르면, 인공지능 관련 연구에 가까운 분야는 2013년부터 정보과학(분야)의 인간정보학(분과) 속에 세부적으로 인지과학, 지각정보처리, 휴먼인터페이스·인터랙션, 지능정보학, 소프트컴퓨팅, 지능로보틱스, 감성정보학으로 분류되고 있다. 분과로서는 인간정보학 이외에 정보학기초, 계산기반, 정보학 프론티어라고 하는 분과도 있고, 더욱이 정보과학 이외의 분야도 있다. 인공지능이라고 하는 것은 하나의 분야가 아닌 다양한 요소 기술의 총칭이다. 인공지능과 관련된 연구 분야에 대한 분류 방법은 시대에 따라 바뀌어 왔지만 직접적으로 '인공지능'이라는 이름을 갖는 연구 분야는 과거에도 없었다. 참고: 일본학술진흥회 http://www.jsps.go.jp/index.html

*48 인공지능학회(JSAI): 1986년에 발족되어 처음부터 대략 2,000명 규모의 회원을 가지고 있다. 미국에서는 1979년에 AAAI가 발족되었고 지금도 인공지능 연구를 대표하는 학회이지만, 로봇이나 기타 세부적인 개별 주제를 다루는 학회, 대학, 기업 주관의 학술 단체도 많이 있다. 일반사단법인 인공지능학회 http://ai-gakkai.or.jp

*49 통계적 머신 러닝 등 베이즈 확률에 기초한 클러스터링 기법이 사용되고 있었다.

*50 온톨로지(Ontology): 존재론을 의미하며 데이터를 글자뿐만 아니고 의미까지 포함하여 이해하기 위한 구조 연구다. 데이터를 진정한 지식으로 다루기 위해서는 필수로 여겨지고 있다. 현재는 딥 러닝을 비롯하여 의미나 논리적 근거 없이 결과에 직결되는 기법이 각광을 받고 있지만, 온톨로지 연구는 인간의 상식에 해당하는 것까지 고려한다면 매우 중요하다.

*51 코퍼스(Corpus: 말뭉치): 기계 번역에서는 문법적인 측면뿐만 아니라 세상에서 통용되는 단어의 쓰임새를 참고하는 것도 중요하다. 말뭉치는 신문, 서적, 잡지, 웹상의 모든 글을 데이터베이스화하려는 시도다. 그 중요성은 1960년대부터 인식되어 영어 단어 100만 개로 구성된 Brown Corpus가 최초인 것으로 파악되며, 처음에는 예문을 500개 정도밖에 포함하지 않았던 것으로 보인다. 그 이후 영어권에서는 확대 구축이 진행되어 Bank of English는 현재(2015년) 45억 단어로 구성되어 있으며 여전히 진화를 계속하고 있다. 우리나라에서는 이미 1998년부터 2007년까지 정부 주도의 '21세기 세종 프로젝트'라는 이름으로 2억 어절에 해당하는 방대한 코퍼스를 구축한 바 있다. 이는 현재 서울대학교에서 개발한 꼬꼬마 세종 말뭉치 활용 시스템에서 활용되고 있다. 또한, 고려대학교 민족문화연구원이 구축한 '물결21'은 약 6억 어절이 분석되어 있는 디지털 말뭉치로 최대 규모를 자랑한다. (출처: http://www.oss.kr/oss_news/653290)

*52 시소러스(Thesaurus: 지식의 보고, 유의어 사전): 컴퓨터가 문장의 글자뿐만 아니라 의미까지 이해하려면 사용되는 문맥에 따라 단어의 뉘앙스, 즉 단어의 배경에 상식 차원의 지식이 있음을 고려하지 않으면 안 된다. 이 개념은 말뭉치보다 더 이전부터 있었으며 단순한 단어 사전만으로는 번역할 수 없다고 보았다. 일본에서는 1964년 국립국어연구소의 분류어휘표를 시작으로 출판사까지 많은 사전을 만들었

다. 분류어휘표는 지금도 서적으로 출간되고 있지만, 데이터베이스화도 이루어져 10만 건의 레코드로 구성되어 있다. 또 상식을 데이터베이스화하는 Cyc(싸이클)이라는 프로젝트도 있다.

CHAPTER 1 **부록**

이 책에서 다룬 주제의 유래를 나타낸다.

신경망
퍼셉트론(Rosenblatt 1958)
홉필드 네트워크(Hopfield 1982)
볼츠만 머신(Hinton, 1985)
오차역전파 학습(Rumelhart 1986)

퍼지(Zadeh 1965)
퍼지 추론(Mamdani 1975)

유전 알고리즘(Holland 1975)

학습
개념 학습(1969년대)
버전 공간(Mitchell 1982)
Q 학습(Watkins 1989)

지식 표현
의미망(Collins & Quillian 1968)
생성 시스템(Newell 1969)
프레임 모델(Minsky 1975)

전문가 시스템
DENDRAL(Feigenbaum 1965)
MACSYMA(Moses 1968)
MYCIN(Stanford Univ. 1972)
EMYCIN(Stanford Univ. 1980)

LISP
람다 계산(Church 1930년대)
Lisp1.5(McCarthy 1962)
Common Lisp(ANSI 1990)
ISLISP(ISO 1997)

Prolog
DEC10-Prolog(Kowalski & Warren 1974)
WAM(Warren 1983)
ISO Prolog Part1(ISO 1995)
ISO Prolog Part2(ISO 2000)

2

인간의 뇌를
모방하는 기계
= 신경망

인공지능을 달리 말하면 인지 메커니즘의 기계적 시뮬레이션라고 한다.

인간의 뇌는 뉴런이라는 신경 세포의 연결로 이루어져 있기 때문에 이것을 모방하여 컴퓨터를 만들면 뇌 활동을 모방하는 것이 가능하다고 생각하는 것이다. 이런 생각에 기초하여 신경망이 탄생하고 발전해 왔다. 인간의 뇌 활동은 뉴런으로만 이루어지는 것은 아니기 때문에 실제로 이런 생각에는 한계가 있지만, 보통의 절차적 프로그램으로는 할 수 없는 것, 예를 들어 연상[*1]과 학습에 따른 진화, 수치 처리에서 대규모 계산의 병렬 처리 등이 가능하다는 측면도 있어 응용 범위는 넓다. 최근 주목받고 있는 딥 러닝[*2]의 원리도 신경망을 기초로 하고 있다.

여기서는 신경망의 동작 원리를 알기 위해 초기에 고안되었던 대표적인 신경망인 퍼셉트론과 홉필드 네트워크를 시뮬레이션한다. 예제로 알파벳 문자 인식을 다룬다. 필기체 문자는 다른 기술 요소(특징 추출[*3] 등)가 필요한 어려운 분야이기 때문에 여기에서는 제한된 입력 방법을 생각하기로 한다. 하지만 그렇다고 해도 충분히 연상의 재미는 알게 될 것이라고 생각하며, 필기체 문자 인식과 다양한 응용 기술의 기본적인 원리를 알 수 있다.

인공지능이라면 약간 비뚤어진 문자를 정확히 인식할 수 있다

퍼셉트론에 의한 문자 인식

'체험해 봅시다'에서는 인공지능의 각 기술들을 시뮬레이션한다. 우선 실제로 엑셀 샘플 프로그램을 실행해 보자(간단한 입력과 클릭뿐이다). 체험해 본 후에 그 구조와 용어 등에 대해 자세히 설명한다.

퍼셉트론은 가장 초기에 고안된 신경망이다. 여기서는 알파벳 26문자를 인식할 수 있도록 해 본다. 즉, 알파벳 26문자 중 어느 한 문자를 기억한 네트워크를 만들어 임의의 입력 패턴으로부터 기억한 문자를 연상하는 시뮬레이션이다.

26문자를 모두 인식하는 것은 꽤 방대한 작업이 되므로 샘플 프로그램은 PC상에서 간단히 실행할 수 있는 범위로 하였다. 그래서 한 번에 몇 문자밖에 기억할 수 없지만, 그래도 퍼셉트론의 재미는 실감할 수 있을 것으로 생각한다. 몇 개의 문자로 부족하다면 엑셀 시트를 변경하여 여러 가지를 시험할 수 있다.

엑셀 시트 설명

Dot Pattern 시트: 기억하려는 알파벳 패턴(문자당 7 × 5 크기의 셀 영역 사용)

Perceptron 시트: 시뮬레이션 설명

Percep 시트: 퍼셉트론에 따른 문자 인식 시뮬레이션

실행 순서

❶ **Percep** 시트를 열고 기억시키려는 문자에 *을 입력한다(한 번에 3문자 정도).

❷ **Filter** 버튼을 누르면 교사 신호(Teaching Input)가 설정된다. 다시 실행할 경우에는 **Clear** 버튼을 누른다.

③ **Init** 버튼을 누르고 가중치 배열을 초기화한다.

④ 가중치 배열 학습 횟수를 입력하고 **Weight** 버튼을 누른다. 학습 결과나 학습 후의 가중치 배열이 표시된다.

⑤ 가중치 배열 학습을 다시 실행할 경우에는 **Reset** 버튼을 누른다.

⑥ 셀을 검게 칠하여 문자 패턴을 입력하고 **Input** 버튼을 누른다. 문자 패턴을 약간 비뚤어지게 하면 퍼셉트론에 따른 연상이 이루어지는 것을 알 수 있다. 칠하는 모양에 대해서는 **Dot Pattern** 시트 참조.

⑦ **Recall** 버튼을 누르면 문자 패턴의 리콜(recall) 연산이 실행되어 리콜 패턴이 표시된다. 교사 신호에 일치하지 않는 경우에는 리콜에 실패한다.

⑧ 입력 패턴을 재입력하는 경우에는 **Retry** 버튼을 누른다.

⑨ 처음부터 다시 실행할 경우에는 **Clear** 버튼을 누른다.

> **주의 사항**

▶ 기억하려는 문자는 어떤 것이라도 좋지만, 동시에 3개 정도만 지정한다. 문자 수가 많아지면 잘 기억할 수 없다.

▶ Bit Pattern Matrix M은 각 문자의 기억 패턴 배열을 가로 1행으로 늘어놓고 기억 개수만큼 세로로 늘어놓은 것이다.

▶ 학습은 가중치 배열이 교사 신호를 출력할 수 있을 때까지, 즉 오차 P-Y가 0이 될 때까지 반복된다. 그러나 기억 문자 수가 많으면 P-Y가 0이 안 된다. 이 경우에는 기억 문자가 선형 분리되지 않는 것으로 생각되어 학습 실패가 되기 때문에, **Reset**이 아니라 **Clear** 버튼으로 기억 문자 선택부터 다시 실행한다. 가중치 배열은 한 가지 값으로 정해져 있는 것은 아니고 초깃값에 따라 변화하므로 다양한 값으로 시도해 본다.

▶ 기억 문자 패턴은 **Dot Pattern** 시트에서 확인한다. 입력 패턴은 기억 문자와 동일한 패턴은 물론 약간 다른 패턴도 좋다. **Input** 버튼을 누르면 7 x 5 사이즈의 입력 패턴 배열을 가로 1행으로 늘어놓은 작업 벡터 a가 설정된다.

▶ 리콜 연산 실행(**Recall** 버튼): 작업 벡터 a와 가중치 배열 X의 행렬곱(각 요소 모두 부호에 따라 1 또는 0)이 기억 패턴 배열 M 중의 한 행과 일치하면 그 행에 해당하는 기억 패턴을 리콜한 것이 된다. 입력 패턴이 기억 패턴의 어느 하나와 동일한 경우에는 반드시 그 문자를 리콜하며 약간 형태가 달라도 비슷한 문자를 리콜한다. 이것이 연상이다. 기억 패턴의 어떤 것과도 일치하지 않는 경우에는 리콜 실패다. 리콜 연산 결과는 리콜 패턴에 표시된다.

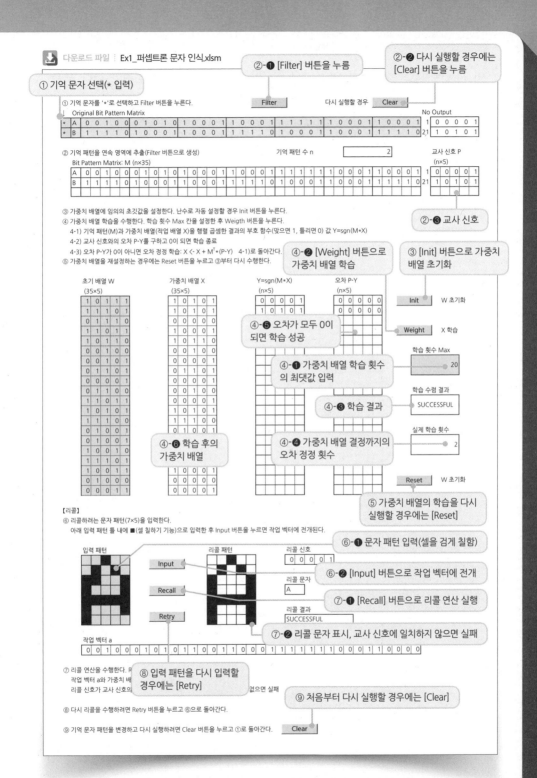

① 기억 문자 선택(＊ 입력)

②-❶ [Filter] 버튼을 누름

②-❷ 다시 실행할 경우에는 [Clear] 버튼을 누름

① 기억 문자를 '＊'로 선택하고 Filter 버튼을 누른다.

Filter   다시 실행할 경우 Clear

No Output

Original Bit Pattern Matrix

＊	A	0	0	1	0	0	0	1	0	1	0	1	0	0	0	1	1	0	0	0	1	1	1	1	1	1	0	0	0	1	1	0	0	0	1	1	0	0	0	0	1
＊	B	1	1	1	0	1	0	0	0	1	1	0	0	0	1	1	1	1	0	1	0	0	0	1	1	0	0	0	1	1	1	1	0	21	1	0	1	0	1

② 기억 패턴을 연속 영역에 추출(Filter 버튼으로 생성)

기억 패턴 수 n ☐ 2

교사 신호 P (n×5)

Bit Pattern Matrix: M (n×35)

A	0	0	1	0	0	0	1	0	1	0	1	0	0	0	1	1	0	0	0	1	1	1	1	1	1	0	0	0	1	1	0	0	0	1		0	0	0	0	1
B	1	1	1	0	1	0	0	0	1	1	0	0	0	1	1	1	1	0	1	0	0	0	1	1	0	0	0	1	1	1	1	0	21		1	0	1	0	1

②-❸ 교사 신호

③ 가중치 배열에 임의의 초깃값을 설정한다. 난수로 자동 설정할 경우 Init 버튼을 누른다.
④ 가중치 배열 학습을 수행한다. 학습 횟수 Max 칸을 설정한 후 Weigth 버튼을 누른다.
　4-1) 기억 패턴(M)과 가중치 배열(작업 배열 X)을 행렬 곱셈한 결과의 부호 함수(맞으면 1, 틀리면 0) 값 Y=sgn(M*X)
　4-2) 교사 신호와의 오차 P-Y를 구하고 0이 되면 학습 종료
　4-3) 오차 P-Y가 0이 아니면 오차 정정 학습: X ← X + Mᵀ*(P-Y) 4-1)로 돌아간다.
⑤ 가중치 배열을 재설정하는 경우에는 Reset 버튼을 누르고 ③부터 다시 수행한다.

④-❷ [Weight] 버튼으로 가중치 배열 학습

③ [Init] 버튼으로 가중치 배열 초기화

초기 배열 W (35×5)

가중치 배열 X (35×5)

Y=sgn(M*X) (n×5)

오차 P-Y (n×5)

Init   W 초기화

④-❺ 오차가 모두 0이 되면 학습 성공

Weight   X 학습

학습 횟수 Max ☐ 20

④-❶ 가중치 배열 학습 횟수의 최댓값 입력

학습 수렴 결과 SUCCESSFUL

④-❸ 학습 결과

실제 학습 횟수 ☐ 2

④-❹ 가중치 배열 결정까지의 오차 정정 횟수

④-❻ 학습 후의 가중치 배열

Reset   W 초기화

⑤ 가중치 배열의 학습을 다시 실행할 경우에는 [Reset]

【리콜】
⑥ 리콜하려는 문자 패턴(7×5)을 입력한다.
　아래 입력 패턴 틀 내에 ■(셀 칠하기 기능)으로 입력한 후 Input 버튼을 누르면 작업 벡터에 전개된다.

입력 패턴

Input

Recall

Retry

리콜 패턴

리콜 신호
0	0	0	0	1

리콜 문자
A

리콜 결과
SUCCESSFUL

⑥-❶ 문자 패턴 입력(셀을 검게 칠함)

⑥-❷ [Input] 버튼으로 작업 벡터에 전개

⑦-❶ [Recall] 버튼으로 리콜 연산 실행

⑦-❷ 리콜 문자 표시, 교사 신호에 일치하지 않으면 실패

작업 벡터 a
0	0	1	0	0	0	1	0	1	0	1	0	0	0	1	1	0	0	0	1	1	1	1	1	1	0	0	0	1	1	0	0	0	0

⑦ 리콜 연산을 수행한다. R
　작업 벡터 a와 가중치 배
　리콜 신호가 교사 신호와

⑧ 입력 패턴을 다시 입력할 경우에는 [Retry]

없으면 실패

⑧ 다시 리콜을 수행하려면 Retry 버튼을 누르고 ⑥으로 돌아간다.

⑨ 기억 문자 패턴을 변경하고 다시 실행하려면 Clear 버튼을 누르고 ①로 돌아간다.   Clear

⑨ 처음부터 다시 실행할 경우에는 [Clear]

이 시뮬레이션으로 알파벳 26문자를 한 번에 기억하는 것은 어렵지만 문자 수를 늘려 시도해 보려면 다음과 같이 하면 된다.

기억 문자를 선택하는 Original Bit Pattern Matrix(시트 내의 ①)의 오른쪽 끝에 있는 Output 설정란 부분을 기억하려는 문자 패턴이 선형 분리 가능[4]하도록 변경한다. 선형 분리 가능성의 판단 기준은 본문에서도 약간 다루고 있지만 실제로는 어렵기 때문에, 가중치 배열의 학습을 시도하여 오차가 0이 되면 선형 분리가 잘 되는 것이다.

인공지능이라면 더욱 비뚤어진 문자라도 정확히 인식할 수 있다

홉필드 네트워크에 의한 문자 인식

이번에는 알파벳 26문자 인식을 홉필드 네트워크로 시도해 본다. 홉필드 네트워크도 초기에 고안된 것이지만 퍼셉트론으로는 어려웠던 것, 예를 들어, 기억 문자의 선형 분리 가능성과 연상의 민감성[*5]이 개선된다.

앞에서와 마찬가지로 26문자를 모두 인식하는 것은 방대한 작업이 되므로 여기서는 노드 수[*6]를 알파벳 한 문자를 기억하는 데 최소로 필요한 7 x 5 =35로 한다. 따라서 동시에 몇 개의 문자밖에 기억하진 못하지만 제법 많이 비뚤어진 입력으로도 가장 가까운 문자를 연상할 수 있다는 것을 확인할 수 있다.

엑셀 시트 설명

Dot Pattern 시트: 기억하려는 알파벳 패턴(문자당 7 x 5 크기의 셀 영역 사용)

Hopfield network 시트: 시뮬레이션 설명

Hop 시트: 홉필드 네트워크에 따른 문자 인식 시뮬레이션

실행 순서

❶ **Hop** 시트를 연다. 기억시키려는 문자에 *을 입력하고 **Filter** 버튼을 누른다. 다시 실행할 경우에는 **Clear** 버튼을 누른다.

❷ **Weight** 버튼을 누르면 가중치 배열이 계산된다.

❸ 셀을 검게 칠하여 문자 패턴을 입력하고 **Input** 버튼을 누른다. 문자 패턴을 비뚤어지게 하면 홉필드 네트워크에 따른 연상이 이루어지는 것을 알 수 있다. 칠하는 자리에 대해서는 **Dot Pattern** 시트를 참조한다.

④ 리콜 연산을 반복하는 최댓값을 입력하고 **Recall** 버튼을 누른다. 리콜 패턴, 리콜 결과, 연산 횟수가 표시된다.

⑤ 입력 패턴을 재입력하는 경우에는 **Retry** 버튼을 누른다.

(주의 사항)

▶ 가중치 배열은 각 기억 문자 패턴 벡터의 곱의 합이다.

▶ 기억 문자 패턴은 **Dot Pattern** 시트에서 확인한다. 입력 패턴은 기억 문자와 동일한 패턴이든 다른 패턴이든 상관없다. **Input** 버튼을 누르면 노드 상태를 표시하는 노드 벡터가 설정된다. 이것은 입력 문자 패턴 배열을 가로 1행으로 늘어놓은 것이다.

▶ 노드 벡터는 초기 패턴으로 변화되지 않고, 리콜 연산 결과는 작업 벡터와 리콜 패턴에 표시된다. 리콜 연산은 작업 벡터와 가중치 배열을 행렬 곱셈으로 계산하며, 이것이 기억 문자 패턴의 어느 하나와 일치하면 리콜 연산은 성공, 그렇지 않으면 리콜 연산이 반복되고 반복 횟수가 Max(리콜 연산 횟수의 최댓값)를 초과하면 리콜 실패가 된다.

기억 문자 수를 늘리고자 하는 경우에는 노드 수를 늘리고 문자 패턴을 더욱 작은 점으로 세밀하게 정의하는 것이 필요하다. 노드 수는 기억 문자 수 10배 정도로 26문자라면 260노드, 즉 16 x 16 크기의 패턴을 준비하면 이 정도의 간단한 가중치 배열로도 알파벳 26문자를 동시에 기억할 수 있다. 그러나 이 경우에는 엑셀 VBA 매크로 프로그램도 수정할 필요가 있다.

2개의 대표적인 신경망 시뮬레이션은 모두 행렬의 곱셈 연산을 중심으로 한 단순한 수치 계산으로 이루어져 있다. 물론 본격적인 인공지능 소프트웨어는 더욱 고도화된 수학을 사용하지만, 딥 러닝을 비롯한 많은 신경망을 이해하기 위한 입문으로 이 시뮬레이션에서 기본적인 구조를 실감하기 바란다.

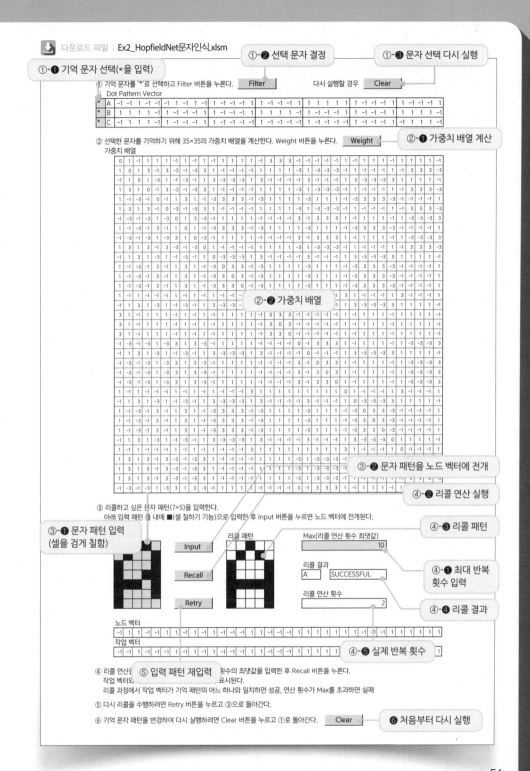

2.1 뇌의 모델과 신경망의 개념

이번 장의 앞부분에서 설명한 것처럼 인간의 뇌는 뉴런이라는 신경 세포의 연결로 이루어져 있다. 이 절에서는 인간의 뇌를 컴퓨터로 모방하기 위한 모델인 신경망을 고찰한다.

2.1.1 뇌의 모델화

인간의 뇌는 많은 신경 세포의 연결로 이루어져 있으며, 이것을 모델화한 것이 맥컬러 · 피츠 모델[*7](Warren McCulloch & Walter Pitts 1943)이다. 이것은 하나의 뉴런에 시냅스를 통하여 다수의 뉴런으로부터 입력 신호가 들어오며, 그 신호의 합이 일정한 강도를 초과하면 그 뉴런은 발화[*8]하고 축삭을 통하여 자기와 연결된 다른 뉴런에게 신호를 출력한다(그림 2-1).

이것을 수식화하면 다음 식으로 표현된다.

> **식 2-1**
>
> **출력 = $f(\sum W_i X_i)$**
>
> W_i: 뉴런 간의 결합 강도 X_i: 각 뉴런으로부터의 입력

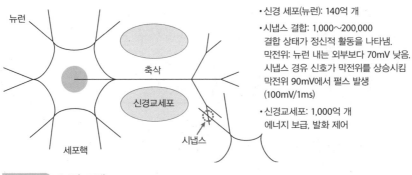

- 신경 세포(뉴런): 140억 개
- 시냅스 결합: 1,000~200,000
  결합 상태가 정신적 활동을 나타냄.
  막전위: 뉴런 내는 외부보다 70mV 낮음.
  시냅스 경유 신호가 막전위를 상승시킴
  막전위 90mV에서 펄스 발생
  (100mV/1ms)
- 신경교세포: 1,000억 개
  에너지 보급, 발화 제어

뉴런
축삭
신경교세포
시냅스
세포핵

그림 2-1 **뉴런 모델**

여기서 f는 활성화 함수라고 하며, 입력 신호의 총합으로부터 발화 여부를 결정한다. 가장 간단한 것이 임계치 함수로서 총합이 일정한 값을 초과하면 발화하고 일정한 값 이하라면 발화하지 않는다(그림 2-2).

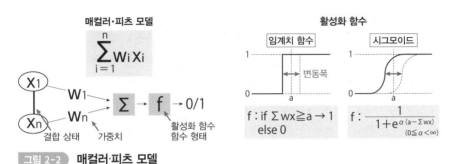

그림 2-2 **매컬러·피츠 모델**

2.1.2 신경망의 구조

신경망은 뉴런을 컴퓨터 소자에 의한 노드로 나타내고 노드 간을 신호 선으로 연결한 것으로 만들어진다. 노드를 연결하는 방법에는 크게 다음 두 가지 종류의 형태가 있다(그림 2-3).

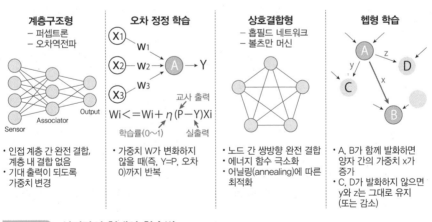

그림 2-3 **신경망의 형태와 학습법**

- **계층구조형:** 노드를 계층적으로 나열하고 각 계층 간의 노드는 완전 결합[*9]으로 구성하지만 계층 내의 노드는 연결이 없다.
- **상호결합형:** 모든 노드를 대등하게 연결한다. 완전 결합으로는 선이 너무 많아지기 때문에 선택적으로 연결하는 것도 있다.

계층구조형이 선의 수가 적고 신호의 흐름에 방향성이 생기므로 인간 뇌의 뉴런 신호 흐름에 가까운 네트워크다. 이 개념에 기초하여 최초로 만들어진 것이 퍼셉트론(Frank Rosenblatt, 1958)이지만 적용에 한계가 있어, 그 이후 상호결합형 구조가 탄생하였다. 이것은 신호 흐름에 방향성이 없고 각 노드의 값과 노드 간의 가중치(결합 강도)를 네트워크 전체적으로 안정화하는 방향으로 변화시켜 나간다는 개념이다. 이것이 뇌를 모방하고 있는 것인지 어떤지는 별개로, 연상이나 조합 최적화와 같은 인간의 뇌 활동에 가까운 동작이 이루어지고 적용 범위가 크게 넓어졌다. 상호결합형의 대표는 홉필드 네트워크(John Hopfield, 1982)다.

2.1.3 신경망의 학습

신경망은 '학습'과 '리콜'이라는 연산을 반복하며 동작한다.

학습은 노드 간의 가중치[*10]와 활성화 함수[*11]의 형태를 변화시키는 것이다. 네트워크에 기억해야 할 상태가 결정되어 있는 경우에는 이것을 교사 신호(Teaching Input)[*12]로 입력하고, 기대하는 출력을 얻을 수 있도록 가중치와 활성화 함수를 변경하면 된다. 한편, 이런 교사 신호가 없는 경우에는 노드 간의 발화 상태가 네트워크 전체의 안정화에 따르도록 가중치 등을 변경해 나간다. 교사 신호의 필요 여부에 따라 지도 학습, 비지도 학습이라고 부른다. 각각의 대표적인 학습 방식으로는 다음과 같은 것이 있다.

- **오차 정정 학습:** 교사 신호를 입력할 때의 기대 출력과 실제 출력이 일치하도록 변경한다(지도 학습).
- **헵형 학습:** 인접한 뉴런이 함께 발화하면 그 결합 가중치가 증가하도록 변경한다(비지도 학습).

2.1.4 신경망의 리콜

학습이 끝난 신경망에 임의의 데이터(노드의 초기 상태)를 입력하면 네트워크가 동작하고 어떤 출력(노드의 최종 상태)를 얻을 수 있다. 이 과정을 리콜(recall)이라고 한다.

계층형의 리콜은 1회 리콜 연산으로 교사 신호대로 출력이 얻어지면 리콜 성공, 얻어지지 않으면 리콜 실패다. 이때 입력이 교사 신호와 완전히 일치하는 경우에는 반드시 교사 신호대로 출력이 얻어진다. 입력이 교사 신호와 다른 경우에는 어떤 하나의 교사 신호에 일치하는 출력이 얻어질 수도 있고, 예기치 않은 출력이 나올 수도 있다. 입력이 교사 신호와 달라도 출력이 교사 신호와 일치하는 경우를 연상(association)이라고 한다.

이에 비해 상호결합형의 리콜은 일반적으로 네트워크 전체가 안정 상태가 될 때까지 리콜 연산을 반복한다. 네트워크의 안정 상태는 리콜 연산을 반복해도 각 노드의 값이 변화하지 않는 상태이며, 그것이 기억 내용과 일치하면 리콜 성공, 그렇지 않으면 리콜 실패다. 실패할 경우에는 리콜 연산이 수렴하지 않고 몇 번이나 동일한 노드 상태가 반복되는 상태에 빠질 수도 있다. 또 리콜 연산이 수렴은 하더라도 기대하는 노드 상태가 아닐 수도 있다. 후자와 같은 상태를 국소해[*13]라고 부르며, 보다 바람직한 최적해[*14]를 얻기 위한 연구를 수행한 볼츠만 머신(Geoffrey Hinton, 1985) 등이 고안되었다.

상호결합형은 리콜 연산을 반복하기 때문에 연상이 아주 우수하다. 꽤 비틀어진 입력에 대해서도 어떤 연상 결과가 얻어지므로, 번거로운 패턴 인식[*15]이나 특징 추출 대신에 비슷한 것을 파악하는 용도로 사용될 수 있다.

그럼 퍼셉트론과 홉필드 네트워크의 학습과 리콜을 구체적으로 살펴보자.

2.2 퍼셉트론

퍼셉트론(Perceptron)은 로젠블라트(Frank Rosenblatt, 1958)가 고안한 가장 초보적인 계층형 네트워크다. 구조는 수용기(sensory unit), 연합기(association unit), 응답기(response unit)라는 노드 계층으로 구성된 3개 층의 구조로, 수용기와 연합기는 가중치 고정의 완전 결합, 연합기와 응답기는 가중치 가변의 완전 결합이다.

신호는 수용기로부터 연합기를 거쳐 응답기 쪽으로 한쪽 방향으로만 흐른다. 수용기의 각 노드에 값을 설정하는 것이 네트워크로의 입력이 되며, 출력은 응답기의 각 노드 값으로 얻어진다.

2.2.1 퍼셉트론의 가중치 학습

퍼셉트론의 학습은 교사 신호 입력에 대해 기대 신호가 출력되도록 연합기와 응답기 간의 가중치를 변화시키는 것이다. 기대 출력이 1인데 0이 출력될 때는 가중치를 증가, 반대의 경우에는 가중치를 감소시키는 방식으로 처리를 반복하여 가중치 학습이 진행되고 여러 교사 신호에 대응하는 가중치가 결정된다. 그러나 복수의 교사 신호를 동시에 처리하는 것은 상호 간에 영향을 주기 때문에 가중치 조정이 어렵다. 다행히 교사 신호가 선형 분리 가능[*16]이라면 학습은 반드시 수렴한다는 학습 수렴 정리가 있다. 반대로 선형 분리가 불가능한 경우에는 두더지잡기 게임처럼 가중치 변화가 계속 들쭉날쭉하여 학습이 수렴하지 않을 가능성이 높다.

2.2.2 퍼셉트론 가중치 학습의 구체적 예

구체적으로 연합기 3개 노드, 응답기 2개 노드로 이루어진 퍼셉트론으로 가중치 학습을 해 보자(그림 2-4).

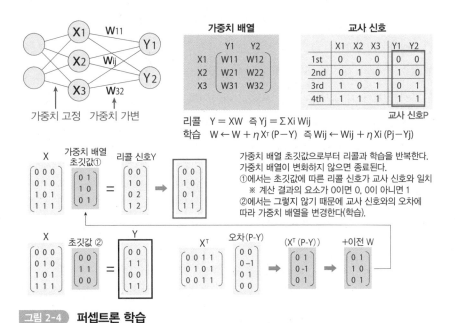

가중치 배열 초깃값으로부터 리콜과 학습을 반복한다.
가중치 배열이 변화하지 않으면 종료된다.
①에서는 초깃값에 따른 리콜 신호가 교사 신호와 일치
※ 계산 결과의 요소가 0이면 0, 0이 아니면 1
②에서는 그렇지 않기 때문에 교사 신호와의 오차에
따라 가중치 배열을 변경한다(학습).

그림 2-4 퍼셉트론 학습

수용기는 가중치 학습과 무관하므로 여기서는 고려하지 않는다. 연합기와 응답기 간의 가중치를 3 × 2의 행렬 W로 나타낸다. 이것을 가중치 배열이라고 부른다. 가중치 배열의 각 요소 값은 연합기와 응답기의 각 노드를 연결하는 선에 주어진 가중치(신호선의 저항이라고 생각해도 좋다)다.

교사 신호로 4가지 종류의 데이터가 있다고 하자. 각 데이터는 연합기의 각 노드 값(X_i)에 대응하는 응답기 값(Y_j)을 나타낸다. 출력 Y_j는 입력 X_i와 가중치 배열 W 로부터 앞에서 설명한 식 2-1에 따라 계산된다. X_i와 Y_j의 관계가 교사 신호처럼 되도록 W의 각 요소를 조정하는 것을 가중치 학습이라고 한다.

하나의 교사 신호 [X_i]를 3요소 벡터로 보고 식 2-1에 따라 계산하면 벡터와 행렬 의 곱셈을 수행하게 되고, 이러한 행렬 연산 결과 2요소 벡터 [Y_j]가 얻어진다. 여 기서 활성화 함수 f는 행렬 연산 결과가 0일 경우 0, 양수일 경우 1을 출력하는 함 수(0을 임계로 하는 임계치 함수)로 한다.

첫 번째 교사 신호 입력 [0 0 0]에 대해 출력 [0 0]을 얻으려면 W의 요소가 모두 0이어도 괜찮지만, 이것으로는 두 번째 교사 신호 [0 1 0]으로부터 [1 0]이 출력되지 않기 때문에 W의 요소의 어느 것을 1로 설정해야 한다. 마찬가지로, 세 번째, 네 번째 교사 신호에 대해서도 같은 W로 처리하여야 한다. 그러면 교사 신호 입력에 상응하는 부분을 X, 출력에 상응하는 부분을 Y로 나타내면 교사 신호는 다음과 같은 행렬 계산[*17]으로 볼 수 있다.

식 2-2

Y = f(XW)

식 2-2는 식 2-1을 교사 신호의 개수만큼 한 번에 계산하도록 확장한 형태다.

2.2.3 오차 정정 학습

그러면 가중치 학습을 수행해 보자. 우선 임의의 3 × 2 행렬 W를 준비한다. 식 2-2를 사용하여 Y를 구하면 교사 신호 출력(P)과 다른 결과가 얻어질 수도 있다. 이 경우에는 두 행렬의 차(P-Y)를 구하고 이것을 W에 반영하여 다시 식 2-2와 같이 계산하여 P=Y가 될 때까지 반복한다. P-Y가 오차이므로 이것이 0이 되도록 가중치를 조정해 나간다는 의미에서 오차 정정 학습이라고 한다. 오차 정정에는 보통 다음과 같은 식을 사용한다.

식 2-3

$W \leftarrow W + \eta X^T (P-Y)$ η : 학습률($0 < \eta \leqq 1$), X^T : X의 전치행렬

2.2.4 선형 분리 가능성

지금 다루고 있는 교사 신호는 입력 X의 각 요소를 3차원 공간으로 두면 출력 Y의 각 요소 (0, 1)이 평면으로 분리가 가능함을 알 수 있다. 여기서 Y를 약간 변경한 교사 신호를 생각해 보자. 그러면 이번에는 X를 3차원 공간으로 둘 경우 Y를 평면으로 분리할 수 없는 경우가 생긴다는 것을 알 수 있다(그림 2-5).

a. 선형 분리가 가능한 교사 신호

	X1	X2	X3	Y1	Y2
1st	0	0	0	0	0
2nd	0	1	0	1	0
3rd	1	0	1	0	1
4th	1	1	1	1	1

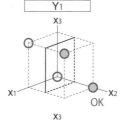
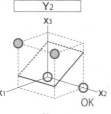

b. 선형 분리가 불가능한 교사 신호

	X1	X2	X3	Y1	Y2
1st	0	0	0	0	0
2nd	0	1	0	1	0
3rd	1	0	1	1	0
4th	1	1	1	0	1

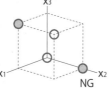
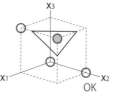

a의 교사 신호는 X를 3차원 공간으로 두었을 때 Y의 각 요소가 평면으로 분리 가능하므로 선형 분리 가능.
b의 교사 신호는 동일하게 생각할 경우 Y1의 요소가 평면으로 분리되지 않으므로 선형 분리 불가능.
b의 교사 신호로 가중치 학습을 수행하면 오차 정정을 반복해도 오차가 0이 되도록 하는 W가 구해지지 않음.
이 경우에는 교사 신호를 기억하는 것이 불가능하다.

그림 2-5 **선형 분리 가능성**

이 경우에는 동일한 오차 정정 학습을 반복하더라도 오차가 없어지지 않고 가중치 배열 W가 변하지 않는다. 즉, 선형 분리가 불가능한 교사 신호에 대해서는 퍼셉트론의 가중치 학습은 잘 수행되지 않는다. 바꿔 말하면, 그런 교사 신호는 기억할 수 없게 된다.

일반적으로 교사 신호가 선형 분리 가능인지 아닌지를 판단하는 것은 어렵지만, 한 가지 지표로서 입력 X의 각 요소의 변화에 대해 다른 요소를 고정시켰을 때, 출력 Y의 각 요소가 모두 단조 변화하면 선형 분리 가능이라고 말할 수 있다.

2.2.5 퍼셉트론의 리콜

리콜 시 퍼셉트론으로의 입력은 수용기의 각 노드에 데이터를 설정하는 것이지만, 수용기와 연합기 간의 연결은 리콜 연산과는 무관하므로 여기서는 앞의 예를 사용하여 연합기의 노드에 직접 값을 설정하여 리콜 연산을 수행해 본다. 리콜 연산은 식 2-2를 사용하여 수행한다. f는 0을 임계치로 하는 임계치 함수이다.

입력으로 교사 신호의 X에 상응하는 데이터를 주었을 때 기대한 대로 Y에 상응하는 출력을 얻을 수 있다. 그러나 입력이 교사 신호 이외인 경우에는 어떻게 될까? 이 예에서는 8가지 입력 패턴이 있으며 교사 신호 이회의 4가지 입력에 대해서도 몇 가지 출력이 얻어질 수 있지만, 가장 가까운 교사 신호 출력으로 얻어지는 것이 바람직하다. 이것이 퍼셉트론의 연상이라고 생각할 수 있지만, 실제로는 교사 신호의 차이가 민감하게 출력에 영향을 주기 때문에 정확히 연상이라고 기대하기는 어렵다(그림 2-6).

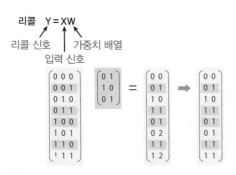

교사 신호 이외의 입력 신호에 대해서는 가까운 신호를 리콜한다.

그림 2-6 퍼셉트론의 리콜

2.2.6 퍼셉트론에 의한 문자 인식

퍼셉트론을 보다 구체적으로 살펴보기 위해 아주 간단한 문자 인식을 시도해 보자(그림 2-7).

J, I, L의 세 문자를 2 × 2의 4칸으로 표시하고, 이것을 연합기 4개 노드, 수용기 2개 노드의 퍼셉트론에 기억하게 해 보자. 이 경우 4칸을 벡터로 전개하면 세 가지 교사 신호가 만들어진다. 교사 신호의 출력을 J, I, L의 번호(또는 이것들을 포함하는 문자 배열의 첨자)로 할 경우 2비트만 있으면 되므로 응답기는 2개 노드면 충분하다.

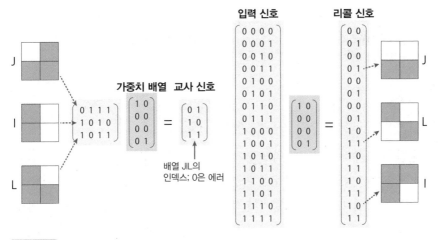

그림 2-7 **퍼셉트론에 의한 문자 인식**

가중치 배열은 4 × 2 행렬로 해서 임의의 값으로 시작하고 가중치 학습에 따라 수렴한다. 이 가중치를 사용하여 16가지 입력에 대하여 리콜을 실행하면 교사 신호 이외에도 J, I, L에 가까운 어떤 것을 출력한다. 판단할 수 없는 입력에 대해서는 교사 신호 이외의 출력(여기서는 0)이 된다. 매우 간단한 문자 인식이지만 퍼셉트론의 학습과 리콜, 또 약간의 연상 개념을 이해할 수 있다.

엑셀로 작성한 시뮬레이션은 이 방법으로 26문자를 인식하도록 한 것이다.

2.3 홉필드 네트워크

홉필드 네트워크(Hopfield network)는 홉필드(John Hopfield, 1982)가 고안한 상호결합형 네트워크이다. 구조는 각 노드를 쌍방향으로 완전 결합한 것으로 노드 값에 따라서 다음과 같은 에너지 함수[18]를 정의한다.

$$E = -1/2\sum_{ij} w_{ij}X_iX_j$$

w_{ij}: 노드 i와 j 간의 가중치 X_i, X_j: 노드 i, j의 값

2.3.1 홉필드 네트워크의 가중치 배열

에너지 함수는 각 노드가 네트워크의 기억 항목에 해당하는 값이 될 때 최소(또는 극소)가 되도록 정의된다. 이 때문에 가중치 배열 $W = [w_{ij}]$는 다음과 같은 헵형 학습에 따라 얻어진다. 즉, 기억 항목에 해당하는 각 노드 값을 보고 다음 사항을 실행한다.

● 값이 동일한 노드 간의 가중치를 증가시킨다.
● 값이 다른 노드 간의 가중치를 감소시킨다.

W의 각 요소 w_{ij}는 노드 i와 j 간의 가중치를 나타내며 신호의 방향은 관계없다. 그러므로 $w_{ij}=w_{ji}$가 되어 가중치 배열은 대칭 행렬이 된다. 또한, 가중치 배열의 대각 성분은 동일한 노드 간의 관계이기 때문에 $w_{ii}=0$으로 정의한다.

2.3.2 홉필드 네트워크의 리콜

리콜 시에는 기본적으로는 식 2-1에 따라 리콜 연산을 실행하지만 퍼셉트론과는 달리 리콜 연산이 반복된다. 이 과정에서 에너지 함수를 극소화시키는 방향으로 각 노드 값이 변경되며, 에너지 함수 값이 극솟값이 되어 노드 값이 변화하지 않으면 종료된다. 최종적인 노드 상태가 기억 항목에 일치하면 리콜 성공, 그렇지 않으면 리콜 실패가 된다. 리콜 연산은 시계열적인 의미를 포함하며 다음과 같이 나타낸다.

$$X(t+1) = f(W \cdot X(t))$$

W: 가중치 배열, X(t): 시계열 t에서의 노드 상태

홉필드 네트워크는 리콜 연산을 반복하기 때문에 연상과 조합 최적화 문제[19]에 적합하다. 퍼셉트론에서의 선형 분리 가능성이라는 제약이 없어서 적용 범위도 넓지만 에너지 함수의 정의에는 연구가 필요하다. 단점으로는 리콜 연산에서 에너지 함수의 극솟값이 일단 얻어지면, 더 좋은 해(최적해)가 있다고 해도 그 해를 얻을 수 없을 가능성이 있다. 또한, 노드 수에 비해 기억 항목 수가 너무 많으면[20] 잘 동작하지 않는다. 이런 단점들을 해결하는 것이 뒷부분에서 설명하는 볼츠만 머신이다.

2.3.3 홉필드 네트워크의 가중치 배열과 리콜의 구체적 예

구체적으로 홉필드 네트워크의 가중치 배열을 만들고 리콜 연산을 실행해 보자(그림 2-8).

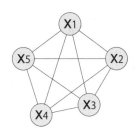

에너지 함수

$$\varepsilon = -\frac{1}{2}\sum_{i,j=1}^{5} W_{ij}X_iX_j$$

W_{ij}: 노드, i,j 간의 가중치
X_i, X_j: 노드 i,j 의 값

가중치 배열

$$W_{ij} = \sum_{k=1}^{n} X_i(k)X_j(k)$$

W_{ij}: 노드, i,j 간의 가중치
$X_i(k)$: 노드 i의 k번째 값
n: 기억 패턴 수

기억 패턴

	X1	X2	X3	X4	X5
1st	1	-1	1	-1	1
2nd	-1	1	1	-1	-1

가중치 배열

$$W = \begin{pmatrix} 0 & -2 & 0 & 0 & 2 \\ -2 & 0 & 0 & 0 & -2 \\ 0 & 0 & 0 & -2 & 0 \\ 0 & 0 & -2 & 0 & 0 \\ 2 & -2 & 0 & 0 & 0 \end{pmatrix}$$

리콜 방법

$$X_i(t+1) = f(\sum_{j=1}^{5} W_{ij}X_j(t))$$

임계치 함수

※ 결과가 양수이면 1, 0 이하이면 −1을 출력
기억 패턴과 일치할 때까지 반복 계산

리콜 예

초기 패턴	초기 에너지	리콜 연산	양수이면 1, 0 또는 음수이면 −1	리콜 후 에너지
A = [1 -1 1 -1 1]	$\varepsilon=-8$	WA =[4 -4 2 -2 4] => [1 -1 1 -1 1] = A	$\varepsilon=-8$
B = [1 1 1 -1 1]	$\varepsilon=-8$	WB =[-4 4 2 -2 4] => [-1 1 1 -1 1] = B	$\varepsilon=-8$ 연상
C = [-1 -1 1 -1 -1]	$\varepsilon=0$	WC =[0 4 2 -2 0] => [-1 1 1 -1 1] = B	$\varepsilon=-8$ 연상
D = [1 1 1 1 1]	$\varepsilon=0$	WD =[0 -4 2 -2 0] => [-1 1 1 -1 -1] = E	$\varepsilon=0$ 다시 리콜
		WE = [0 4 2 -2 0] => [-1 1 1 -1 1] = B	$\varepsilon=-8$ 극소해, 최적해는 A
F = [-1 1 -1 -1 1]	$\varepsilon=4$	WF =[0 0 2 -2 -4] => [-1 -1 1 -1 -1] = G	$\varepsilon=4$ 다시 리콜
		WG =[0 4 -2 -2 0] => [-1 1 -1 -1 1] = F	$\varepsilon=4$ 다시 리콜
		WH =[-4 4 2 2 -4] => [-1 1 1 1 -1] = I	$\varepsilon=-4$ 다시 리콜
		WI = [-4 4 -2 -2 -4] => [-1 1 -1 -1 -1] = H	$\varepsilon=-4$ 극솟값 정지로 리콜 실패

그림 2-8 홉필드 네트워크의 가중치 배열과 리콜

여기에서는 5개 노드에 대해 기억 패턴(각 노드의 값)을 두 가지로 한다. 노드 값은 1 또는 –1로 한다. 식 2-5에서 f는 각 요소의 행렬 연산 결과가 양수이면 1을, 0 이하이면 –1을 출력하는[21] 임계치 함수다.

가중치 배열은 노드 상태가 기억 패턴이 되었을 때 에너지 함수의 값이 최소가 되도록 만들면 좋다. 여기에서는 한 가지 방법으로 기억 패턴의 노드 간 관계를 그대로 가중치 배열로 설정한다. 구체적으로는 다음과 같이 구현한다.

  ❶ 각 기억 패턴을 벡터로 해서 각각 직적 행렬[22]을 만든다.
  ❷ 기억 패턴마다 직적 행렬의 합 행렬을 구한다.
  ❸ 대각 성분을 0으로 설정한다.

리콜은 가중치 배열과 입력 패턴(노드의 초기 상태를 벡터화한 것)의 행렬 연산이다. 이것을 노드 상태가 더 이상 변화하지 않을 때까지, 즉 에너지 함수 값이 최소(또는 극소)가 될 때까지 반복한다. 최종적으로 노드 상태가 어떤 기억 패턴에 일치하면 리콜 성공, 일치하지 않으면 리콜 실패다. 다만, 리콜 성공의 경우라도 가장 가까운 기억 패턴(최적해)이 된다고는 보장할 수 없다.

이 예에서처럼 가중치 배열을 행렬 연산으로만 만들 수 있다면 PC상에서도 동작하는 홉필드 네트워크를 간단히 구현할 수 있다. 일반적으로는 에너지 함수를 정의하고 그것에 기초해서 가중치 배열을 결정하므로 꽤 어려운 편이다.

예로서 8-Queen 문제[23]를 홉필드 네트워크로 푸는 경우에는 미리 말의 배치를 알고 있는 것이 아니므로 다음과 같은 순서로 가중치 배열을 결정하게 되며 상당히 번거로운 계산을 해야 할 필요가 있다.

  ❶ 8 x 8 = 64개 노드의 홉필드 네트워크로 각 노드 값은 말이 있으면 1, 없으면 –1로 설정한다.
  ❷ 에너지 함수 E를 말의 배치 조건을 만족하는 경우에 최소가 되도록 정의한다. 예를 들어, E=(-1/2)e, e=f(가로로 말 하나) + g(세로로 말 하나) + h(경사진 방향으로 적어도 말 하나)로 해서 노드 값을 합계한다.

❸ 각 노드 간의 가중치 배열 W=[w_{ij}]에 대해 E $=-1/2\Sigma w_{ij}x_ix_j$와 ❷로부터 연립 일차방정식을 만들어 w_{ij}를 결정한다.

2.4 기타 신경망

2.4.1 볼츠만 머신

볼츠만 머신(Boltzmann Machine)은 힌튼과 세즈노프스키(Geoffrey Hinton & Terry Sejnowski, 1985)에 의해 고안된 상호결합형 네트워크로, 홉필드 네트워크의 단점을 다음과 같은 기법으로 개선하고 있다. 단, 리콜 연산에 확률 처리를 포함하기 때문에 시간이 걸린다는 단점이 있다.

● 노드 간의 결합을 완전 결합으로 하지 않고, 적당히 솎아 내어 노드 수를 늘린다.
● 어닐링(annealing)*24에 의해 리콜 연산이 극솟값으로 떨어지는 것을 피하고 최적해를 얻는다.

2.4.2 오차역전파 네트워크

오차역전파(Back Propagation)*25 기법은 룸멜하트(David Rumelhart, 1986)에 의해 고안된 계층형 네트워크로, 퍼셉트론의 단점을 다음과 같은 기법으로 개선하고 있다.

● 연합기층을 다단계층으로 개선함으로써 선형 분리가 불가능한 경우에도 가중치를 잘 조정할 수 있다.
● 학습은 교사 신호와의 차이를 출력 측부터 역순으로 줄여 나감으로써 각 층의 가중치를 조정한다.

오차역전파 네트워크는 1980년대에 산업계에서 가장 주목받는 방법이었으나, 학습에 시간이 걸리고 (인간이) 주의해서 입력하지 않으면 안 되는 등 사용하기 어려운 단점이 있기도 했다.

2.4.3 자기조직화 맵

자기조직화 맵(SOM: Self-Organizing Map)은 코호넨(Teuvo Kohonen, 1981)에 의해 고안된 2계층의 네트워크로, 입력 데이터를 유사도에 따라 분류하는, 말하자면 클러스터링 수행을 목적으로 한다. 학습 방법으로는 기존의 오차 정정이나 헵형이 아니고 경쟁 학습[*26]이라는 비지도 학습을 수행한다. 자기조직화 맵에는 다음과 같은 특징이 있다.

- 입력층과 경쟁층이라는 2개 층으로 구성된다.
- 입력층의 각 노드 값(입력)과의 차이가 최소인 경쟁층 노드를 발화시켜 주변 노드의 가중치를 갱신한다.
- 네트워크의 전체 이득을 최대화하는 방향으로 동작하며 비지도 학습을 수행한다.

2.4.4 자기부호화기

자기부호화기(Autoencoder)는 딥 러닝의 골격이 되고 있는 다층 신경망이다. 볼츠만 머신의 고안자인 제프리 힌튼(Geoffrey Hinton, 2006)에 의해 제안되었다. 초기에 영상 인식에 있어서 다른 기법을 압도적으로 능가하는 인식 정밀도를 나타냄으로써 각광을 받았으며, 현재에는 학습의 본질에 가까운 기법으로 다방면에 응용이 확대되고 있다. 학습 방법은 각 층에서 입력과 동일한 것을 출력하도록 다음 층을 결정하는 순전파[*27] 기법인데, 보통 입력 데이터가 너무 많아 모든 데이터에 대해 동일한 것을 출력하기 위한 계산에는 시간이 걸리므로 이를 개선하기 위한 계산 기법도 연구되어 고도화되고 있다. 이미 말했듯이 딥 러닝의 목적은 주어진 데이터의 특징 추출을 자동으로 수행한다는 점에 있다. 즉, 교사 신호 없이 기억을 수행하고 리콜도 단순한 연상이 아니라 스스로 발견하는 움직임을 동반하는데, 이는 자기부호화기가 갖는 특성에 따른 것이다.

자기부호화기의 학습 방법은 오차 정정이나 헵형과는 다르다. 개념적으로는 3개층 신경망의 입력과 출력이 완전히 같아지도록 중간층을 구하고, 이것을 다음 층의 입력으로 해서 동일한 처리를 반복하고 최종적으로 출력층에 도달한다.

각 층은 서서히 노드 수가 적어지고, 입력층의 거대한 데이터가 출력층에서는 특징 추출된 추상화 데이터로 바뀐다는 관점으로 볼 수 있다. 중간층이 다층화되어 있는 경우에 심층 자기부호화기(Deep Autoencoder)라고 하며, 계층이 많을수록 추상화를 깊이 파고들 수 있다. 단, 추상화 개념으로부터 원래의 데이터를 복원하지 못하면 의미가 없어져 버리기 때문에 출력층의 노드 수를 극단적으로 줄이는 것은 위험하다. 또한, 중간층에서의 노드 수 변화도 단계적으로 줄이는 편이 좋은 것으로 생각된다. 왜냐하면 급격히 노드 수가 줄면 추상화에 따라 중요한 데이터 특성을 잃어버릴 가능성이 있어 원래의 데이터를 복원할 수 없기 때문이다.

딥 러닝은 자기부호화기에 의해 각 층에서 특징 추출을 수행하므로 최종 출력층에 가장 집약된 특징, 즉 잠재된 법칙성에 해당하는 요인이 드러난다(그림 2-9).

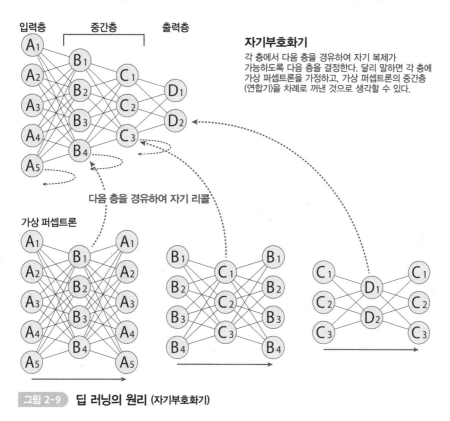

자기부호화기
각 층에서 다음 층을 경유하여 자기 복제가 가능하도록 다음 층을 결정한다. 달리 말하면 각 층에 가상 퍼셉트론을 가정하고, 가상 퍼셉트론의 중간층(연합기)을 차례로 꺼낸 것으로 생각할 수 있다.

그림 2-9 **딥 러닝의 원리** (자기부호화기)

현재의 딥 러닝은 각 노드 값을 기본적인 연산 대상으로 자기부호화를 수행하는 것으로 생각되지만, 이 외에도 각 층을 연결한 경로의 가중치까지도 고려하고 있다는 점에서 인간 뇌의 신경교세포까지 재현한 더욱 고도화된 신경망이 되었다고 생각한다.

*1 연상(Association): 어떤 사물에 대해, 그 자체가 아니라 유사한 사물로부터 대상이 되는 사물을 파악하는 것. 패턴 매칭은 일부분이 완전히 동일할 때 나머지 부분도 동일하다고 분석하지만, 연상은 미묘하게 비뚤어져 있어도 파악해 낸다.

*2 딥 러닝(Deep Learning): 초기 신경망에서는 이용 시 인간의 개입이 전제되었지만 딥 러닝에서는 데이터를 제공하는 것만으로 인간의 개입 없이 필요한 결과를 얻을 수 있다. 말하자면, 인간의 뇌 활동에 가까운 또는 인간이 생각해 내지 못하는 결과도 이끌어 낼 수 있는 것으로 기대하고 있다. (1장과 8장 참조)

*3 특징 추출: 문자의 점과 획을 특징으로 정의하고 입력 패턴을 그 특징들로 식별한다. 다양한 문자를 구별할 수 있으려면, 주목할 만한 특징을 인간이 추출해 놓을 필요가 있는데 이것이 대단히 어려운 작업이다. 딥 러닝에서는 특징 추출 자체가 자동으로 수행된다.

*4 선형 분리 가능: 기억 패턴이 정연한 것. 그렇지 않으면 가중치 배열의 학습이 두더지잡기 게임처럼 들쭉날쭉하게 되어 수렴하지 않는다.

*5 민감성: 입력의 작은 변화에 따라 출력이 크게 변화하는 것. 민감성이 있으면 연상 결과가 반드시 가장 유사한 것으로 나타나지 않을 수도 있다.

*6 노드 수: 네트워크를 구성하는 분기점의 수

*7 뇌세포는 140억 개로 알려져 있다. 인간의 몸 전체가 60조 개의 세포로 이루어져 있다고 하면 의외로 적다는 생각도 든다. 'PC도 메모리 용량이 2GB(160억비트)인데'라고 생각할지도 모르지만, 컴퓨터의 비트는 2진수(0 또는 1)이기 때문에 데이터 양은 $2^{160억}$가지다. 한편 뇌는 뉴런 모델이 '발화한다(1)/발화하지 않는다(0)'의 두 가지 값의 출력으로 되어 있어도, 실제로는 신경교세포라는 뉴런 이외의 신경 세포 때문에 출력은 디지털이 아닌 아날로그 신호에 가까울 수 있다. 더욱이 한 개의 뉴런은 다른 20만 개의 뉴런에 연결되어 있고, 각각의 신경교세포가 관여한다고 하면 데이터 양은 $20만^{140억}$이라는 엄청난 양이 된다. 뇌 활동은 뉴런 수만의 문제가 아니고 아직 밝혀지지 않은 생리적 요인이 있을 것이며, 뉴런 모델로 실현 가능한 범위는 뇌 활동의 일부에 지나지 않는다고 생각된다.

*8 발화(fire)는 뉴런이 흥분하여 출력 신호를 보내는 상태를 가리킨다. 매컬러·피츠 모델에서는 출력을 1 또는 0으로 나타낸다.

*9 완전 결합은 각 노드를 다른 모든 노드와 연결하는 것을 의미하며, 노드 수를 n이라고 하면 연결선의 수는 n(n-1)/2개가 된다.

*10 가중치: 노드 간의 결합 강도를 나타내며 보통 0에서 1 사이의 값으로 나타내지만, 경우에 따라서는 그 이외의 자유로운 값을 사용하기도 한다. 노드 간 신호 흐름의 쉬운 정도라도 생각해도 좋다.

*11 활성화 함수: 매컬러·피츠 모델에서 입력의 총합에 대해 최종 출력값을 결정하는 함수로서 보통은 임계치 함수(입력이 어떤 값을 초과하면 1을 출력, 그 전까지는 0을 출력)가 사용되므로 활성화라는 이름이 붙어 있다. 그러나 시그모이드(S자형) 함수가 사용되기도 하며 반드시 디지털 출력이 아닌 경우도 있다.

*12 교사 신호(Teaching Input): 네트워크에 기억시키려는 신호 패턴. 즉, 어떤 입력에 대해 결정된 출력을 말하며, 데이터에 상응한다.

*13 국소해: 가장 바람직한 해는 아니지만 부분적으로 보면 그 범위 내에서는 가장 좋은 해라고 할 수 있다는 의미. 탐색법에서 쓰는 용어로 탐색법에 대해서는 6장을 참고하기 바란다.

*14 최적해: 전체를 둘러보고 찾은 가장 바람직한 해를 의미한다. 이 역시 탐색법 용어다.

*15 패턴 인식: 데이터(영상, 음성, 문자 등)로부터 어떤 형태나 의미 부여를 추출하는 것을 의미하는 용어이다.

*16 선형 분리 가능: 정연하게 되어 있는 것. 구체적으로는 교사 신호를 평면에 늘어놓았을 때 하나의 직선으로 분리할 수 있는 것. 교사 신호를 3차원 공간에 둘 경우에는 하나의 평면으로 분리할 수 있는 것. 그러나 일반적으로 선형 분리 가능인지 아닌지를 판단하는 것은 어렵다.

*17 행렬곱이 WX인지 XW인지는 입력을 세로 방향 벡터와 가로 방향 벡터 중 어느 것으로 생각하느냐에 따른다. 여기서는 가로 방향 벡터로 생각한다.

*18 에너지 함수: 물리학에서 일반적으로 두 가지 물리량의 상호 작용을 나타내는 개념

*19 조합 최적화 문제라는 것은 문제 해결을 위한 수식이 없고, 생각할 수 있는 상태를 하나하나 모두 조사하여 최적해를 구하려는 문제를 가리킨다. 유명한 것이 TSP(Traveling Salesman Problem: 순회 외판원 문제)라고 불리는 문제로서, '외판원이 몇 개의 도시를 한 번씩 거쳐 원래 도시로 돌아온다고 가정할 때 최적 경로는?' 같은 문제. 보잘 것 없는 문제로 보이지만 도시 수가 많아지면 모든 경우를 조사하기에는 엄청난 시간이 걸린다. 세상의 많은 문제가 이런 종류의 문제와 같다고 볼 수 있다.

*20 기억 항목 수는 노드 수의 15% 정도로 알려져 있다.

*21 이제까지 노드 값은 1 또는 0으로 생각했기 때문에 위화감이 들지도 모르겠지만 여기서는 1과 –1을 사용한다. 사실 1과 0으로 해도 좋지만 1과 –1로 하는 편이 가중치 배열을 만들기 쉽다. 또한, 임계치 함수를 0 이상이면 1, 음수이면 –1로 하는 경우도 있다.

*22 직적(direct product) 행렬이란, 2개의 벡터를 세로 행, 가로 열로 배치하고 각각의 요소에 대한 곱을 행렬의 각 요소로 늘어놓은 행렬이다.

*23 8-Queen 문제: 8 x 8의 체스에서 서로 잡아먹지 않도록 8개의 퀸을 배치하는 문제이다. N × N으로 확장하여 N-Queen 문제라고도 한다. 말의 배치를 하나하나 모두 조사하면 $_{64}C_8 ≒ 44$억 가지이지만, 가로, 세로로 말을 하나밖에 둘 수 없다는 제약하에 살펴보면 8! = 40,320가지의 패턴이 있다. 무엇보다도 이 정도의 문제라면 굳이 홉필드 네트워크를 사용하지 않아도 일반적인 기법으로 충분히 풀 수 있다.

*24 금속공학의 용어이지만 여기서는 활성화 함수를 고정하지 않고 발화 확률을 도입하여, 때로는 에너지 함수의 값이 증가하는 방향으로도 노드 상태가 변화할 수 있도록 하는 것을 의미한다.

*25 오차역전파라는 이름은 학습 방법으로부터 나왔다. 오차를 입력 측으로부터 출력 측으로 향하여 조정해 나가는 방법도 있으며, 이 경우를 오차순전파라고 한다.

*26 경쟁 학습(Competitive Learning): 같은 값을 갖는 노드 간의 가중치는 증가시키고, 다른 값을 갖는 노드 간의 가중치는 감소시키는 학습 방법.

*27 순전파(Feedforward Propagation): 입력층으로부터 출력층으로 향하여 차례로 계산해 나가는 것. 오차 정정을 하는 것은 아니다.

3

인간의 애매함을
기계로 처리하기
= 퍼지

퍼지(Fuzzy)는 fuzz(보풀)의 형용사로 '보풀이 인', '희미한' 등과 유사한 의미이지만, 일본에서는 이것을 '애매함 공학'이라고 한다.

현상의 애매함을 처리하는 공학이지만 확률론과 혼동하지 않도록 주의해야 한다. 확률은 '현상 자체는 명확하지만 통계적으로 보면 어떻게 될까' 같은 문제를 다룬다. 반면에, 퍼지는 현상 자체가 애매한 것이다. 이런 종류의 문제는 많이 있다. 우리는 일일이 수치화하지 않고 적당히 판단하여 행동하므로 이 퍼지에 둘러싸여 있다고 볼 수 있다. 더우니까 조금 식히려 한다. 커브를 돌기 위해 운전대를 조금 돌리려 한다. 손으로 쓴 지저분한 글씨, 단어의 의미 등등 우리 주위에는 퍼지로 가득 차 있다.

퍼지의 개념은 자데(Lotfi Zadeh, 1965)에 의해 제안되었지만, 처음에는 학문으로 받아들여지지 않았다. 그러나 10년 정도 후에 맘다니(E. H. Mamdani, 1975)에 의해 규칙형 퍼지 추론이 고안되어 주목받기 시작했다.

지금은 자동 제어와 가전에도 응용이 진행되어 '인공지능 탑재'라는 글귀의 주역이기도 하다. 최근에 퍼지는 신경망, 유전 알고리즘, 카오스 이론 등 다른 기술과 융합한 형태로 발전하고 있다.

여기서는 퍼지의 작동 원리를 알아보기 위해 퍼지 추론과 퍼지 제어 시뮬레이션을 실행한다. 동일한 예제를 본문에서 상세히 설명하고 있으므로, 시뮬레이션을 통해 정확한 수치가 아닌 인간의 감각적 표현만으로 처리되는 퍼지 기법에 대한 개념을 이해해 보기 바란다.

'약간 높은 듯/약간 낮은 듯'하게 에어컨 제어하기

퍼지 추론에 의한 에어컨 제어

에어컨 제어에 대한 퍼지 추론 시뮬레이션이다. 온도, 습도, 방의 밀폐 정도, 이 세 가지 요소에 대해 그것들의 측정값을 기초로 적절한 에어컨 제어값을 구하는 문제다. 세 가지 요소를 사용하여 수치 계산으로 엄격히 제어하려면, 각 요소가 취할 수 있는 모든 패턴 조합에 상응하는 제어를 가정하지 않으면 안 되기 때문에 매우 번거롭다. 그러나 퍼지 추론이라면 온도가 높거나 습도가 낮다는 감각적인 표현만으로 적절한 에어컨 제어값을 나타낼 수 있다.

다만, 높거나 낮다고 하는 애매한 표현은 모두 실제 측정값과의 관계를 소속(Membership) 함수라고 하는 형태로 미리 정의해 둘 필요가 있다. 자연 언어를 처리하는 것은 아니기 때문에, 이 부분은 애매함을 처리하기 위한 최소한의 준비라고 보면 된다. 밀폐 정도와 이에 따른 에어컨 제어값이라는 개념에 대해서는 시뮬레이션의 이해를 돕기 위해 현실적인 문제를 고려하지 않고 간단히 정의하고 있다. 하지만 온도와 습도에 대해서는 비교적 현실적인 감각으로 소속 함수를 정의하고 있다.

(엑셀 시트 설명)

Fuzzy 추론 시트: 에어컨 제어에 관한 퍼지 추론 시뮬레이션

(실행 순서)

① **Fuzzy 추론** 시트를 연다. 온도, 습도, 밀폐 정도의 측정값을 입력하고 **실행** 버튼을 누른다.

② 퍼지 추론 결과로서 에어컨 제어값이 표시된다.

③ 추론 과정은 표와 그래프로 표시된다.

시뮬레이션에서는 움직이는 모습이 나타나지 않아 재미가 없을지도 모르지만, 규칙 결론부 소속 함수의 수평 절단과 합집합 형태를 주의 깊게 바라보면 흥미가 생길 것이다. 또한, 시트 상부의 소속 함수 표를 바꿔 넣음으로써 그래프 형태를 간단히 변경시킬 수 있기 때문에, 자신의 감각에 맞는 퍼지 추론을 실행하는 것도 가능하다.

> **주의 사항**

> ▶ 엑셀 시트의 2~48행은 소속 함수를 그래프화하기 위한 표와 그래프다.

> ▶ 엑셀 시트의 중간 49~67행이 퍼지 추론 부분이다. 온도, 습도, 밀폐 정도의 측정값을 입력한 후 **실행** 버튼을 누르면 퍼지 추론이 실행되며 에어컨 제어값이 표시된다.

> ▶ 추론 과정은 각 규칙의 소속 함수를 수평으로 절단한 결과의 합집합(MAX)이 **Fuzzy 추론 과정**에 표시된다.

> ▶ 엑셀 시트의 71~134행은 **퍼지 추론 과정**에 표시되는 규칙 및 합집합의 소속 함수 그래프다. 최종적으로는 제일 밑에 있는 MAX 그래프에 대해 무게중심법(Centroid)을 적용한 에어컨 제어값을 구하는 것이지만, 여기서는 간소화된 비퍼지화 매크로에 나타나 있는 것처럼 그래프 면적이 반이 되는 X축상의 값을 구한다.

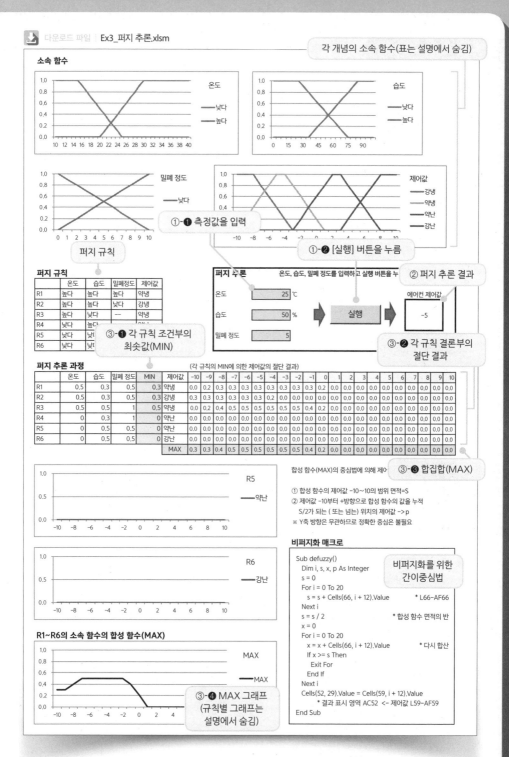

소속 함수

각 개념의 소속 함수(표는 설명에서 숨김)

온도 — 낮다 / 높다

습도 — 낮다 / 높다

밀폐 정도 — 낮다

제어값 — 강냉 / 약냉 / 약난 / 강난

퍼지 규칙

①-❶ 측정값을 입력

①-❷ [실행] 버튼을 누름

퍼지 규칙

	온도	습도	밀폐정도	제어값
R1	높다	높다	높다	약냉
R2	높다	높다	낮다	강냉
R3	높다	낮다	--	약냉
R4	낮다	높다		
R5	낮다	낮		
R6	낮다	낮		

③-❶ 각 규칙 조건부의 최솟값(MIN)

퍼지 추론 온도, 습도, 밀폐 정도를 입력하고 실행 버튼을 누

온도 [25]℃

습도 [50]%

밀폐 정도 [5]

실행

② 퍼지 추론 결과

에어컨 제어값
-5

③-❷ 각 규칙 결론부의 절단 결과

퍼지 추론 과정 (각 규칙의 MIN에 의한 제어값의 절단 결과)

	온도	습도	밀폐 정도	MIN	제어값	-10	-9	-8	-7	-6	-5	-4	-3	-2	-1	0	1	2	3	4	5	6	7	8	9	10
R1	0.5	0.3	0.5	0.3	약냉	0.0	0.2	0.3	0.3	0.3	0.3	0.3	0.3	0.3	0.3	0.2	0.0	0.0	0.0	0.0	0.0	0.0	0.0	0.0	0.0	0.0
R2	0.5	0.3	0.5	0.3	강냉	0.3	0.3	0.3	0.3	0.3	0.3	0.2	0.0	0.0	0.0	0.0	0.0	0.0	0.0	0.0	0.0	0.0	0.0	0.0	0.0	0.0
R3	0.5	0.5	1	0.5	약냉	0.0	0.2	0.4	0.5	0.5	0.5	0.5	0.5	0.5	0.4	0.2	0.0	0.0	0.0	0.0	0.0	0.0	0.0	0.0	0.0	0.0
R4	0	0.3	1	0	약난	0.0	0.0	0.0	0.0	0.0	0.0	0.0	0.0	0.0	0.0	0.0	0.0	0.0	0.0	0.0	0.0	0.0	0.0	0.0	0.0	0.0
R5	0	0.5	0.5	0	약난	0.0	0.0	0.0	0.0	0.0	0.0	0.0	0.0	0.0	0.0	0.0	0.0	0.0	0.0	0.0	0.0	0.0	0.0	0.0	0.0	0.0
R6	0	0.5	0.5	0	강난	0.0	0.0	0.0	0.0	0.0	0.0	0.0	0.0	0.0	0.0	0.0	0.0	0.0	0.0	0.0	0.0	0.0	0.0	0.0	0.0	0.0
				MAX		0.3	0.3	0.4	0.5	0.5	0.5	0.5	0.5	0.5	0.4	0.2	0.0	0.0	0.0	0.0	0.0	0.0	0.0	0.0	0.0	0.0

③-❸ 합집합(MAX)

R5 — 약난

R6 — 강난

R1~R6의 소속 함수의 합성 함수(MAX)

MAX

③-❹ MAX 그래프 (규칙별 그래프는 설명에서 숨김)

합성 함수(MAX)의 중심법에 의해 제어

① 합성 함수의 제어값 -10~10의 범위 면적=S
② 제어값 -10부터 +방향으로 합성 함수의 값을 누적
　S/2가 되는 (또는 넘는) 위치의 제어값 -> p
※ Y축 방향은 무관하므로 정확한 중심은 불필요

비퍼지화 매크로

비퍼지화를 위한 간이중심법

```
Sub defuzzy()
  Dim i, s, x, p As Integer
  s = 0
  For i = 0 To 20
    s = s + Cells(66, i + 12).Value      * L66~AF66
  Next i
  s = s / 2                               * 합성 함수 면적의 반
  x = 0
  For i = 0 To 20
    x = x + Cells(66, i + 12).Value      * 다시 합산
    If x >= s Then
      Exit For
    End If
  Next i
  Cells(52, 29).Value = Cells(59, i + 12).Value
      * 결과 표시 영역 AC52  <- 제어값 L59~AF59
End Sub
```

애매한 조건으로
목푯값 유지하기

퍼지 제어

퍼지 추론을 더욱 효율화하는 제어 규칙표에 기초한 퍼지 제어 시뮬레이션이다. 여기에서는 제어 대상이 되는 목표를 구체적으로 가정하지 않으나, 예를 든다면 온도 조절도 좋고, 막대 세우기도 좋고, 또는 정해진 선을 따라 움직이는 로봇도 좋다. 퍼지 제어에서 처리하는 사례는 수치 제어와는 달리, 감각적인 보정을 가정하고 있다. 편차(목푯값과의 차이)와 편차의 변동을 세로, 가로로 배열한 행렬인 제어 규칙표에 기초하여 수행된다. 이런 어림짐작 같은 제어에서도 안정적인 목푯값을 유지할 수 있다는 것을 실감하는 것이 목표다. 구체적인 목표를 설정하고 시각화하는 것도 가능하지만, 목푯값에 수렴하는 편차 그래프를 보는 것만으로도 충분히 진가를 이해할 수 있다고 생각한다.

(엑셀 시트 설명)

Fuzzy 제어 시트: 제어 규칙표에 기초한 퍼지 제어 시뮬레이션

(실행 순서)

❶ **Fuzzy 제어** 시트를 열고 제어 규칙표를 설정한다. 사용자가 직접 입력하거나 **제어 규칙표** 버튼을 눌러 표준 값을 자동 설정한다.

❷ 간이 구분표, 간이 제어값, 편차와 그 변동의 초깃값, 허용 오차, 관측 횟수를 설정한다. 사용자가 직접 입력하거나 **초기화** 버튼을 눌러 자동으로 설정한다.

❸ **시작** 버튼을 눌러 퍼지 제어 시뮬레이션을 실행한다. 퍼지 제어 상태가 아랫부분 그래프에 표시된다. 그래프 아래의 큰 표는 그래프 작성을 위한 데이터이므로 신경 쓰지 않아도 무방하다.

(주의 사항)

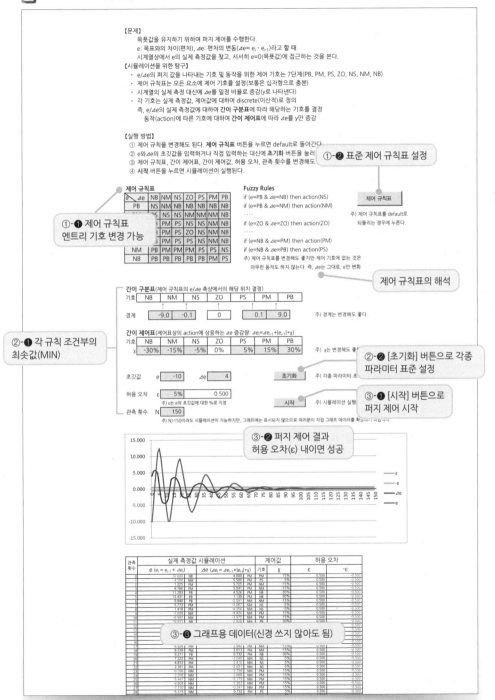

【문제】
　목푯값을 유지하기 위하여 퍼지 제어를 수행한다.
　e: 목표와의 차이(편차), Δe: 편차의 변동(Δe= e_i - e_{i-1})라고 할 때
　시계열상에서 e의 실제 측정값을 찾고, 서서히 e=0(목푯값)에 접근하는 것을 본다.

【시뮬레이션을 위한 탐구】
• e/Δe의 퍼지 값을 나타내는 기호 및 동작을 위한 제어 기호는 7단계(PB, PM, PS, ZO, NS, NM, NB)
• 제어 규칙표는 모든 요소에 제어 기호를 설정(보통은 십자형으로 충분)
• 시계열의 실제 측정 대신에 Δe를 일정 비율로 증감(x로 나타낸다)
• 각 기호는 실제 측정값, 제어값에 대하여 discrete(이산적)로 정의
　즉, e/Δe의 실제 측정값에 대하여 간이 구분표에 따라 해당하는 기호를 결정
　동작(action)에 따른 기호에 대하여 간이 제어표에 따라 Δe를 y만 증감

【실행 방법】
① 제어 규칙을 변경해도 된다. 제어 규칙표 버튼을 누르면 default로 돌아간다
② e와 Δe의 초깃값을 입력하거나 직접 입력하는 대신에 초기화 버튼을 눌러
③ 제어 규칙표, 간이 제어표, 간이 제어값, 허용 오차, 관측 횟수를 변경하고
④ 시작 버튼을 누르면 시뮬레이션이 실행된다.

제어 규칙표

e＼Δe	NB	NM	NS	ZO	PS	PM	PB
PB	NS	NM	NB	NB	NB	NB	NB
PM	NS	NS	NS	NM	NM	NM	
	PM	PS	NS	NS	NS	NM	
	PM	PS	ZO	NS	NM		
	PM	PS	PS	NS	NS		
NM	PB	PM	PM	PM	PS	PS	
NB	PB	PB	PB	PB	PM	PM	

Fuzzy Rules

if (e=PB & Δe=NB) then action(NS)
if (e=PB & Δe=NM) then action(NM)
......
if (e=ZO & Δe=ZO) then action(ZO)
......
if (e=NB & Δe=PM) then action(PM)
if (e=NB & Δe=PB) then action(PS)

주) 제어 규칙표를 변경해도 좋지만 제어 기호에 없는 것은
아무런 동작도 하지 않는다. 즉, Δe는 그대로, e만 변화

제어 규칙표

주) 제어 규칙표를 default로
되돌리는 경우에 누른다.

간이 구분표 (제어 규칙표의 e/Δe 축상에서의 해당 위치 결정)

기호	NB	NM	NS	ZO	PS	PM	PB
경계		-9.0	-0.1	0	0.1	9.0	

주) 경계는 변경해도 좋다.

간이 제어표 (제어표상의 action에 상응하는 Δe 증감량: $Δe_i = Δe_{i-1} + |e_{i-1}|*x$)

기호	NB	NM	NS	ZO	PS	PM	PB
x	-30%	-15%	-5%	0%	5%	15%	30%

주) x는 변경해도 좋다

초깃값	e	-10	Δe	4

초기화　　주) 각종 파라미터

허용 오차	ε	5%	0.500

주) ε는 e의 초깃값에 대한 %로 지정

시작　　주) 시뮬레이션 실행

관측 횟수	N	150

주) N>150이라도 시뮬레이션이 가능하지만, 그래프에는 표시되지 않으므로 여러분이 직접 그래프 데이터를 확인...

①-❷ 표준 제어 규칙표 설정

①-❶ 제어 규칙표 엔트리 기호 변경 가능

제어 규칙표의 해석

②-❶ 각 규칙 조건부의 최솟값(MIN)

②-❷ [초기화] 버튼으로 각종 파라미터 표준 설정

③-❶ [시작] 버튼으로 퍼지 제어 시작

③-❷ 퍼지 제어 결과 허용 오차(ε) 내이면 성공

③-❸ 그래프용 데이터(신경 쓰지 않아도 됨)

관측 횟수	실제 측정값 시뮬레이션		제어값		허용 오차	
	e (e_i = e_{i-1} + Δe)	Δe ($Δe_i$ = $Δe_{i-1}$+$|e_{i-1}|$*x)	기호	x	ε	-ε
0	-10.000	NB		PM	15%	0.500	-0.500
1	-4.500	NM	5.500	PS	5%	0.500	-0.500
2	1.225	PM	5.725	NM	-15%	0.500	-0.500
3	6.766	PM	5.541	NM	-15%	0.500	-0.500
4	11.293	PB	4.526	NB	-30%	0.500	-0.500
5	12.431	PB	1.139	NM	-30%	0.500	-0.500
6	9.840	PB	-2.591	NM	-15%	0.500	-0.500
7	5.773	PM	-4.067	NS	-5%	0.500	-0.500
8	1.418	PM	-4.356	NS	-5%	0.500	-0.500
9	-3.008	NM	-4.426	NM	15%	0.500	-0.500
10	-4.984	NM	-1.975	NM	15%	0.500	-0.500
11	-3.911	NM	1.073	PS	15%	0.500	-0.500
12						0.500	-0.500
13						0.500	-0.500
14						0.500	-0.500
15						0.500	-0.500
16						0.500	-0.500
17	6.529	PM	2.394	PM	15%	0.500	-0.500
18	8.542	PB	2.013	PM	-15%	0.500	-0.500
19	9.271	PB	0.732	PM	-30%	0.500	-0.500
20	7.222	PM	-2.049	PM	-5%	0.500	-0.500
21	4.812	PM	-2.410	NM	-5%	0.500	-0.500
22	2.161	PM	-2.651	NM	-5%	0.500	-0.500
23	-0.598	NM	-2.759	NM	15%	0.500	-0.500
24	-3.288	NM	-2.689	NM	15%	0.500	-0.500
25	-5.443	NM	-2.155	NM	15%	0.500	-0.500
26	-6.805	NM	-1.362	NM	15%	0.500	-0.500
27	-7.150	NM	-0.341	NM	15%	0.500	-0.500
28	-6.418	NM	0.732	PS	5%	0.500	-0.500

▶ 제어 규칙표: 보통은 가로, 세로의 ZO에 따른 십자 부분만 정의해도 되지만, 여기에서는 간단한 시뮬레이션을 실행하기 위해 전체 칸을 채우고 있다. 이것은 바꿔 넣을 수도 있다.

▶ 간이 구분표: 개념 기호로는 본문에서 설명하는 PB ~ ZO ~ NB를 사용하지만, 원래 소속 함수에 따라 규정된 것을 여기에서는 겹치지 않는 분리된 값을 가지는 것으로 하고 그 경계를 간이 구분으로 지정한다. 이것은 바꿔 넣을 수 있으며 경계 설정에 따라 수렴 정도가 제법 달라진다.

▶ 간이 제어값: 제어 규칙표의 각 항목에 기입된 제어값에 관한 개념도 PB ~ NB로 나타내지만, 이것도 원래의 소속 함수가 아니고 간단히 편차 변동의 증감을 나타낸다. 이 증감량은 편차에 대한 비율이지만 이것도 바꿔 넣을 수 있다.

▶ 초깃값: 편차와 편차의 변동에 대한 것으로 시뮬레이션 시작 시에 값을 설정한다. 이 값은 임의로 설정하지만 간이 구분표에 지정된 개념 경계 값과의 정합성을 의식할 필요가 있다.

▶ 허용 오차: 편차는 0이 바람직하지만 보통은 허용 오차가 있다. 이것은 초기 편차에 대한 비율로서 지정한다. 이 값은 퍼지 제어 자체에는 영향이 없지만 제어의 성공 여부를 판단하는 기준으로 설정한다.

▶ 관측 횟수: 편차와 그 변동을 관측할 때마다 제어 규칙표를 적용하게 되는데, 그 횟수를 지정한다.

▶ 시트 하단의 그래프와 표: 퍼지 제어 결과를 나타낸다. 그래프가 물결치며 허용 오차 내로 수렴해 가는 상태를 알 수 있다. 간이 구분표와 간이 제어값의 설정에 따라 허용 오차 범위 밖으로 수렴되는 경우도 있으며, 이것은 퍼지 제어에 실패했다는 것을 나타낸다.

3.1 퍼지의 개념

이 절에서는 퍼지(Fuzzy)의 기본 개념으로 퍼지 집합, 소속 함수, 퍼지 척도에 대하여 설명한다.

3.1.1 퍼지 집합의 개념

퍼지에서는 현상 자체의 애매성과 주관적인 표현을 다루기 위하여 집합을 확장해서 생각한다.

일반 집합은 '어떤 조건들을 만족하는 것들의 모임'으로 정의되며 다음과 같이 수식화된다.

> **A = { x|x 에 대한 조건 }**
> 예 짝수의 집합　　B = { x|mod(x,2) = 0 }
> 　　홀수의 집합　　C = { x|mod(x,2) = 1 }

집합의 요소는 이산적인 것도 있고 연속적인 것도 있다. 그러나 어떤 요소가 집합에 포함되는지 아닌지를 생각해 보면, 한 요소는 반드시 둘 중의 하나(포함, 포함되지 않음)로만 결정된다. 포함되는 경우에는 1, 포함되지 않는 경우에는 0으로 나타내며, 집합 A는 요소 x에 대하여 식 3-1과 같이 정의될 수 있다. 여기서 $X_A(x)$는 인수 x가 집합 A의 요소이면 1, 그렇지 않으면 0을 돌려주는 함수다.

식 3-1

> $A = \{ x|X_A(x) = 1 \}$
> $X_A(x) \rightarrow \{0,1\}^{*1}$　$X_A(x) = 1 \ (x \in A)$　or　$X_A(x) = 0 \ (x \notin A)$

이런 집합은 경계가 확실히 구분되어 있다는 의미에서 크리스프(crisp) 집합이라고 한다. 그럼 식 3-1에서 억지로 0과 1 사이의 값도 취할 수 있는 함수를 사용하면 어떻게 될까? 이것은 경계가 모호한 집합을 나타낸다고 생각할 수 있다. 즉, 값이 1에 가까우면 집합의 안쪽에 가깝고, 0에 가까우면 바깥쪽에 가깝다고 생각할 수 있다.

이러한 생각으로부터 경계가 모호한 집합을 정의한 것이 퍼지 집합이다(그림 3-1).

퍼지 집합(Fuzzy Set)   퍼지 집합은 경계가 애매하여 '완전히 안쪽'과 '완전히 바깥쪽'과의 경계 폭이 존재한다.
이 폭을 0~1 사이의 값을 취하는 소속 함수로 보완한다.
소속 함수의 값은 집합의 안쪽일수록 1에 가깝다.

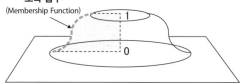

소속 함수	$0 \leq \mu_A(x) \leq 1$
퍼지 집합 A의 정의	$A = \{ x | \mu_A(x) \rightarrow [0,1] \}$
퍼지 척도의 단조성	$m(\phi) = 0, m(V) = 1, A \subseteq B \subseteq V$ 라면 $m(A) \leq m(B)$

> **참고** **확률과의 차이점**
> 주사위 던지기에서 2의 배수 또는 3의 배수가 나올 확률은 다음과 같다.
> m(2의 배수) + m(3의 배수) − m(2와 3의 배수) = 1/2 + 1/3 − 1/6 = 2/3
>
> 퍼지의 경우에는 2의 배수나 3의 배수 중 어느 쪽이 될까?
> 가능성이 높은 쪽(max)으로 한다면 2의 배수가 될 가능성이 높다.

그림 3-1   **퍼지 집합(Fuzzy Set)**

3.1.2 소속 함수

퍼지 집합의 경계가 모호한 상태, 즉 어떤 요소가 그 집합에 어느 정도 포함되는지 그 소속도를 나타내기 위해 소속 함수(Membership Function)를 도입한다. 소속 함수는 집합의 안쪽을 1, 바깥쪽을 0으로 하고 경계에서는 그 사이 값을 취하여 안쪽에 가까울수록 1에 가까운 값을 가진다. 소속 함수는 퍼지 집합의 경계 형태를 나타낸다고 생각하면 된다(그림 3-1).

퍼지 집합은 소속 함수 μ를 사용하여 다음과 같이 정의된다.

$$A = \{ \, x \mid \mu_A(x) = y, \, y > 0 \, \}$$

$$\mu_A(x) \rightarrow [0,1]^{*2} \quad 0 < \mu_A(x) \leqq 1 \; (x \in A) \quad \text{or} \quad \mu_A(x) = 0 \; (x \notin A)$$

3.1.3 퍼지 척도

일반 집합에서는 크기[*3]를 표현하기 위해 척도[*4]를 생각할 수 있다. 집합 전체의 크기를 1이라고 생각하고 그 부분 집합을 생각해 보면 된다. 척도는 가법성(additivity)[*5]을 따른다. 퍼지 집합에서도 유사한 개념을 도입하여 퍼지 척도라고 부른다.

퍼지 집합은 경계가 모호하여 요소의 개수를 셀 수는 없다. 또한, 면적도 정확히 정의할 수 없기 때문에 가법성을 기대할 수 없다. 따라서 다음과 같이 생각할 수 있다.

$$m(\phi) = 0, \, m(V) = 1, \, A \subseteq B \subseteq V \text{이면 } m(A) \leqq m(B)$$

m은 퍼지 척도, V는 전체 집합, ϕ는 공집합

이것을 단조성이라 한다. 즉, 퍼지 척도는 일반 척도의 가법성을 완화시켜 단조성을 유지하면 좋을 것이다. 이것이라면 요소의 개수를 셀 수 없다고 하더라도 적어도 어느 쪽이 큰지를 판단할 수 있다.

3.1.4 퍼지 집합과 퍼지 척도의 예

예를 들어, 다음과 같은 집합을 생각해 보자(그림 3-2).

A: 성인의 집합　　$A = \{ \, x \mid \mu_A(x) = \text{나이가 대략 20세 이상} \, \}$
B: 젊은이의 집합　$A = \{ \, x \mid \mu_B(x) = \text{나이가 대략 15~40세} \, \}$
C: 노인의 집합　　$A = \{ \, x \mid \mu_C(x) = \text{나이가 대략 65세 이상} \, \}$
V: 전체 집합　　　$A = \{ \, x \mid \text{모든 나이} \, \}$

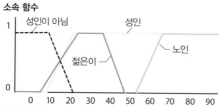

소속 함수

그림 3-2 **퍼지 집합 예**

이 경우 나이가 18세인 사람이 어느 집합에 들어가는 것이 좋을지 헷갈린다. 이처럼 A와 B의 나이 하한 값은 애매하지만, 적어도 C는 A에 포함되고 B와 C는 공통 부분이 없다는 것을 알 수 있다. 이것은 각 소속 함수의 포함 관계[*6]로 판단할 수 있을 것이다. 이것이 퍼지 척도다.

앞에서 설명한 퍼지 집합의 퍼지 척도를 각각 m(A), m(B), m(C), m(V)라고 하면 다음과 같은 관계가 있다.

> $m(C) < m(A)$ ⋯ $C \subset A \subset V$이므로
> $m(V) = 1$ ⋯ V는 전체 집합이므로
> $m(B \cap C) = 0$ ⋯ $B \cap C = \phi$ (공집합)이므로(∩는 교집합을 나타냄)
> **m(B) < m(A)는 불분명** ⋯ $B \subset A$라고 말할 수 없으므로

퍼지 집합은 아니고 '성인=연령 20세 이상', '고령자=65세 이상' 같은 크리스프 집합으로 생각해 보면 가법성까지 포함한 판단이 가능하지만, 퍼지 집합에서는 그렇지 않다. 또한, 퍼지 집합에서는 다음과 같은 문제도 있다. D가 다음과 같을 때,

> D: 성인이 아닌 집합 $D = \{ x | \mu_D(x) \neq$ 나이가 대략 20세 이상 $\}$

A와 D를 합하면 V가 되므로,

> $m(A \cup D) = 1$ ※ ∪는 합집합

이와 같이 될 것 같지만 그렇게 되지 않는다. 왜냐하면 '성인이 아니다'라는 소속 함수는 '성인'의 반대이기 때문에 다음과 같이 정의되며,

$$\mu_D(x) = 1 - \mu_A(x)$$

그림 3-2에서 알 수 있듯이, μ_A와 μ_D를 합쳐도 15세 근처가 움푹 꺼져서 ($\mu_V=1$)이 되지 않기 때문이다.

집합으로 보면 'A: 성인'과 'D: 성인이 아님'을 합치면 'V: 전체집합'이 될 것 같은 데, 척도가 그렇게 되지 않으면 A와 D를 합쳐도 V가 되지 않는다. 이것은 가법성을 따르지 않는다는 것을 보여 주지만, 이로 인해 다른 재미있는 특징들도 나타난다.

3.1.5 퍼지 척도의 특징

퍼지 척도는 단조성만 유지하면 되기 때문에 일반적인 척도에는 없는 다음과 같은 특징이 있다.

- 준가법성(sub-additivity)
- 초가법성(super-additivity)

이것은 우리 주위에 보통 있는 규칙을 서술한 것으로, 매우 편리하다. 즉, 준가법성은 '최저 OO까지 보장', '많이 사면 할인' 등의 의미이고, 초가법성은 'OO보다 높은 것 기대', 'OO을 모두 갖추었다면 가치 상승', '조직에서 개개인의 힘 이상의 성과를 올리다' 등의 의미다.

3.1.6 퍼지 집합의 연산

크리스프 집합의 연산에는 합집합, 교집합(공통 부분), 여집합(차집합)과 각종 연산 규칙[7]이 정의된다. 그러나 퍼지 집합에 동일한 연산을 정의하는 경우에는 어느 한

쪽에 포함되는지 아니면 양쪽에 포함되는지 단정 지을 수 없기 때문에 소속 함수를 사용하여 다음과 같이 정의한다.

식 3-4

합집합 $A \cup B = \{ x|\ \max(\mu_A(x),\ \mu_B(x)) \to [0,1] \}$ ··· 값이 큰 쪽

식 3-5

교집합 $A \cap B = \{ x|\ \min(\mu_A(x),\ \mu_B(x)) \to [0,1] \}$ ···값이 작은 쪽

식 3-6

여집합 $\sim A = \{ x|\ (1 - \mu_A(x)) \to [0,1] \}$

퍼지 집합의 경우에도 연산 규칙으로 교환 법칙, 결합 법칙, 분배 법칙, 드모르간 법칙 등이 성립한다. 즉, 다음 식에서 양변의 퍼지 척도는 동등하다.

- **교환 법칙:** $A \cup B = B \cup A,\ A \cap B = B \cap A$
- **결합 법칙:** $A \cup (B \cup C) = (A \cup B) \cup C,\ A \cap (B \cap C) = (A \cap B) \cap C$
- **분배 법칙:** $A \cup (B \cap C) = (A \cup B) \cap (A \cup C),\ A \cap (B \cup C) = (A \cap B) \cup (A \cap C)$
- **이중 부정:** $A = \sim\sim A$
- **드모르간 법칙**(그림 3-3): $\sim(A \cup B) = \sim A \cap \sim B,\ \sim(A \cap B) = \sim A \cup \sim B$

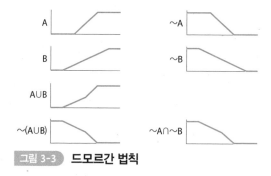

그림 3-3 드모르간 법칙

그러나 일반 집합과는 달리, 배중 법칙과 모순 법칙은 성립하지 않는다. 즉, 다음과 같다.

- **배중 법칙**: A∪~A≠V(전체집합)   m(A∪~A)≠1
- **모순 법칙**: A∩~A≠φ(공집합)   m(A∩~A)≠0

이것은 소속 함수의 큰 쪽, 또는 작은 쪽의 값을 취하기 때문에 배중 법칙에서는
움푹 꺼지는 부분이, 모순 법칙에서는 불룩해지는 부분이 발생할 수 있다(그림 3-4,
그림 3-5).

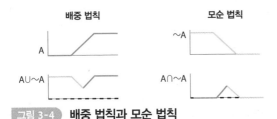

그림 3-4 배중 법칙과 모순 법칙

퍼지 집합 연산

소속 함수의 합성: max(합집합), min(교집합), 차(여집합)
교환 법칙, 결합 법칙, 분배 법칙, 드모르간 법칙은 성립(크리스프 집합 연산과 동등. 즉, 퍼지 척도가 같음)
배중 법칙, 모순 법칙은 성립하지 않음. 즉, m(A∪~A)≠1, m(A∩~A)≠0

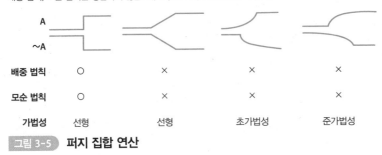

배중 법칙	○	×	×	×
모순 법칙	○	×	×	×
가법성	선형	선형	초가법성	준가법성

그림 3-5 퍼지 집합 연산

3.2 퍼지 추론

3.2.1 퍼지 추론의 개념

추론이라고 말하면 삼단논법을 떠올리는 사람도 많을 것으로 생각하지만, 진위 판
정만을 위한 이진논리 추론[8]은 현실 문제에 적용하기 어렵다. 현실 문제는 '~에

가깝다', '~처럼 보이다' 등과 같이 범위를 고려하여 판단해야 한다.

퍼지 추론은 이런 추론을 가능하게 하는 기술로, 최초에 고안한 사람의 이름을 따서 맘다니 추론이라고도 한다. 개념은 이진 논리 추론의 긍정식(Modus Ponens)을 다음과 같이 확장한 형태다.

식 3-7

((p→q) & p') →q'   **(p에 가까우면 q에 가깝다)**

p→q 부분을 퍼지 규칙이라고 하며 p와 q는 모두 퍼지 집합(또는 애매한 용어)을 나타낸다. p'는 현실의 관측 값 또는 퍼지 집합도 될 수 있다. q'는 결론을 나타내는 퍼지 집합으로 최종 결과는 하나의 수치 값으로 변환된다.

3.2.2 퍼지 추론의 순서

퍼지 추론은 다음과 같은 순서로 실행된다.

❶ 퍼지 규칙을 정의한다. 형식: IF (조건부) THEN (결론부)

❷ 규칙에 나타나는 개념(애매한 용어)의 소속 함수를 정의한다.

❸ 각 규칙의 조건부에 대한 각 개념의 관측값에 대해 각 개념의 교집합을 구한다(각 개념 척도의 최솟값).

❹ 결론부의 개념에 상응하는 소속 함수에 대하여 조건부 척도의 최솟값으로 수평 절단 기법[*9]을 수행한다.

❺ ❷의 각 규칙에 대하여 ❸, ❹를 수행하여 각 규칙 결론부의 잘려진 소속 함수 결과의 합집합(최댓값)을 구한다.

❻ ❺가 결과의 척도를 나타내는 새로운 소속 함수가 되며, 이 함수의 무게 중심으로 비퍼지화[*10]를 수행한다.

3.2.3 퍼지 추론의 구체적 예

시뮬레이션에서 체험한 에어컨 제어의 예를 자세히 살펴보자(그림 3-6).

퍼지 규칙은 '몹시 추우면 많이 따뜻하게 하라', '무더우면 약간 차게 하라'와 같은 직감적인 표현으로 서술한다. 여기서는 조건부에 '온도가 높다/낮다', '습도가 높다/낮다', '방의 밀폐 정도가 높다/낮다'의 3가지 파라미터를 사용한다. 각 파라미터에는 '높다/낮다'라는 표현에 대하여 소속 함수를 정의한다. 또 결론부에는 에어컨 제어에 대한 표현으로 '강냉(強冷)／약냉(弱冷)／약난(弱暖)／강난(強暖)'이라는 4가지 단어를 사용하고 각각에 대한 에어컨 제어값을 x축으로 하여 소속 함수를 정의한다.

퍼지 규칙

IF (Cond-11, Cond-12, ⋯ , Cond-1j, Cond-1n) THEN Action-1
  ⋮
IF (Cond-i1, Cond-i2, ⋯ , Cond-ij, Cond-in) THEN Action-i
  ⋮
IF (Cond-m1, Cond-m2, ⋯ , Cond-mj, Cond-mn) THEN Action-m
       └────────┬────────┘ └───┬───┘
         조건부   결론부

개념적으로는

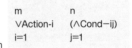

$$\bigvee_{i=1}^{m} Action\text{-}i \quad \left(\bigwedge_{j=1}^{n} Cond\text{-}ij\right)$$

퍼지 추론

① 각 규칙 조건부의 소속 함수에 대한 ∧(Min)으로부터 결론부 소속 함수들의 수평 절단을 수행한다.
② 모든 규칙의 결론부에 대한 소속 함수 수평 절단을 수행한 후, 그 결과의 ∨(Max)에 따라 합성한다.
③ 합성 결과의 중심을 구하고, 그 중심의 수평 좌표 위치를 구한다(비퍼지화).

에어컨 제어 퍼지 규칙

R1: IF(온도와 습도가 모두 높고, 방의 밀폐 정도가 높다) THEN 약냉
R2: IF(온도와 습도가 모두 높고, 방의 밀폐 정도가 낮다) THEN 강냉
R3: IF(온도가 높고 습도가 낮을 때는 밀폐 정도에 관계없다) THEN 약냉
R4: IF(온도가 낮고 습도가 높을 때는 밀폐 정도에 관계없다) THEN 약난
R5: IF(온도와 습도가 모두 낮고, 방의 밀폐 정도가 높다) THEN 약난
R6: IF(온도와 습도가 모두 낮고, 방의 밀폐 정도가 낮다) THEN 강난

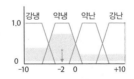

소속 함수

   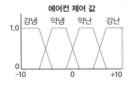

그림 3-6 퍼지 추론

퍼지 추론

온도 28도, 습도 50%, 밀폐 정도 5의 경우

R1: 온도와 습도가 모두 높고, 방의 밀폐 정도가 높을 때에는 '약냉'

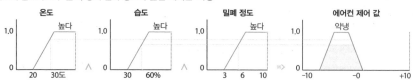

R2: 온도와 습도가 모두 높고, 방의 밀폐 정도가 낮을 때에는 '강냉'

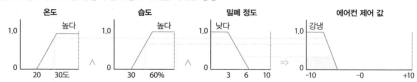

R3: 온도가 높고 습도가 낮을 때에는 밀폐 정도에 관계없이 '약냉'

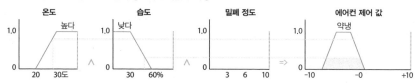

R4: 온도가 낮고 습도가 높을 때에는 밀폐 정도에 관계없이 '약난'

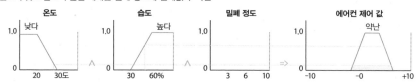

R5: 온도와 습도가 모두 낮고, 방의 밀폐 정도가 높을 때에는 '약난'

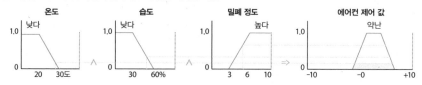

R6: 온도와 습도가 모두 낮고, 방의 밀폐 정도가 낮을 때에는 '강난'

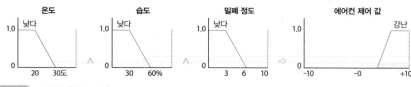

그림 3-6 **퍼지 추론 (계속)**

퍼지 추론은 온도, 습도 밀폐 정도의 관측값에 근거하여 각 퍼지 규칙 조건부의 최소 척도를 구하고, 그 값으로 결론부의 소속 함수의 수평 절단을 수행하여 6개의 잘려진 소속 함수들의 합집합을 도출한다. 여기서는 온도 28℃, 습도 50%, 밀폐 정도 5의 경우에 대하여 퍼지 추론을 실행하고 있다. 최종적으로는 비퍼지화에 따라 '에어컨 제어값을 2도 낮춤으로 하라'는 결론을 얻는다.

3.3 퍼지 제어

2번째 시뮬레이션에서 체험한 제어 규칙표에 기초한 퍼지 제어를 자세히 살펴본다.

상태를 일정하게 유지하는 것처럼 제어 문제에 퍼지를 적용하는 경우에 일반적인 퍼지 추론을 그대로 적용하면 많은 퍼지 규칙에 대하여 소속 함수를 계산해야 하기 때문에 실시간 응답성[11]이 문제가 될 수 있다.

그래서 제어 문제의 특징을 살려 편차[12] e 및 변화율[13] Δe로부터 제어 응답 규칙을 규칙화하여 제어 규칙표 형태로 만든다. 이렇게 함으로써 실시간 응답성이 뛰어난 제어를 수행할 수 있다.

3.3.1 퍼지 제어의 개념

퍼지 규칙은 다음과 같은 형태다.

> **IF** (측정값이 기댓값보다 매우 작고, 변화율이 0인 경우)
> **THEN** 제어 값을 양의 방향으로 크게 설정한다.
> **IF** (측정값이 기댓값보다 약간 크고, 변화율이 증가하는 경우)
> **THEN** 제어 값을 음의 방향으로 작게 설정한다.

규칙에서는 '매우 작다, 약간 작다, 매우 크다'라는 애매한 표현으로 나타나므로 다음과 같은 기호를 사용한다.

P: Positive(양의 방향)

N: Negative(음의 방향)

B: Big(크다)

M: Medium(중간)

S: Small(작다)

ZO: Zero(0)

이 기호들은 각 소속 함수를 갖는다. 이것들을 조합하면 규칙은 다음과 같이 표현
될 수 있다.

IF (e=NB & ⊿e=ZO) THEN action(PB) … 그림 3-7의 ❶, action은 제어 수행을
나타낸다.

IF (e=NS & ⊿e=ZO) THEN action(PS) … 그림 3-7의 ⑮

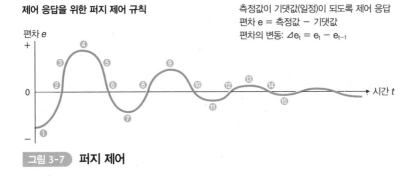

제어 응답을 위한 퍼지 제어 규칙

측정값이 기댓값(일정)이 되도록 제어 응답
편차 e = 측정값 − 기댓값
편차의 변동: $⊿e_t = e_t − e_{t-1}$

그림 3-7 퍼지 제어

3.3.2 제어 규칙표에 기초한 퍼지 제어

시계열상에서 각 측정값(e, ⊿e)에 대하여 제어 규칙표(그림 3-8)에 해당하는 요소[14]
를 제어 규칙표로부터 얻어 거기에 기록된 대로 작업을 수행한다. 다음과 같은 순
서로 실행하지만 일반적인 퍼지 추론과 같은 번거로움은 없다.

① 일정한 시간 간격으로 e와 ⊿e의 측정값을 구한다.

② 제어 규칙표에서 세로축, 가로축의 측정값 위치를 결정한다. 소속 함수의 합성은 필요 없다.

③ 그 위치에 있는 요소에 따라 작업을 수행한다. 이것도 소속 함수의 합성은 필요 없다.

이 방법은 에어컨의 자동 온도 조절 등에 이용될 수 있으며, 제어 규칙표는 가로세로 모두 ZO 기준의 십자 모양으로 하는 경우가 많다.

제어 규칙표 제어 규칙표 제어 응답으로는 제어 규칙표에 기초하여 e와 ⊿e로부터 제어 값 결정. 서서히 ZO에 접근하여 안정됨. ❶～⓮는 그림 3-7의 번호, ⓯는 ⓫과 같음.

e \ Δe	NB	NM	NS	ZO	PS	PM	PB
PB				❹ NB			
PM		❺ NM		❾ NM		❸ NM	
PS				⓭ NS			
ZO	❻ PB	❿ PM	⓮ PS	→ ZO	⓬ NS	❽ NM	❷ NB
NS				⓫ PS			
NM				❼ PM			
NB				❶ PB			

P: Positive
N: Negative
B: Big
M: Medium
S: Small
ZO: Zero

그림 3-8 **제어 규칙표**

3.4 퍼지 관계

지금까지 1 변수의 퍼지 집합을 봐 왔지만, 2 변수 이상으로 확대하여 변수 사이의 관계에 대한 애매함에 주목한다. 부부 관계는 크리스프이지만 연인 관계는 퍼지라고 할 수 있다(그림 3-9).

크리스프 관계				퍼지 관계			
부부라면 1, 그렇지 않으면 0				연인 정도			
	X	Y	Z		X	Y	Z
A	1	0	0	A	1.0	0.1	0
B	0	1	0	B	1.0	0.8	0
C	0	0	1	C	0.5	1.0	0.1

그림 3-9 크리스프 관계와 퍼지 관계

3.4.1 퍼지 관계의 개념

2 변수가 각각 이산적[15]인 경우를 생각한다. 즉, 두 가지 현상의 요소를 각각 세로, 가로로 두고 요소 사이의 관계를 나타내는 값을 행렬 형태로 나열한다. 각 값은 애매함을 포함하고 있지만, 현상들 간의 관계를 나타내는 소속 함수를 가정하여 해당하는 값을 나열한 것이라고 생각하면 된다. 이 행렬을 퍼지 행렬이라고 하며 다음과 같이 정의할 수 있다.

식 3-8

퍼지 행렬 $R = [\mu(x_i, y_j)-> [0,1]]$

$(x_i, y_j) \in X \times Y$ (직적[16] 공간)

이와 같이 생각하면 연인 관계의 퍼지 행렬은 다음과 같이 해석할 수 있다.

- **X는 A와도 B와도 깊은 관계, C와는 어설픈 관계**
- **Z는 A와도 B와도 무관한 사이지만 C와는 약간 관계가 있음**

3.4.2 퍼지 행렬의 합성과 추론

퍼지 관계를 퍼지 행렬로 표현함으로써 맘다니 추론과 같은 규칙을 만들지 않아도 행렬 연산과 유사한 합성 연산만으로 추론을 수행할 수 있다.

2개의 퍼지 행렬 R, S에 대하여 합성 연산을 다음과 같이 정의한다.

$R \circ S = [\vee(r_{ik} \wedge s_{kj})]_{ij}$

$R = [r_{ik}]$, $S = [s_{kj}]$, 행렬곱의 $+$를 $\vee$(max), $\times$를 $\wedge$(min)으로 치환

퍼지 관계의 추론은 관계를 정의한 퍼지 행렬 R, 원인을 나타내는 퍼지 행렬 A, 결과를 나타내는 퍼지 행렬 B를 기초로 다음과 같은 합성 연산에 따라 수행된다.

식 3-10

$A = B \circ R$ 또는 $B = R \circ A$

R: 퍼지 행렬, A: 원인, B: 결과(측정값)

이에 따라 기존에 알고 있는 R과 A로부터 결과 B를 예측하거나, R과 측정값 B로부터 원인 A를 추론할 수 있다.

3.4.3 퍼지 관계 추론의 구체적 예

과일의 그림자를 보고 어떤 과일인지 맞춰 보자.

● **과일(A) = [사과, 귤, 수박, 바나나]**
● **그림자 형태(B) = [둥글다, 가늘고 길다, 평평하다, 크다, 작다]**
● **A와 B 사이의 관계를 나타내는 퍼지 행렬 R(표 3-1)**

이와 같을 때, 식 3-10을 사용하여 그림자로부터 과일을 추론해 보자.

퍼지 행렬 R

	사과	귤	수박	바나나
둥글다	0.6	0.5	1.0	0
가늘고 길다	0	0	0	1.0
평평하다	0.4	1.0	0	0
크다	0.4	0.2	1.0	0.2
작다	0.7	1.0	0.2	0.2

표 3-1 **과일과 형태의 퍼지 관계**

그림자를 본 느낌이 다음의 B와 같았다고 하자. 요소는 '둥글다', '가늘고 길다', '평평하다', '크다', '작다'의 순서로 아래와 같이 추론할 수 있다.

Case 1 B = [0.7 0 0 0.8 0]이라면 A = B ∘ R = [0.6 0.5 0.8 0.2]
⇒ 수박일 가능성이 가장 높다.

Case 2 B = [0.5 0.3 0.6 0 0.9]이라면 A = B ∘ R = [0.7 0.9 0.5 0.3]
⇒ 귤

Case 3 B = [0 0.8 0 0.3 0.5]이라면 A = B ∘ R = [0.5 0.5 0.3 0.8]
⇒ 바나나

Case 4 반대로 바나나의 그림자는 어떻게 될까?
A = [0 0 0 1.0] 이라면 B = R ∘ A = [0 1.0 0 0.2 0.2]

Case 5 귤의 그림자는 어떻게 될까?
A = [0 1.0 0 0]이라면 B = R ∘ A = [0.5 0 1.0 0.2 1.0]
반대로 다시 계산하면 A=B ∘ R=[0.7 1.0 0.5 0.2]로 귤이 된다.

CHAPTER 3 **미주**

*1 { }로 둘러싸인 경우는 요소가 이산적임을 나타낸다. x가 이산적이든 연속적이든 $X_A(x)$는 0 또는 1로만 나타나며 중간 값은 가지지 않는다.

*2 [ ]로 둘러싸인 경우는 요소가 연속적임을 나타낸다. 즉, 척도 $\mu_A(x)$는 0에서 1 사이의 값을 갖는다.

*3 유한으로 이산적인 집합(유한가산집합)이라면 요소의 개수를 셀 수 있지만 무한으로 이산적인 집합(자연수의 집합 등)과 무한으로 연속적인 집합(실수의 집합 등)도 있어, ℵ(알레프)라고 하는 집합의 밀도를 나타내는 개념을 사용한다. 여기서는 유한가산집합만을 고려한다.

*4 척도(measure): 사물을 정량적이고 통일적으로 다루기 위한 측정 기준으로, 전체를 1, 아무것도 없는 상태를 0으로 나타낸다.

*5 가법성(additivity): $m(\varphi)=0$, $m(V)=1$, $A,B \subseteq V$이고 $A \cap B = \varphi$이면 $m(A \cup B)=m(A)+m(B)$. m은 척도, V는 전체집합, φ는 공집합

*6 엄밀히 정의하기 어렵지만 소속 함수의 적분(면적)을 퍼지 척도라고 생각하면 된다.

*7 집합의 연산 규칙에는 교환법칙, 결합법칙, 분배법칙, 드모르간 법칙, 배중 법칙, 모순 법칙 등이 있다.

*8 이진논리 추론: 긍정식(Modus Ponens) $((p{\rightarrow}q)\ \&\ p) \rightarrow q$, 부정식(Modus Tollens) $((p{\rightarrow}q)\ \&\ {\sim}q) \rightarrow {\sim}p$, 삼단논법 $((p{\rightarrow}q)\ \&\ (q{\rightarrow}r)) \rightarrow (p{\rightarrow}r)$

*9 수평 절단 방법: 결론부 소속 함수의 상단을 조건부 척도 최솟값으로 잘라 내는 방법. 소속 함수의 형태를 유지하며 그대로 짓눌러 y축 최댓값을 조건부 척도의 최솟값으로 낮추는 방법도 있다.

*10 비퍼지화: 중심으로부터 x축에 수직인 x축 값을 최종적인 결과 값으로 얻는 것을 의미한다.

*11 실시간 응답성은 시간의 흐름에 따라 순간적으로 필요한 응답을 내놓는 것을 의미한다. 제어 문제에서는 이 순간적인 응답을 연속하여 수행할 필요가 있기 때문에 차분히 추론할 틈이 없다.

*12 편차: 측정값과 기댓값의 차이

*13 변화율: 편차의 변동. 엄밀히는 측정값 변동의 미분이지만 여기서는 이산적인 시계열에서 다루므로 편차의 차이로 충분하다.

*14 요소는 PB, PS, NB, NS 등의 기호로서 이 개념들은 거의 이산적(discrete)이다. 조건부의 min 연산을 수행할 때 어느 하나만 고려하면 된다. 엄밀히 말하면 Medium이라는 개념은 Big 또는 Small과 겹치므로 완전히 이산적이지는 않지만 제어 규칙표의 요소로 사용하는 경우가 많다.

*15 연속적인 경우에는 식 3-8에서 μ의 인수가 연속적이므로 행렬에서는 불가능하지만 적분 이미지로 확장할 수 있다. 다변수인 경우에도 동일하다.

*16 2개의 벡터 X, Y를 세로 행, 가로 열로 두고, X와 Y의 각 요소가 교차하는 곳에 요소 간의 연산 결과를 배치한 행렬을 '직적(直積)'이라고 하며 X × Y로 나타낸다.

4

좋은 것이 남는
진화의 법칙
= 유전 알고리즘

유전 알고리즘(Genetic Algorithm: GA)은 생물의 유전과 진화에서 학습하여 대상 문제의 모델화에 있어 귀찮은 계산 없이 일정한 시간 내에 유전자 재조합만으로 좋은 해답을 얻을 수 있는 기법이다.

얻어지는 해가 최적해라는 보장은 없지만 어떤 복잡한 문제라도 일정 시간 내에 비교적 좋은 해가 얻어지므로 조합 최적화 문제 등에 널리 응용된다. 수식과 절차적 프로그램으로 풀기 어려운 문제가 있다면 생각해 볼 가치가 있다.

여기서는 유전 알고리즘의 동작 원리를 이해하기 위해 재산 분배 시뮬레이션을 실행한다. 동일한 예제를 본문에서 자세히 설명하고 있으므로 우선은 시뮬레이션에 따라 복잡한 계산 없이 나름대로 만족스러운 분배가 가능한 유전 알고리즘의 분위기를 실감하기 바란다.

효율적으로
재산 분배하기

유전 알고리즘에 의한 재산 분배

재산 분배라는 것은 재산이 모두 돈이라면 비례배분으로 간단히 계산이 가능하지만, 일반적으로는 돈 이외의 다양한 형태로 되어 있다. 그런 것들은 분배가 불가능하기 때문에 돈과 같은 연속량으로 다루지 못하고 비례배분과 같은 간단한 계산으로는 분배할 수 없다.

이것을 컴퓨터로 처리하는 경우에는 상속인에 대한 분배의 모든 조합을 생각하고 가장 적정한 분배 비율을 따르게 된다. 유산 물건 수가 적은 경우에는 아무런 문제가 없지만 물건 수가 많으면 방대한 조합 패턴이 되어 컴퓨터로 하나하나 조사한다면 방대한 시간이 걸린다.[1] 그래서 완벽히 유언대로는 아니더라도 거의 유언에 가까운 분배를 찾아내기 위해서는 유전 알고리즘이 효과적이다.

여기서 사용하는 엑셀 프로그램은 재산 물건 30개, 상속인 8명까지 시뮬레이션이 가능하다. 그러나 우선은 상속인을 3~5명 정도로 하고 시험해 본다(물건 수는 최대로 해도 상관없다). 상속인이 많으면 이 정도의 시뮬레이션에서는 기대하는 결과를 얻을 수 없다. 시뮬레이션에서는 유전자 수와 돌연변이 횟수 등 여러 조건을 변화시켜 실행할 수 있으나, 우선은 가장 기본적인 동작을 관찰해 보기 바란다. 익숙해지면 조건을 변경하여 수행하거나 단계별 수행을 통해 각 처리 과정도 확인해 보기 바란다. 비례배분 계산을 하는 것도 아닌데 한 순간에 그런대로 괜찮은 배분이 이루어지는 것이 유전 알고리즘의 묘미다.

재산 분배 시트: 재산 분배에 관한 유전 알고리즘 시뮬레이션

실행 순서

① **재산 분배** 시트를 연다. **Clear** 버튼을 누르면 초기화된다(전체를 다시 실행하는 경우에도 같음).

② 재산 가치를 입력한다. 사용자가 직접 입력하여 필요한 개수의 분량을 설정하거나 **재산 가 치** 버튼을 눌러 30개의 분량을 자동 설정한다.

③ 상속 비율을 입력한다. 사용자가 직접 입력하여 필요한 사람 수의 몫을 설정하거나 **상속 비 율** 버튼을 눌러 8명 몫을 자동 설정한다. 이때 상속 비율이 0% 또는 공백인 사람은 상속인 수에서 제외된다(상속인 수가 많으면 8개의 유전자로는 기대하는 결과가 나오지 않을 가능성이 높으므로 처음에는 사람 수를 3~4명으로 시험해 보면 좋다).

④ 유전자 수를 입력한다. 8 이하의 짝수가 아닌 경우에는 내부적으로 설정된다. 별도로 입력 하지 않으면 8로 설정된다.

⑤ 교차점을 입력하고 **마스크 설정** 버튼을 누른다. 교차점이 0인 경우에는 마스크 패턴이 난 수로 자동 생성된다.

⑥ **초기 집단** 버튼을 눌러 유전자 초기 집단을 설정한다.

⑦ **적응도 평가** 버튼을 누른다. 엘리트 보존에 따라 선택이 이루어진다(좋은 것을 남긴다).

⑧ **교차** 버튼을 누른다. 적응도 순서에 따라 교차 쌍을 만들어 마스크 패턴에 따라 균등 교차 가 수행된다.

⑨ **돌연변이** 버튼을 누르면 돌연변이가 발생하고 임의의 유전자를 난수로 바꿔 넣는다.

　　⑧~⑨를 반복하면 서서히 최적해에 근접함을 알 수 있다. 처음에는 한 번 실행할 때마다 단계별로 처리 내용을 확인해 본 후 연속 실행으로 전환한다.

⑩ 연속 실행을 위한 교차 횟수, 허용 오차, 돌연변이 간격을 입력한다.

⑪ **GA 실행** 버튼을 눌러 연속 실행한다. 실행 결과와 적응도 변화의 그래프가 표시된다.

① 초기화/전체 다시 시작

전체 초기화 **Clear**

② 재산 가치 설정

재산(단위: 억원)

No.	1	2	3	4	5	6	7	8	9	10	11	12	13	14	15	16	17	18	19	20	21	22	23	24	25	26	27	28	29	30
가치	9	9	10	2	5	1	9	3	5	2	7	10	4	7	4	8	5	3	0	10	9	1	8	6	7	6	3	2	7	2

③ 상속 비율 설정

재산 가치를 자동 설정 **재산 가치**

상속인	A	B	C	D	E	F
상속 비율	50%	25%	15%	10%		
상속액	82	41				

비율을 자동 설정 **상속 비율**

④ 유전자 수(한 번에 고려하는 개체 수) 설정

유전자 수 **8** 주) 유전자 수는 8 이하의 짝수로 지정

⑤-❷ 마스크 설정

교차점(오른쪽 끝부터 교차 요소 수) **0** **마스크 설정** 또는, 아래의 마스크 패턴을 직접 입력해도 좋다.

⑤-❶ 교차점 설정

마스크 패턴(유전자 수의 반만 패턴 설정)

⑤-❸ 마스크 패턴

M1	0	0	0	0	0	0	0	0	0	0	0	0	0	0	0	1	1	1	1	1	1	1	1	1	1	1	1	1	1	1
M2	0	0	0	0	0	0	0	0	0	0	1	1	1	1	1	1	1	1	1	1	1	1	1	1	1	1	1	1	1	1
M3	0	0	0	0	0	0	0	0	0	0	0	0	0	0	0	0	0	0	0	0	0	0	0	0	0	0	1	1	1	1
M4	0	0	0	0	0	0	0	0	0	0	0	0	0	0	0	0	0	0	0	0	0	0	0	0	0	0	0	1	1	1

유전자 초기 집단 **초기 집단** ⑥-❶ 초기 집단 설정

⑥-❷ 유전자 초기 집단

No.	1	2	3	4	5	6	7	8	9	10	11	12	13	14	15	16	17	18	19	20	21	22	23	24	25	26	27	28	29	30
G1	A	C	A	C	B	A	C	C	A	A	A	A	C	A	A	A	D	B	C	D	A	D	A	A	D	C				
G2	A	D	C	B	B	C	A	A	A	D	B	C	C	D	C	D	A	C	D	A	B	B	B							
G3	D	D	B	C	B	A	C	B	C	A	C	A	D	D	A	B	A	C	D	D	C	B	A	D	A	C	D	A	D	
G4	C	D	C	A	C	B	B	B							C	B	A	C	A	A	D	A	B	C	C	C	A			
G5	A	C	D	C	D	B	D	D	D						D	C	B	A	B	C	B	D	B							
G6	A	A	C	A	A	A	C	B	B	D	A	A	D	A	D	D	B	B	D	D	A	D								
G7	A	A	C	D	B	C	C	B	D	B	A	A	C	D	D	A	C	A	D	C	C	D	A	B						
G8	D	B	A	C	C	B	D	C	D	A	C	B	B	B	B	A	B	D	D	A	D	C	B	D						

교차 전(이전 교차 후의 유전자 집단. 적응도를 평가한 후 색이 칠해져 있는 행이 적응도가 최고인 행. 적응도가 최저인 것은 최고인 것으로 교체된다.)

⑦-❸ 적응도 평가를 반영
적응도가 최고인 행을 색칠

No.	1	2	3	4	5	6	7	8	9	10	11	12	13	14	15	16	17	18	19	20	21	22	23	24	25	26	27	28	29	30
G1	A	A	C	B	A	A	A	D	A	C	B	D	A	A	A	B	D	B	C	D	A	A	C	B	B	D
G2	A	A	C	B	A	A	A	D	A	C	B	D	A	A	A	B	D	B	C	D	A	A	C	B	B	D
G3	A	A	C	B	A	A	A	D	A	C	B	D	A	A	A	B	D	B	C	D	A	A	C	B	B	D
G4	A	A	C	B	A	A	A	D	A	C	B	D	A	A	A	B	D	B	C	D	A	A	C	B	B	D
G5	A	A	C	B	A	A	A	D	A	C	B	D	A	A	A	B	D	B	C	D	A	A	C	B	B	D
G6	A	A	C	B	A	A	A	D	A	C	B	D	A	A	A	B	D	B	C	D	A	A	C	B	B	D
G7	A	A	C	B	A	A	A	D	A	C	B	D	A	A	A	B	D	B	C	D	A	A	C	B	B	D
G8	A	A	C	B	A	A	A	D	A	C	B	D	A	A	A	B	D	B	C	D	A	A	C	B	B	D

적응도 평가(각 상속액과의 차이 절댓값의 합이 작을수록 적응도가 높다.) 주) 적응도가 최저인 것은 최고인 것으로 교체되지만 적응도는 이전 값

⑦-❶ 적응도 평가 **적응도 평가**

⑦-❷ 적응도와 순위
적응도가 최저인 행을 최고인 행으로 치환(엘리트 보존)

돌연변이

교차

	A	B	C	D	E	F	G	H
G1	82	39	24	19				
G2	82	39	24	19				
G3						1	1	2
G4						1	1	2
G5						1	1	3
G6						1	1	3
G7						1	1	4
G8	82	39	24	19		5	1	1	4

최적해

⑦-❹ 최적해 표시

상속인	A	B	C	D	E	F	G	H
상속액								
차이								
비율 차이	0%	-1%	0%	2%	0%	0%	0%	

최고 적응도	5	오차율	3%
평균 적응도	5	오차율	3%

주) 적응도/총액

교차 후(엘리트 보존에 따라 ... 으로 교체 ... 에 따라 교차한다.)

⑨ 돌연변이에 의한
임의의 개체로 교환

⑧-❶ 부모 쌍을 만드는 교차 수행

No.	1	2	3	4	5	6	7	8	...	13	14	15	16	17	18	19	20	21	22	23	24	25	26	27	28	29	30
G1	A	A	C	B	A	A	A	D	A	C	B	D	A	A	A	B	D	D	B	C	D	A	B	A	A	C	B	B	D
G2	A	A	C	B	A	A	A	D	A	C	B	D	A	A	A	B	D	D	B	C	D	A	B	A	A	C	B	B	D
G3	A	A	C	B	A	A	A	D	A	C	B	D	A	A	A	B	D	D	B	C	D	A	B	A	A	C	B	B	D
G4	A	A	C	B	A	A	A	D	A	C	B	D	A	A	A	B	D	D	B	C	D	A	B	A	A	C	B	B	D
G5	A	A	C	B	A	A	A	D	A	C	B	D	A	A	A	B	D	D	B	C	D	A	B	A	A	C	B	B	D
G6	A	A	C	B	A	A	A	D	A	C	B	D	A	A	A	B	D	D	B	C	D	A	B	A	A	C	B	B	D
G7	A	A	C	B	A	A	A	D	A	C	B	D	A	A	A	B	D	D	B	C	D	A	B	A	A	C	B	B	D
G8	A	A	C	B	A	A	A	D	A	C	B	D	A	A	A	B	D	D	B	C	D	A	B	A	A	C	B	B	D

⑧-❷ 마스크 패턴에 따라
균등 교차를 수행한 결과

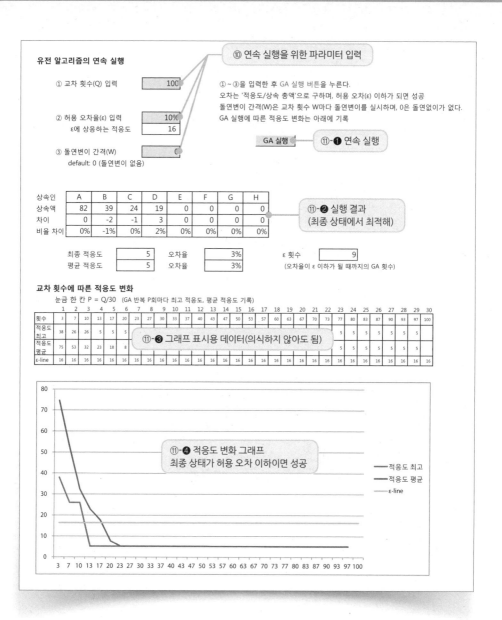

유전 알고즘의 연속 실행

① 교차 횟수(Q) 입력 — `100`

⑩ 연속 실행을 위한 파라미터 입력

①~③을 입력한 후 GA 실행 버튼을 누른다.
오차는 '적응도/상속 총액'으로 구하며, 허용 오차(ε) 이하가 되면 성공
돌연변이 간격(W)은 교차 횟수 W마다 돌연변이를 실시하며, 0은 돌연없이가 없다.
GA 실행에 따른 적응도 변화는 아래에 기록

② 허용 오차율(ε) 입력 — `10%`
ε에 상응하는 적응도 — `16`

③ 돌연변이 간격(W) — `0`
default: 0 (돌연변이 없음)

`GA 실행` ◀ ⑪-❶ 연속 실행

상속인	A	B	C	D	E	F	G	H
상속액	82	39	24	19	0	0	0	0
차이	0	-2	-1	3	0	0	0	0
비율 차이	0%	-1%	0%	2%	0%	0%	0%	0%

⑪-❷ 실행 결과
(최종 상태에서 최적해)

최종 적응도 `5`   오차율 `3%`   ε 횟수 `9`
평균 적응도 `5`   오차율 `3%`   (오차율이 ε 이하가 될 때까지의 GA 횟수)

교차 횟수에 따른 적응도 변화

눈금 한 칸 P = Q/30 (GA 반복 P회마다 최고 적응도, 평균 적응도 기록)

	1	2	3	4	5	6	7	8	9	10	11	12	13	14	15	16	17	18	19	20	21	22	23	24	25	26	27	28	29	30
횟수	3	7	10	13	17	20	23	27	30	33	37	40	43	47	50	53	57	60	63	67	70	73	77	80	83	87	90	93	97	100
적응도 최고	38	26	26	5	5	5																		5	5	5	5	5	5	5
적응도 평균	75	53	32	23	18	8																		5	5	5	5	5	5	5
ε-line	16	16	16	16	16	16	16	16	16	16	16	16	16	16	16	16	16	16	16	16	16	16	16	16	16	16	16	16	16	16

⑪-❸ 그래프 표시용 데이터(의식하지 않아도 됨)

⑪-❹ 적응도 변화 그래프
최종 상태가 허용 오차 이하이면 성공

— 적응도 최고
— 적응도 평균
— ε-line

▶ 재산 가치와 상속 비율(상속인 수에서 비율이 0인 사람은 제외)만 지정하면 가장 기본적인 실행이 가능하다.

▶ [마스크 설정] → [초기 집단] → [GA 실행] 순으로 버튼을 누르면 실행 결과가 표시된다.

▶ 이외의 버튼이나 파라미터는 익숙해진 후 사용하면 된다. 한 번만 실행해 보면 이해할 수 있을 것으로 생각한다.

파라미터에 관한 주의 사항

▶ 유전자 수: 유전 알고리즘을 적용할 때 고려하는 유전자(개체)의 개수(8개 이하의 짝수)

▶ 교차점: 유전자의 오른쪽 끝으로부터 교차 위치를 지정하며 마스크 패턴에 반영된다.

▶ 마스크 패턴: 균등 교차에서 사용하는 마스크 패턴. 직접 입력해서 교차점을 지정하거나 난수로 설정할 수 있다. 교차는 유전자를 2개씩 쌍으로 해서 수행하므로 유전자 수의 1/2만큼 마스크 패턴이 필요하다. 직접 입력하는 경우에는 0 또는 1로 마스크 패턴을 자유롭게 입력한다. 교차쌍마다 교차점을 변경할 수 있다. 교차점을 직접 지정하는 경우에는 모든 마스크 패턴이 지정된 교차점으로 만들어지고 그 패턴에 따라 적용된다. 난수로 설정하는 경우에는 교차점을 0으로 지정해 두면 마스크 패턴이 난수로 생성된다. 또한, 일단 마스크 패턴을 생성한 후 직접 입력하여 변경하여도 상관없다.

▶ 유전자 초기 집단: 사용자가 직접 입력하거나 자동 생성한다.

▶ 교차 전: 교차 전의 상태. 색이 칠해져 있는 것은 적응도가 가장 높은 개체를 나타낸다. 적응도가 가장 낮은 것은 가장 높은 것으로 치환된다.

▶ 적응도 평가: 적응도로서 각 사람이 본래 정해 놓은 상속액과의 차이를 계산하여 전체 인원에 대한 차이 합계가 적을수록 적응도가 높다고 한다.

▶ 교차 후: 교차 쌍마다 대응하는 마스크 패턴에 따라 균등 교차를 실행한 결과가 표시된다.

▶ 적응도 평가, 돌연변이, 교차: 단계별로 한 번씩 실행하기 위한 버튼이다.

▶ 최적해: 교차 1회마다 최적해가 표시된다. 평균 적응도는 모든 개체 적응도의 평균이디.

▶ GA 실행: 연속 실행하기 위한 버튼이다.

▶ 연속 실행: 적응도 평가, 선택, 교차 반복을 연속으로 수행한다. 교차 횟수에 지정된 횟수만큼만 반복하고, 허용 오차 이하로 수렴하면 성공이 된다. 이때 '돌연변이 간격'에 표시되어 있는 횟수만큼 난수로 생성된 돌연변이를 삽입한다. 최종 결과는 실행 결과 영역에 표시된다. ε 횟수는 적응도 최고인 개체의 적응도가 허용 오차(ε) 이하가 될 때까지 반복한 횟수이다. 단계별로 한 번씩 반복 수행한 후 연속 실행으로 전환하는 것이 좋다.

▶ 교차 횟수에 따른 적응도 변화: 일정 반복 횟수마다 최고 적응도와 평균 적응도의 변화가 그래프에 표시된다.

4.1 유전 알고리즘이란?

유전 알고리즘이 생물의 유전과 진화에서 학습한다는 것은, 대상 문제의 해를 세대교체를 반복함에 따라 점점 좋은 것으로 변화시켜 나간다는 것을 의미한다. 이 개념은 1960년대부터 있었지만, 홀랜드(John Holland, 1975)에 의해 개념이 확립되었다. 현실에서는 세대교체에 몇 년씩 걸리지만 컴퓨터상에서라면 몇 만 세대의 세대교체를 순식간에 실행할 수 있다. 이것으로 문제가 해결된다면 고맙겠지만, 초기에는 이론적인 증명[*2]이 부족하였고 그 이후에도 논리적인 검증과 확장 연구가 계속 이루어지고 있다.

4.1.1 유전 알고리즘의 개념

우선 대상 문제를 세대교체할 수 있는 모델로 표현할 필요가 있다. 즉, 대상 문제의 특징을 추출하여 몇 가지 기호열로 표현하고 이 기호열을 세대교체의 대상으로 한다. 이 기호열이 유전자[*3]에 해당한다. 이와 같은 모델화는 세부 코딩(Coding)을 위한 필수적인 전 단계이며, 바로 유전자 설계에 해당한다. 유전 알고리즘에서는 수식을 사용하지 않는 대신 코딩에 신경을 쓴다. 유전자 설계 형태는 다양한 기법에 따라 개발되어 있으며, 그 설계 형태에 따라서 유전 알고리즘이 적용 여부가 결정된다. 유전자 설계와 동시에 해로서의 가치를 평가하는 지표도 필요하며, 이것을 적응도라고 한다.

세대교체에는 3가지 실행 단계가 있다.

① **선택:** 다양한 유전자를 갖는 개체(해의 후보) 중에서 적응도가 높은 것을 선택함.
② **교차:** 그 유전자들 간에 유전자 일부를 교환하여 보다 적응도가 높은 유전자를 갖는 개체를 만들어 냄.
③ **돌연변이:** 진화가 정체되지 않도록 가끔 새로운 유전자를 만들어 끼워 넣음.

개념을 정리하면 다음과 같다.

● **유전자(Gene):** 대상 문제의 특징을 추출하여 세대교체의 대상이 되는 기호열

- **적응도(Fitness):** 대상 문제에서 요구되는 가치에 얼마나 근접한지를 나타내는 지표
- **선택(Selection):** 많은 개체들로부터 적응도가 높은 것을 선택해 내는 방법
- **교차(Crossover):** 개체 간에 유전자를 교환하는 방법
- **돌연변이(Mutation):** 적응도에 관계없이 임의로 유전자를 끼워 넣는 방법

4.1.2 유전 알고리즘의 처리 순서

유전 알고리즘을 적용하는 순서는 다음과 같다(그림 4-1).

① **모델화:** 대상 문제의 특징을 추출하여 목표 상태를 정의한다.

② **코딩:** 유전자와 적응도 평가 함수를 정의한다.

③ **초기 집단:** 적당한 유전자를 갖는 개체를 필요한 개수만큼 생성한다.

④ **적응도 평가:** 적응도를 평가한다. 목표 상태가 되면 종료한다.

⑤ **선택:** 적응도가 높은 유전자를 갖는 개체를 선택한다.

⑥ **교차:** 개체 간에 유전자를 교환한다.

⑦ **돌연변이:** 필요에 따라 적응도에 관계없이 새로운 유전자를 끼워 넣는다.

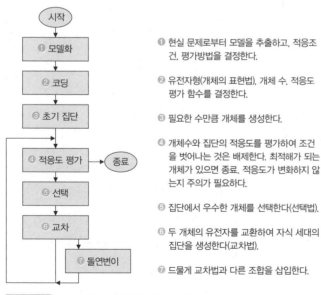

① 현실 문제로부터 모델을 추출하고, 적응조건, 평가방법을 결정한다.

② 유전자형(개체의 표현법), 개체 수, 적응도 평가 함수를 결정한다.

③ 필요한 수만큼 개체를 생성한다.

④ 개체수와 집단의 적응도를 평가하여 조건을 벗어나는 것은 배제한다. 최적해가 되는 개체가 있으면 종료. 적응도가 변화하지 않는지 주의가 필요하다.

⑤ 집단에서 우수한 개체를 선택한다(선택법).

⑥ 두 개체의 유전자를 교환하여 자식 세대의 집단을 생성한다(교차법).

⑦ 드물게 교차법과 다른 조합을 삽입한다.

그림 4-1 유전 알고리즘의 처리 순서

이 처리 순서에서 ④~⑦을 반복하며, ④에서 목표 상태가 되면 종료되지만 그렇다는 보장은 없기 때문에 보통 반복하는 횟수를 지정해 둔다. 일정 횟수를 반복하여도 기대하는 해가 얻어지지 않으면 다시 한 번 더 반복하거나 초기 집단을 재설정하여 다시 실행한다. 코딩 단계부터 새로 고쳐야 할 가능성도 있다.

4.1.3 선택법

세대교체에서는 적응도가 높은 유전자를 갖는 개체를 선택하는데, 선택하는 방법은 다음과 같이 몇 가지가 있다.

- **엘리트 보존:** 적응도가 가장 낮은 것을 가장 높은 것으로 바꾸고, 부모 쌍으로 적응도가 높은 것과 낮은 것을 순서대로 조합한다. 이렇게 함으로써 적응도가 낮은 것은 서서히 도태된다.
- **룰렛 선택:** 자식을 적응도에 비례하는 확률로 선택한다. 확률은 $p_i=f_i/F$, 단 f_i는 개체 i의 적응도 $F=\Sigma f_i$. 적응도가 낮다고 해서 버리는 것은 아니지만 실제로는 자식도 유한 개수이므로 적응도가 낮은 개체는 무시된다. 그래서 적응도를 스케일링[*4]에 따라 조정하여 사용하는 연구도 이루어지고 있다.
- **토너먼트 선택:** 무작위로 선택한 개체 중(보통 2개)에서 가장 적응도가 높은 개체를 선택한다. 보통 높은 적응도를 갖는 것만 남기 때문에 수렴은 빠르지만 국소해[*5]에 빠질 가능성이 높다.

다른 선택법도 있으며 조합하여 사용하는 경우도 있다. 홀랜드가 최초로 제안한 방법은 룰렛 선택이지만 그 이후 개선을 위한 연구가 이루어지고 있다.

4.1.4 교차법

선택된 개체의 집단에서 2개씩 조합하여 부모 쌍을 몇 개 만들고, 부모 쌍으로 유전자 교환을 수행한다. 부모 쌍의 가장 일반적인 조합 방법은 적응도가 높은 것과 낮은 것을 한 쌍으로 조합하는 것이다. 이렇게 함으로써 유전자의 경향이 치우치는 것을 방지할 수 있다. 얼핏 보면 적응도가 높은 것들끼리 조합하는 편이 효율적인 것 같지만, 이럴 경우 국소해로 끝나 버릴 가능성이 높다. 오히려 낮은 적응도의 유전자 중에서 보다 좋은 해를 이끌어 낼 수 있는 요소가 숨어 있을 가능성이 있다. 다른 조합 방법으로는 무작위로 2개씩 쌍을 만드는 방법도 있다. 부모 쌍이 만들어지면 다음과 같은 방법으로 유전자의 일부를 교환한다(그림 4-2).

- **단순 교차(일점 교차):** 적당한 한 곳을 정하여 그 이후의 유전자를 교환한다.
- **다점 교차:** 부분적으로 여러 개의 유전자를 일제히 교환한다. 몇 군데라도 상관없다.
- **균등 교차:** 부모 쌍으로부터 마스크 패턴에 따라 유전자를 복사한다. 예를 들어, 0이면 부모 1로부터, 1이면 부모 2로부터 유전자를 복사한다.
- **부분 일치 교차:** 순서가 중요한 문제가 되는 경우에는 일점 교차로 교차 쌍을 정하고 각 개체 내에서 바꿔 넣는다.
- **순서 교차:** 유전자의 중복을 허용하지 않는 경우에는 유전자 자체 교환이 아니고 순서대로 바꾸어 넣어 교차를 수행한다.
- **서브투어 교환 교차:** 복수의 개체에 공통적인 부분 또는 좋은 성질을 갖는 부분을 유지하면서 교차를 수행한다. 스키마라고도 한다.

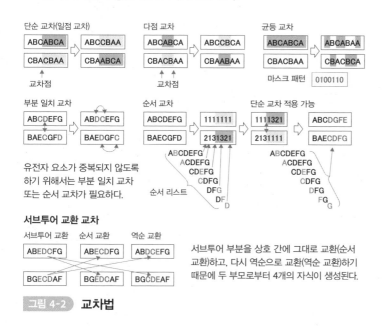

서브투어 부분을 상호 간에 그대로 교환(순서 교환)하고, 다시 역순으로 교환(역순 교환)하기 때문에 두 부모로부터 4개의 자식이 생성된다.

그림 4-2 교차법

4.2 유전 알고리즘의 구체적 예

4.2.1 재산 분배 문제

수식화가 어려운 조합 최적화 문제로서 다양한 가치를 갖는 물건을 여러 사람에게 정해진 비율로 나누어 주는 재산 분배 문제를 생각해 보자(그림 4-3).

재산 분배 문제　아버지의 유언은 재산을 장남, 차남, 삼남에게 4:2:1의 비율로 물려준다는 것이었으며, 자산 가치가 다른 7개의 물건이 재산으로 남아 있다.

① 모델화
　3명의 형제는 A, B, C. 물건의 자산 가치는 1, 2, 3, 4, 5, 6, 7억. 이것을 4:2:1로 나누는 것이 목표.

② 코딩
　유전자는 왼쪽부터 자산 가치 순으로 소유자를 나열한 것. 적응도 평가는 A:B:C = 4:2:1과의 편차.

그림 4-3　재산 분배 문제

얼핏 보기에는 재산 총액과 각자가 취할 몫에 대한 비율로 간단하게 분배할 수 있을 것으로 여겨진다. 그러나 재산 물건이 연속적으로 분할될 수 있는 형태가 아니기 때문에 제대로 분배하려고 하면 두더지잡기 게임처럼 들쭉날쭉한 상태에 빠진다. 그래서 생각할 수 있는 분배 몇 가지를 시험 삼아 해 보고, 기대 비율이 가장 근접한 분배에 따르도록 한다. 여기서 유전 알고리즘의 적용 가치가 드러난다.

여기서는 재산 물건 7개를 3명의 아들에게 4:2:1의 비율로 분배하는 것을 생각한다. 유전자는 재산 물건별로 상속자를 나열한 7개 요소의 벡터로 하고, 적응도는 각 자식의 분배 비율과 기대 비율과의 차이로 한다. 적당히 분배된 4가지 유전자로 이루어진 초기 집단으로 시작하여 선택과 교차를 반복한다. 매번 세대교체에서는 4개의 유전자를 2개씩 2조의 부모 쌍으로 하여 각 부모 쌍으로부터 2개씩, 모두 4개의 자식 유전자를 만든다. 이것을 여러 번 반복하면 개체로서도 전체로서도 적응도가 점차 좋아지는 것을 알 수 있다.

4.2.2 재산 분배 문제 해설

그림 4-3에서 세대교체의 모습을 자세히 살펴보자. ❸의 초기 집단은 적당히 선택한 4개의 유전자로 이루어진다. 첫 번째 유전자는 물건 1은 A, 물건 2는 B, 물건 3은 C,…, 물건 7은 A가 상속받는 것을 나타낸다. 두 번째 유전자를 같은 방식으로 보면 A는 물건 1, 3, 7을, B는 물건 2, 4를, C는 물건 5, 6을 상속받는 것을 나타낸다. 세 번째 유전자는 A가 3, 6, B가 1, 4, 7, C가 2, 5를, 네 번째 유전자는 A가 3, 6, 7, B가 2, 5, C가 1, 4를 상속받는 것을 나타낸다.

❹에서는 이 유전자들의 적응도를 평가하고 있다. 각 유전자가 나타내는 분배를 보면, 첫 번째는 A가 물건 합계 12억, B가 7억, C가 9억으로 분배되며, 두 번째는 A가 11억, B가 6억, C가 11억, 세 번째는 A가 9억, B가 12억, C가 7억, 네 번째는 16억, 7억, 5억으로 분배된다. 이 분배들이 목표인 4:2:1이라는 비율에 어느 정도 가까운지가 적응도이지만, 여기서는 엄밀한 계산은 생략하고 적응도가 높은 순으로 순서를 매긴다. 이 경우에는 4번째 유전자가 가장 적응도가 높고 이어서 첫 번째, 두 번째, 세 번째의 순서로 결정된다.

❺에서는 선택을 수행한다. 엘리트 보존에 따라 가장 적응도가 낮은 유전자를 가장 높은 것으로 바꿔 놓는다. 즉, 세 번째 유전자를 네 번째 유전자로 교체한다. 이렇게 함으로써 보통 적응도가 가장 높은 유전자는 2개가 된다. 그리고 이 상태로 적응도가 가장 높은 것과 가장 낮은 것을 한 쌍으로 정하고, 그다음으로 높은 것과 낮은 것을 다시 한 쌍으로 정한다. 이 경우에는 세 번째와 두 번째 유전자가 한 쌍 (쌍 1), 네 번째와 첫 번째 유전자가 다른 한 쌍(쌍 2)이 된다. 여기서는 단순 교차를

수행하고 교차점을 쌍 1은 2(뒤로부터 2개 요소), 쌍 2는 4(뒤로부터 4개 요소)로 한다.

❻에서는 실제로 단순 교차(일점 교차)를 수행한다. 즉, 쌍 1은 2개 유전자의 뒷부분 2개 요소를 교환하고, 쌍 2는 4개 요소를 교환한다.

❹로 돌아가 유전자 조작에 따라 생성된 4개의 자식 유전자에 대한 적응도를 평가한다. 그 결과, 적응도가 가장 높은 것은 두 번째 자식 유전자였으며, A, B, C의 분배가 17억, 6억, 5억이 되었다. 가장 낮은 것은 세 번째 자식 유전자이므로 선택(❺)에서 세 번째를 두 번째로 교체하고, 다시 2조의 쌍을 만들어 교차점을 2와 4로 하여 교차(❻)를 수행한다.

다시 ❹로 돌아가 손자 유전자의 적응도를 평가하면 적응도가 가장 높은 것은 16억, 7억, 5억으로 처음 상태로 돌아간 것처럼 보이지만, 적응도가 가장 낮은 것도 14억, 6억, 8억이 되었다. 처음 상태와 비교하면 전체적으로는 비교적 적응도가 높은 것들로만 재편되었다는 것을 알 수 있다.

더욱이 선택(❺)을 수행하여 가장 적응도가 낮은 첫 번째 손자 유전자를 네 번째 손자 유전자를 교체하여 쌍을 만들고, 교차(❻)를 수행하면 가장 적응도가 낮은 첫 번째 증손자 유전자도 14억, 7억, 7억이 되므로 전체적으로도 엘리트들만의 집단이 되었다. 가장 적응도가 높은 두 번째 증손자 유전자는 17억, 7억, 4억이므로 목표인 4:2:1의 분배인 16억, 8억, 4억과 비교하면 A가 1억 더 받고, B가 1억 적은 결과가 되었지만 그런대로 분배가 잘 된 것으로 볼 수 있다.

단, 이 이후에 몇 번 정도 더 세대교체를 수행하면 목표하는 분배가 될 수도 있겠지만 보장할 수는 없다. 관점을 바꾸어 보면, 엘리트들만의 유전자는 더 이상 발전할 수 없는 곳까지 와 버렸기 때문에 세대교체를 수행해도 변화가 없다. 그런 상태가 되었을 경우 전혀 엘리트라고는 할 수 없을 정도로 적응도가 낮은 유전자를 집어넣어 보면, 일시적으로는 전체 적응도가 낮아지더라도 머지않아 이전보다 더 좋은 결과가 얻어질 수도 있다.

이 부분에 대한 이론적 근거가 부족한 것이 아쉽지만 적용해 보면 확실히 좋아지기도 한다. 적응도 계산이 필요하지만 세대교체 자체는 동일한 순서로 반복되므로 매우 편리한 방법이다.

4.3 유전 알고리즘의 응용

유전 알고리즘은 이론적 배경이 아직도 완벽하지 않지만 응용 범위는 넓다. 주요 분야는 다음과 같다.

- **조합 최적화 문제:** 주어진 제약 조건 내에서 가장 효과적인 조합을 구한다. 냅색 문제 (Knapsack Problem; KP)와 순회 외판원 문제(Traveling Salesman Problem; TSP)가 특히 유명하다.
- **배치 설계 문제:** 주어진 기능 블록을 작은 공간에 가장 효과적으로 배치한다. LSI 설계, 상업시설 설계 등.
- **배치 표시 문제:** 트리 구조와 그래프 형태로 가지의 교차를 최소화한다. 이것은 상용 소프트웨어에도 사용된다.

이 외에 태스크 스케줄링(많은 공정을 최적 순서로 진행), 제어 문제(에어컨 온도 제어 등), 계획 문제(버스 운행 편성, 근무 편성 등) 등의 응용 분야가 있다.

여기에서는 유전 알고리즘의 응용 예로 조합 최적화 문제와 배치 표시 문제를 자세히 살펴본다.

4.3.1 조합 최적화 문제

조합 최적화 문제는 2장 신경망에서도 설명하였듯이, 문제의 조합에 해당하는 수치 계산을 끝없이 반복하는 것보다 훨씬 더 효율적으로 좋은 해를 구하는 방법이 있다. 유전 알고리즘이 이런 종류의 문제에는 가장 적합한 것으로 여겨진다. 여기에서는 2개의 유명한 문제를 살펴본다(그림 4-4).

❶ **냅색 문제:** 여러 형태, 무게의 화물들을 배낭(냅색)에 최대한 잘 집어넣는 것. '잘'이라는
   의미는 제한 조건에 따라 배낭에 들어간 각 화물이 갖는 가치의 합계가 최대가 되도록
   하는 것이다.

❷ **순회 외판원 문제:** 여러 도시를 중복 없이 잘 돌아다니는 것. '잘'이라는 의미는 각 도
   시 간의 방문 경로에 대한 비용의 전체 합이 최소가 되도록 하는 것이다.

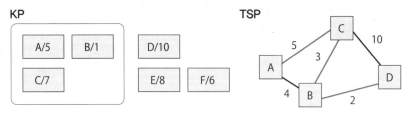

그림 4-4 **냅색 문제(KP)와 순회 외판원 문제(TSP)의 개요**

두 문제 모두 간단한 것처럼 보이지만, 가능한 방법을 모두 하나하나 조사하려고
할 경우 화물의 개수나 도시 수가 50개 정도가 되면 경우의 수가 1조가 넘어 보통
의 컴퓨터에서는 도저히 대응할 수 없다.[6] 유전 알고리즘을 적용하면, 반드시 최
적해를 구한다는 보장은 할 수 없지만, 일정 시간 내에 좋은 해(근사해)를 얻을 수
는 있다.

구체적으로는 다음과 같은 순서로 실행된다.

❶ 유전자 결정
   KP: 각 비트를 각 화물에 대응(1은 있음, 0은 없음)시킨 화물 개수만큼의 길이를 갖는 비트
      열. 예를 들어, 111000
   TSP: 도시를 방문하는 순서대로 도시 이름을 나열한 기호 벡터. 단, 길이 없는 도시는
      이웃하게 두지 않는다. 예를 들어, ACBD
      또는 도시 이름에 대하여 그 도시를 방문하는 순서 차례를 나열한 수치 벡터. 제
      약 사항은 동일함(예를 들어, 1324).
❷ 적응도 평가
   KP: 제약 조건 내의 개체는 화물 가치의 합계. 조건 외의 개체는 가치를 0으로 평가
   TSP: 도시 간 이동 거리의 총합계

❸ 초기 집단을 적당히 구성한 후, 선택, 교차를 반복하면서 적응도가 일정 수준 이상이
되면 종료

   KP: 일반적인 선택, 교차로 충분

   TSP: 모든 도시를 돌아다님 = 유전자의 중복이 없음 → 순서 교차

4.3.2 배치 표시 문제

현상의 관계도, 프로그램 구조도, 업무 흐름도 등을 나타낼 때 다수의 현상을 선
으로 연결한 네트워크 형태로 나타내는 경우가 많은데, 이럴 경우 가능하면 선이
교차하지 않도록 도표를 그리는 것이 좋다. 이 문제는 반드시 네트워크의 경우에
만 해당하는 것은 아니고, 다른 경우도 많이 있다.

예를 들어, 신경망 설명에서 언급한 8-Queen 문제도 '각 열의 퀸 위치'로부터 구성
된 8개 요소의 벡터를 유전자로, 가로와 대각선 방향으로 서로 잡아먹히는 수를
적응도라고 정의하면, 적응도 또는 서로 잡아먹히는 수가 0이 될 때까지 세대교체
를 반복하는 것만으로 해를 구할 수 있다. 모든 해를 확실히 구하는 것은 무리이
지만 신경망에서 수행한 에너지 계산 같은 번거로운 계산을 하지 않고 간단히 해
결할 수 있다.

전형적인 배치 표시 문제로 계층 구조를 갖는 그래프를 그리는 것을 생각해 보자.
보통은 노드[7]를 계층화하고 각 계층 내에서 상위 계층부터 선이 최대한 교차하지
않도록 좌표 계산에 따라 각 노드의 가로 위치를 결정한다. 일반적으로 교차 유무
도 상위부터 각 노드에 연결된 선분의 교점 유무(방정식 해의 유무)로 결정하는 경우
가 있기 때문에 제법 힘든 계산이 필요하다.

이것을 유전 알고리즘에 따라 해결하면, 노드의 계층화에 대해서는 일반 경우와 같
지만 계층 내 가로 방향의 노드 배치를 번거로운 좌표 계산 없이 결정할 수 있다.

❶ 유전자: 가로 방향의 노드 번호를 나열한 벡터. 길이는 계층 내의 최대 노드 수

❷ 적응도: 상위 노드부터 선의 교차 수. 선이 있는 노드 간의 가로 나열의 순서를 비교하는 것만으로 교차 유무를 판단할 수 있으므로 여기서도 번거로운 좌표 계산은 불필요하다.

❸ 각 계층에서 적당히 유전자 초기 집단을 결정하고 세대교체를 수행한다.

❹ 정지는 적응도가 0(각 계층에서의 교차 수가 0)이 될 때가 바람직하지만 그런 배치가 한 가지뿐이라고 할 수 없으며, 반드시 적응도가 0이 되지 않을 가능성도 있다. 그래서 일반적으로는 몇 번의 세대교체를 할 때마다 그래프를 표시하여 사람의 판단으로 기대하는 배치가 되었을 때 정지하는 것도 좋은 방법이다.

배치 표시 문제의 네트워크 형태가 계층 구조 또는 트리 구조일 경우에는 계층 내에서만 노드 위치를 생각해도 충분하므로 유전자도 만들기 쉬우며 적용 효과가 높을 것으로 생각된다. 단, 최적의 배치를 보장하는 것은 아니기 때문에 적용에 있어서는 최종적으로 세대교체를 어떻게 정지시킬 것인지도 생각해야만 한다.

그림 4-5는 이와 같은 개념에 기초한 배치 표시 문제의 실제 예[8]를 나타낸다. 왼쪽 위부터 오른쪽 아래까지 보기 쉬운 배치로 변화하는 모습을 볼 수 있다.

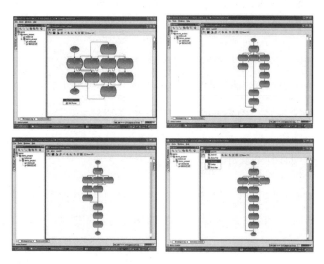

그림 4-5 배치 표시 문제에 대한 유전 알고리즘의 적용 예

*1 상속인 3명에 물건 수가 30개라고 하면 $3^{30} \fallingdotseq 10^{14}$ 정도, 상속인 5명에 물건 수가 100개라면 $5^{100} \fallingdotseq 10^{70}$ 정도의 조합 패턴 개수가 가능하다. 2GHz의 PC에서 계산할 경우, 하나의 패턴당 200개 명령어가 필요하다고 가정하면 1초에 10^7개의 패턴이 처리되므로 10^{14} 정도라면 10^7초 = 115일, 10^{70} 정도라면 10^{63}초 = 3×10^{55}년(1년은 약 3×10^7초)이 걸린다!

*2 진화의 법칙을 따른다면 잘 될 것 같지만, 어떤 경우에 잘 된 것인지 잘못된 경우에는 무엇이 문제인지에 대한 이유가 명확하지 않아 막연히 잘 되었다는 느낌이 들게 한다. 생물의 진화도 전혀 엉터리인 상태에서 시작된 것은 아니고 돌연변이도 출현하는 이유가 있다고 생각되므로, 컴퓨터에서도 아무런 이유 없이 무작위로 돌연변이를 생성해서는 안 될 것으로 생각한다.

*3 유전자는 왓슨과 크릭(James Watson & Francis Crick, 1953)이 DNA의 이중 나선 구조를 발견한 이래로 A, T, C, G라는 4개의 염기 조합으로 구성된 것이 알려져 이것들을 조작하는 유전자 공학이 발전하였다.

*4 스케일링(Scaling): 적응도를 그대로 선택의 평가값으로 사용하지 않고 효과를 증폭시킬 수 있도록 변환하는 것. 예를 들어, 적응도 f에 대하여 g=af+b라는 선형 변환을 수행함에 따라 f가 작아도 b의 몫만큼 상승하게 되어 무시되지 않도록 할 수 있다.

*5 목표 상태 이외의 곳에 도달하는 것. 6장 참조.

*6 규모에 따라 계산 시간이 어느 정도로 증가하는지 나타내는 지표로서 계산 시간의 복잡도가 있다.

- O(1): 규모에 상관없이 일정 시간에 처리. 이상적인 병렬 처리(m 병렬로 시간 1/m)
- O(n): 선형 시간 복잡도. 규모가 n배가 되면 시간도 n배가 걸린다.
- $O(n^2)$: 평방형 시간 복잡도. 규모의 제곱 단위로 시간이 걸린다. 제곱이 아니더라도 정수 제곱의 경우는 동일하다.
- $O(2^n)$: 지수형 시간 복잡도. 규모의 지수 관계 단위로 시간이 걸린다. 조합 최적화 문제는 모든 경우를 조사하면 $O(2^n)$보다도 더 많은 시간이 걸리는 것으로 알려져 있으며, 이것을 $O(n^2)$ 또는 O(n)의 복잡도로 낮추려는 연구가 계속되고 있다.

*7 여기서 노드는 개개의 현상을 나타내는 어떤 도형을 의미한다.

*8 이 예는 내가 회사에서 근무할 때 실제로 제품에 적용한 것이다. 진지하게 좌표를 계산하고 배치시킨 유사 제품보다 빠르고 정확하게 배치시킬 수 있었다.

5

우리 주변의 문제
잘 해결하기
= 문제 해결

**‘문제 해결’이라는 용어는 일상의 우리 주변 문제를
해결한다는 뜻으로 사용되며, 사회에서는 ‘문제 해결력’이
중요시된다.**

주어진 문제를 해결하는 학교 수업의 범위를 벗어나 스스로 문제를 발견하는 것도
문제 해결의 한 부분이다. 일반적으로 ‘문제’라고 하는 것은 이상과 현실의 차이로,
이것을 메우는 것이 '해결'이다.

'문제'는 정적인 경우와 동적인(시간 축이 있는) 경우가 있다. 조합 최적화 문제는
정적이지만 우리 주변에는 동적인 문제도 많다. 시간 축은 현실 세계에서는 뒤로
되돌아가는 것이 불가능하기 때문에 사전에 시뮬레이션으로 확인할 필요도 있다.
신경망과 유전 알고리즘은 정적인 문제에 적합하므로 동적인 문제 해결에는 다른
방법이 요구된다. 다시 말하면, 여기에서는 시간 축의 요인을 상태 전이[*1]라고 하는
개념으로 모델화하는 것을 살펴본다.

문제 해결에서의 시뮬레이션으로서는 선교사와 식인종 문제를 생각해 본다. 이 문
제는 재귀적[*2]으로 풀 수 없기 때문에 가능한 상태 전이를 쫓아가 볼 수밖에 없다.
나중에 자세히 설명하지만 여기서는 인원수와 배의 정원을 바꿀 수 있도록 한다.
또 한 번씩 동작을 확인하는 것만으로도 단번에 해를 구하는 것이 가능하다. 바로
해가 구해지지 않더라도 이런 상태 전이를 보면(해가 있다면) 반드시 해결 가능하
다는 것을 실감할 수 있다고 생각한다.

선교사가 '식인종'에 잡혀 먹히지 않고 강을 건널 수 있을까?

MC 문제

MC 문제는 '선교사(Missionary)와 식인종(Cannibal)이 같은 인원수이고, 2인승 배가 한 척 있을 때, 전원이 왼쪽 강변에서 오른쪽 강변으로 강을 건너려면 어떻게 하면 될까?'라는 문제다. 단, 선교사 수가 식인종 수보다 적으면 잡혀 먹히기 때문에 양쪽 강변에서는 선교사 수가 항상 같거나 더 많아야 한다(그림 5-1). 또 반대쪽으로 배를 옮기기 위해서는 반드시 한 사람 이상은 배에 타야 한다. 왼쪽 강변에서도 오른쪽 강변에서도 선교사 수가 식인종보다 많아야 한다는 것은 얼핏 보기에는 무리일 것 같지만 상태를 순서에 따라가 보면 이 문제의 특수성을 알게 되므로 해결될 수 있다는 것을 이해할 수 있다. M(선교사)과 C(식인종)의 인원수 및 배의 정원을 변경하여 다양한 조합에서 상태 전이가 이루어지는 모습을 보면, 계산 문제와는 다르게 문제의 규모에 따라 복잡성이 증가하는 것은 아니라는 것을 알 수 있다. 상태 전이를 머릿속에서만 생각하면 혼란스럽지만 하나씩 상태를 조사해 나가면 해가 있는 경우에는 반드시 성공하므로 이 개념은 복잡해 보이는 문제에 유용하다.

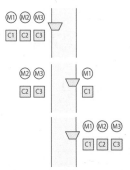

MC 문제

선교사와 식인종이 셋씩 있고, 2인승 배로 왼쪽 강변에서 오른쪽 강변으로 모두 건너고 싶지만, 선교사 수가 식인종 수보다 적으면 잡혀 먹히고 만다. 잡혀 먹히지 않고 전원이 건너려면?

그림 5-1 MC 문제

MC 문제 시트: 강을 건너는 것에 관한 문제 해결 시뮬레이션

실행 순서

① **MC 문제** 시트를 열고 **인원수**와 **정원**을 설정한다. 인원수는 3~8명, 배의 정원은 2~6명으로 입력한다.

② **Step**은 필요하면 설정한다(0일 경우에는 연속 실행, 1일 경우에는 1회 이동하고 멈춘다).

③ **초기화** 버튼을 누르면 초기 상태를 표시한다. 상단에 M, 하단에 C의 인원수만큼만 색이 칠해진다. 배의 위치는 노란색으로 표시된다. **상태**와 **탐색 트리**도 초기 상태 값이 표시된다.

④ **실행** 버튼을 누르면 이동이 시작된다.

⑤ 상태 전이 모습이 표시된다.

다운로드 파일 : Ex6_MC 문제.xlsm

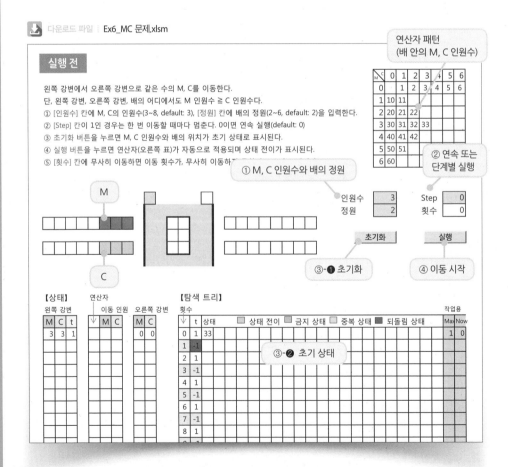

실행 전

왼쪽 강변에서 오른쪽 강변으로 같은 수의 M, C를 이동한다.
단, 왼쪽 강변, 오른쪽 강변, 배의 어디에서도 M 인원수 ≥ C 인원수.
① [인원수] 칸에 M, C의 인원수(3~8, default: 3), [정원] 칸에 배의 정원(2~6, default: 2)을 입력한다.
② [Step] 칸이 1인 경우는 한 번 이동할 때마다 멈춘다. 0이면 연속 실행(default: 0)
③ 초기화 버튼을 누르면 M, C 인원수와 배의 위치가 초기 상태로 표시된다.
④ 실행 버튼을 누르면 연산자(오른쪽 표)가 자동으로 적용되며 상태 전이가 표시된다.
⑤ [횟수] 칸에 무사히 이동하면 이동 횟수가, 무사히 이동하...

연산자 패턴
(배 안의 M, C 인원수)

M\C	0	1	2	3	4	5	6
0	0	1	2	3	4	5	6
1	10	11					
2	20	21	22				
3	30	31	32	33			
4	40	41	42				
5	50	51					
6	60						

① M, C 인원수와 배의 정원

② 연속 또는 단계별 실행

인원수 | 3
정원 | 2

Step | 0
횟수 | 0

초기화 ③-❶ 초기화

실행 ④ 이동 시작

【상태】

왼쪽 강변			연산자 이동 인원			오른쪽 강변	
M	C	t	↓	M	C	M	C
3	3	1				0	0

【탐색 트리】

횟수

■ 상태 전이 ■ 금지 상태 ■ 중복 상태 ■ 되돌림 상태

작업용

↓	t	상태																		Max	Now
0	1	33																		1	0
1	-1																				
2	1			③-❷ 초기 상태																	
3	-1																				
4	1																				
5	-1																				
6	1																				
7	-1																				
8	1																				

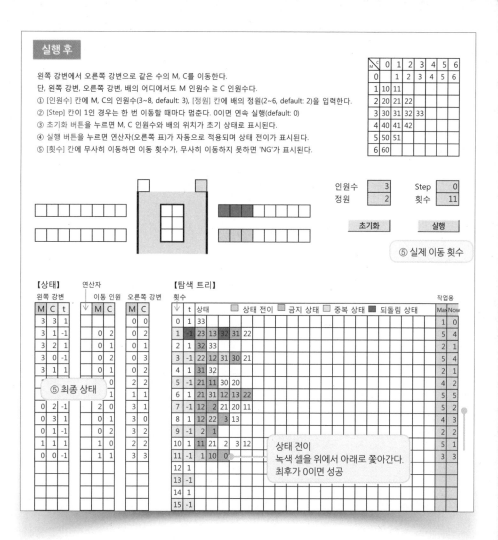

실행 후

왼쪽 강변에서 오른쪽 강변으로 같은 수의 M, C를 이동한다.
단, 왼쪽 강변, 오른쪽 강변, 배의 어디에서도 M 인원수 ≥ C 인원수다.
① [인원수] 칸에 M, C의 인원수(3~8, default: 3), [정원] 칸에 배의 정원(2~6, default: 2)을 입력한다.
② [Step] 칸이 1인 경우는 한 번 이동할 때마다 멈춘다. 0이면 연속 실행(default: 0)
③ 초기화 버튼을 누르면 M, C 인원수와 배의 위치가 초기 상태로 표시된다.
④ 실행 버튼을 누르면 연산자(오른쪽 표)가 자동으로 적용되며 상태 전이가 표시된다.
⑤ [횟수] 칸에 무사히 이동하면 이동 횟수가, 무사히 이동하지 못하면 'NG'가 표시된다.

M\C	0	1	2	3	4	5	6
0		1	2	3	4	5	6
1	10	11					
2	20	21	22				
3	30	31	32	33			
4	40	41	42				
5	50	51					
6	60						

인원수	3		Step	0
정원	2		횟수	11

초기화　　　　실행

⑤ 실제 이동 횟수

성공하면 M, C의 색칠이 오른쪽 강변에서만 이루어진다. 또 탐색 트리의 각 행의 녹색 셀을 위에서부터 차례로 쫓아가면 가장 아래쪽 행의 녹색 셀이 0(즉, 왼쪽 강변의 M, C 모두 0명)이 되어 있을 것이다. 이것은 상태 전이 경로를 나타낸다.

주의 사항

▶ 인원수, 정원: M, C의 인원수(3~8) 및 배의 정원(2~6)을 지정한다.

▶ Step: 0일 때는 연속 실행, 1일 때는 단계별 실행(1번 이동하고 멈춘다)이다.

체·험·해·봅·시·다 선교사가 '식인종'에 잡혀 먹히지 않고 강을 건널 수 있을까? 121

- ▶ 횟수: 실제 이동 횟수가 표시된다.
- ▶ 상태: 왼쪽 강변의 M, C 인원수 및 배위 위치(t=1은 왼쪽, t=-1은 오른쪽 강변을 나타냄), 동시에 이동하는 인원수와 오른쪽 강변의 인원수도 나타낸다(연산자 칸은 사용하지 않음).
- ▶ 탐색 트리: 각 행은 그 시점에서 생각되는 모든 상태를 나타낸다. 금지 상태와 앞으로 돌아가는 중복 상태를 제하고 유효한 상태가 한 칸 아래 행에 전개된다. 현재 쫓아가는 상태는 녹색으로 칠해진다. 도중에 되돌림이 발생하는 경우에는 한 칸 위의 행으로 돌아가 유효한 상태가 있으면 그것이 전개된다. 그러므로 녹색 셀을 위에서부터 순서대로 쫓아가면 상태 전이 경로가 된다. 가장 아래쪽 행의 녹색 셀이 0(즉, 왼쪽 강변의 M, C 모두 0명)이면 성공이다.

5.1 모델화

5.1.1 모델화의 개념

문제 해결은 일반적으로 다음의 2단계로 실행된다.

❶ 문제의 모델화를 수행한다.
❷ 상태 전이 시뮬레이션을 수행한다.

모델화[*3]는 문제를 정리하여 컴퓨터로 처리하도록 하는 것이다. 이를 위한 방법으로는 여러 가지가 있으나 문제 정리에는 KJ 법[*4]과 마인드맵[*5]이 자주 사용된다. 문제 정리는 해결에 필요한 요인들을 추출하고 그것들이 어떤 관계인지를 명확히 하는 것뿐만 아니라, 그것을 상태로 해서 정의하고 시간적 요인에 대하여 어떻게 변화하는지를 공식화하면 문제의 모델화가 가능하다. 그렇게 하면 컴퓨터상에서 파라미터를 변화시켜 시뮬레이션[*6]을 수행하고 문제 해결을 꾀할 수 있다.

일반적인 모델화 방법은 파라미터 조합의 최적화를 생각한다는 의미로 조합 최적화 문제라고 생각할 수도 있지만, 여기서는 동적인 문제를 처리하므로 다음과 같이 생각한다.

● 상태는 시간 축상에 직전 상태로부터 결정된다. 단, 반드시 하나로 결정되는 것은 아니다. 이것이 상태 전이이다.
● 상태 전이는 일반적으로 여러 상태 후보 중에서 가장 좋다고 생각되는 상태를 선택한다.

조합 최적화 문제에 국한되지 않고, 시간 축이 더해져 더욱 복잡해지고, 게다가 되돌리는 것이 불가능한 문제 해결에는 이러한 모델화와 시뮬레이션이라는 개념이 유효하다. 시뮬레이션은 상태 전이를 컴퓨터상에서 재현하는 것이 된다.

5.1.2 전략

상태 전이가 유일하게 정해지지 않으면 어떠한 판단 기준이 필요하게 된다. 즉, 상태 전이의 선택 경로에 대하여 일정한 평가 기준을 근거로 가장 좋다고 생각되는 선택 경로를 취하게 된다. 이것을 전략[*7]이라고 한다. 전략이 명확하면 상태 전이에서 헤매지 않게 되지만 전략 자체에도 여러 방법이 있으므로 이 방법에 따라서는 상태 전이가 전혀 달라질 가능성도 있다. 이 전략 방법이 탐색법[*8]으로 이어진다.

5.2 상태 전이

5.2.1 상태의 정의

모델화에 동반되는 상태를 다음과 같이 정의한다.

- **상태:** 문제의 시간 축상에서 각 과정 P_i
- **상태 공간:** 가능한 상태의 모든 집합 $\{P_i\}$
- **초기 상태:** 문제의 초기 상태 P_0
- **목표 상태:** 문제의 최종 상태 P_n
- **금지 상태:** 허용되지 않는 상태, 문제의 조건에 위반되는 상태
- **상태 전이:** 시간 축상에서 상태가 변화하는 것
- **연산자:** 상태 전이의 조건 $\delta_i : P_{i-1} \rightarrow P_i \ (0 < i \leq n)$

초기 상태에서 시작하여 연산자에 따른 상태 전이를 수행하고 목표 상태에 도달하면 문제 해결 성공이다(그림 5-2).

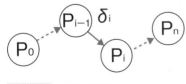

그림 5-2 **상태 전이**

5.2.2 탐색 트리

상태 전이를 효율적[9]으로 수행하기 위해서는 전략, 즉 각 상태에서 주어지는 연산자를 어떻게 적용할 것인지에 대한 판단 기준이 필요하다. 이것은 여러 개의 가능한 상태 전이가 있을 경우에 어느 것을 선택하느냐의 문제로, 문제에 주어진 조건을 고려하면서 진행할 필요가 있다. 상태에는 금지 상태도 있으므로 이것을 피해가며 진행한다. 도중에 먼저 진행하지 못하게 되었을 때, 즉 가능한 상태 전이가 없어졌을 때에는 직전의 상태로 돌아가 다른 상태 전이 후보를 조사한다.[10] 이렇게 시간 축에 따라 전개되는 상태 전이 모습은 초기 상태를 루트로 하는 트리 구조로 표현할 수 있다. 이것을 탐색 트리(Search Tree)라고 한다(그림 5-3).

문제 해결은 탐색 트리를 루트부터 말단 노드까지 가장 효율적으로 쫓아가는 것을 말한다.

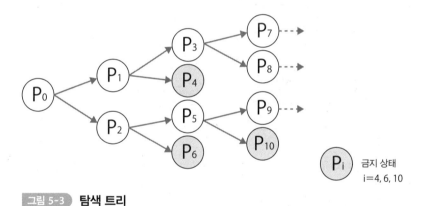

금지 상태
i=4, 6, 10

그림 5-3 탐색 트리

5.3 문제 해결의 구체적 예

5.3.1 MC 문제

수식으로는 잘 표현하지 못하는 동적인 문제의 대표적 예로서 시뮬레이션으로 체험한 MC 문제를 자세히 살펴보자. 앞에서 설명한 것처럼 이 문제는 재귀적[*11]으로 풀 수 없다.

문제의 규모를 M, C 인원수는 3명, 배의 정원은 2명으로 하여 다음과 같이 모델화한다(그림 5-4).

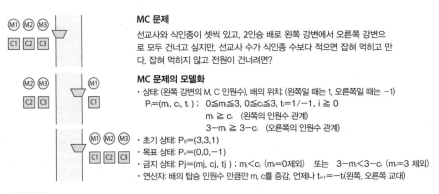

MC 문제
선교사와 식인종이 셋씩 있고, 2인승 배로 왼쪽 강변에서 오른쪽 강변으로 모두 건너고 싶지만, 선교사 수가 식인종 수보다 적으면 잡혀 먹히고 만다. 잡혀 먹히지 않고 전원이 건너려면?

MC 문제의 모델화
· 상태: (왼쪽 강변의 M, C 인원수), 배의 위치: (왼쪽일 때는 1, 오른쪽일 때는 −1)
  $P_i = (m_i, c_i, t_i)$; $0 \leq m_i \leq 3$, $0 \leq c_i \leq 3$, $t_i = 1/−1$, $i \geq 0$
  $m_i \geq c_i$ (왼쪽의 인원수 관계)
  $3 − m_i \geq 3 − c_i$ (오른쪽의 인원수 관계)
· 초기 상태: $P_0 = (3,3,1)$
· 목표 상태: $P_n = (0,0,−1)$
· 금지 상태: $Pj = (mj, cj, tj)$; $m_i < c_i$ (m=0제외) 또는 $3 − m_i < 3 − c_i$ (m=3 제외)
· 연산자: 배의 탑승 인원수 만큼만 m, c를 증감, 언제나 $t_{i+1} = −t_i$(왼쪽, 오른쪽 교대)

그림 5-4 MC 문제 모델화

● 상태를 {왼쪽 강변의 M, C 인원수, 배의 위치(1/-1)}로 나타낸다. 수식화하면 다음과 같다.

> $P_i = (m_i, c_i, t_i)$
> $0 \leq m_i \leq 3$, $0 \leq c_i \leq 3$, $t_i = 1$(왼쪽) 또는 $−1$(오른쪽)
> $m_i \geq c_i$ (왼쪽 강변에서의 사람 수 제약)
> $3 − m_i \geq 3 − c_i$ (오른쪽 강변에서의 사람 수 제약)

● 초기 상태 $P_0 = (3, 3, 1)$, 목표 상태 $P_n = (0, 0, -1)$

● 연산자는 배의 탑승 인원수 {M의 인원수, C의 인원수}만으로 상태(왼쪽)의 인원수가 증감된다. 수식화하면 다음과 같다.

α : M이 한 명만 이동 $m_{i+1}=m_i-t_i$, $t_{i+1}=-t_i$

$t_i=1$일 때는 $1\leqq m_i\leqq3$, $t_i=-1$일 때는 $0\leqq m_i\leqq2$

β : C가 한 명만 이동 $c_{i+1}=c_i-t_i$, $t_{i+1}=-t_i$

$t_i=1$일 때는 $1\leqq c_i\leqq3$, $t_i=-1$일 때는 $0\leqq c_i\leqq2$

γ : M이 두 명 이동 $m_{i+1}=m_i-2t_i$, $t_{i+1}=-t_i$

$t_i=1$일 때는 $2\leqq m_i\leqq3$, $t_i=-1$일 때는 $0\leqq m_i\leqq1$

δ : C가 두 명 이동 $c_{i+1}=c_i-2t_i$, $t_{i+1}=-t_i$

$t_i=1$일 때는 $2\leqq c_i\leqq3$, $t_i=-1$일 때는 $0\leqq c_i\leqq1$

ψ : M, C가 한 명씩 이동 $m_{i+1}=m_i-t_i$, $c_{i+1}=c_i-t_i$, $t_{i+1}=-t_i$

$t_i=1$일 때는 $1\leqq m_i\leqq3$ & $1\leqq c_i\leqq3$

$t_i=-1$일 때는 $0\leqq m_i\leqq2$ & $0\leqq c_i\leqq2$

번거로운 정의지만 요약하면, 한 번 배를 이동하면 {M}, {C}, {MM}, {CC}, {MC} 중의 어느 한 가지 패턴으로 인원수가 증감된다. 단, 배가 있는 강변의 인원수 이하만 탈 수 있고, 최소 한 사람은 타야 한다. 따라서 왼쪽 강변의 인원수에 주목하면 위와 같은 5가지 연산자가 가능해진다.

상태 정의는 얼핏 보기에 왼쪽 강변에서 $m\geqq c$이면 오른쪽 강변에서 반대로 $3-m\leqq3-c$가 될 것 같으므로 양쪽 강변에서 선교사 쪽이 많다는 것이 불가사의로 여겨지겠지만, 다음과 같은 금지 상태를 생각하면 납득할 수 있다.

● 금지 상태 $P_j=(m_j, c_j, t_j)$

$m_j<c_j$ (단, $m_j=0$ 제외) 또는 $3-m_j<3-c_j$ (단, $m_j=3$ 제외)

$m\geqq c$이고 $3-m\geqq3-c$이면 보통 $m=c$가 되어야 하지만, 금지 상태의 '단, ~ 제외'를 잘 이해해야 한다. 즉, 선교사 인원수가 0이면 먹힐 수가 없고, 강 건너에는 반드시 3명이 있어 식인종보다 적지 않으므로 금지 상태에서 제외될 수 있다. 마찬가지로 생각하면 식인종 인원수가 0일 때는 강 건너에는 식인종이 3명이 되고, 같은 쪽의 선교사 인원수가 그보다 적을 경우에는 문제가 될 수 있으므로 이 경우에는 금지 상태를 생각할 필요가 있다.

5.3.2 MC 문제의 탐색 트리

이 예에 대한 탐색 트리는 금지 상태를 제외하고 이전으로 돌아가는 중복 상태도 제거하면, 적용 가능한 연산자가 거의 한 가지로 결정되므로 가지가 넓게 퍼지지 않아 쉽게 구축할 수 있다(그림 5-5). 그림은 트리 형태가 되진 않았지만 왼쪽 끝을 루트로 해서 왼쪽에서 오른쪽 방향으로 가지가 펼쳐지는 것으로 생각하기 바란다. 이 경우에는 금지 상태를 제외하면 항상 한 가지이므로 이 상태에 관한 트리를 전개한다.

i=0 L	1 R	2 L	3 R	4 L	5 R	6 L	7 R	8 L	9 R	10 L	11 R
(3,3,1)	(3,2,−1)	(3,3,1)	(3,1,−1)	(3,2,1)	(3,0,−1)	(3,1,1)	(2,1,−1)	(2,2,1)	(0,2,−1)	(2,1,1)	(0,1,−1)
	(3,1,−1)	(3,2,1)	(3,0,−1)	(3,1,1)	(2,1,−1)	(2,2,1)	(2,0,−1)	(1,3,1)	(0,1,−1)	(1,1,1)	(0,0,−1)
	(2,3,−1)	(2,3,1)	(2,2,−1)		(2,0,−1)	(2,1,1)	(1,2,−1)	(1,2,1)		(0,3,1)	
	(2,2,1)		(2,1,−1)		(1,1,−1)	(1,3,1)	(1,1,−1)	(0,3,1)		(0,2,1)	
	(1,3,−1)		(1,2,−1)			(1,2,1)	(0,2,−1)			(12,1)	

※ 배는 교대로 왼쪽(L)이나 오른쪽(R)에 있다.　■■■가 상태 전이,　■■■는 금지 상태,　■■■는 중복(이전으로 돌아감)

그림 5-5 MC 문제의 탐색 트리

실제로 이 상태 전이에 따른 이동 모습은 그림 5-6과 같다.

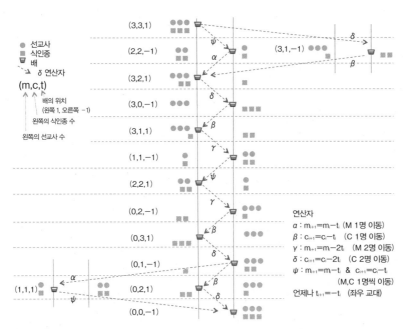

그림 5-6 MC 문제의 해답

*1 상태 전이(State Transition): 시간 축을 이산적인 구간으로 나누어 각 시각에 대한 상태의 변화를 정의하는 것을 의미한다.

*2 재귀적(Recursive): 자기 자신을 호출하는 것을 의미한다. 이산적인 상태에서 n-1번째의 상태를 바탕으로 n번째의 상태를 정의할 때, n번째의 정의 속에 n-1번째라는 인수를 가지고 자기 자신을 불러내므로 재귀적이 된다. 학교에서 배운 수학적 귀납법도 재귀적이며 이것을 그대로 프로그래밍한다고 생각하면 된다. 그러면 첫 번째 상태와 n-1번째 상태로부터 n번째 상태로의 계산 방법만 정의하면 그다음은 몇 번째라도 정의할 수 있게 된다.

*3 모델화(Modeling): 일반적으로는 문제에 포함된 주된 요소 파라미터를 추출하고, 그것들을 조합한 계산식으로 상태를 표현한다. 보통은 시간 축 이외의 파라미터로 상태를 구성하며, 시간 축도 하나의 파라미터가 될 수 있지만 고려하지 않는 경우도 많다.

*4 KJ 법: 1967년에 동경공업대학의 카와키타 지로 교수가 제안한 것으로, 문제 해결에 관한 말단 개념을 밝혀내고 그룹화함으로써 문제 해결의 본질이 드러났다. Bottom-Up 방식(상세한 항목들로부터 전체로 접근)의 정리법이라고 한다.

*5 마인드맵(Mind map): 영국의 토니 부잔(Tony Buzan)이 제안한 것으로, 문제의 중심 과제를 중심에 두고 주변에 구체화한 가지를 뻗어 나가게 함으로써 전체 모습이 보이게 한다. Top-Down 방식(큰 개념으로부터 상세한 항목으로 접근)의 정리법이라고 한다.

*6 시뮬레이션(Simulation): 모델에 나타나는 파라미터를 의도적으로 변화시켜 상태 변화를 관찰. 이것에 의해 최적 상태가 되는 파라미터의 조합을 파악한다. 반대로, 어떤 파라미터 조합으로 상태가 어떻게 되는지를 예측하는 것도 가능하다.

*7 전략(Strategy): 목표를 달성하기 위한 전체적인 방법. 전술(Tactics)은 전략보다 구체적인 방법론을 가리킨다. 상태 전이에서 선택 경로를 고르는 것을 전술이라 하지 않고 전략이라고 하는 것은, 어떤 상황에서도 공통된 처리 방법에 따라 판단한다는 의미를 가지고 있다.

*8 탐색법(Search method): 일반적으로 많은 데이터로부터 목적한 것을 찾아내는 방법으로 '검색'이라고도 한다. 웹 검색과 데이터베이스 검색도 탐색법의 하나다. 여기서는 시간 축을 고려하고 전략에 따라 선택 경로를 결정한다는 의미로 사용된다. 탐색법에 대해서는 6장에서 자세히 설명한다.

*9 효율적이라는 것은 가장 빨리, 현실적인 시간 내에, 또는 비용을 최소로 하여 목표 상태에 도달하는 것이다.

*10 되돌림(Backtrack)이라고 한다. 현실 문제에서는 시간 축을 되돌리는 것이 불가능하지만 시뮬레이션에서는 가능하다.

*11 재귀적(Recursive)의 의미는 이미 설명하였지만, 다시 말하면 프로시저 전체의 규모를 줄여 가면서 반복하는 것이다. 규모가 최소가 되었을 때의 값만 정의하면 반복문을 사용하지 않고 얼마든지 규모를 확대할 수 있다.

예를 들어, $2^n = 2 \times 2^{n-1}$, $2^0 = 1$ $(n \geqq 1)$
반복문으로 정의하면 {x=1, for i=1 to n {x = x × 2}}
재귀적으로 정의하면 P2(n)={if n=0 then 1 else 2 × P2(n-1)}

6

가장 효율적인 경로를
어떻게 선택할까?
= 탐색법

문제 해결에 있어서는 전략을 고려한 탐색법이 필요하다.

이 장에서는 주요 탐색법의 특징을 설명한다. 우선 몇 가지 탐색법을 시뮬레이션해 보고 차이점을 살펴보자.

시뮬레이션에서 다루는 탐색법은 다음과 같다.

- **분기 한정법:** 모든 경로 중에서 가장 좋은(누적 비용이 최소인) 경로를 탐색한다.
- **언덕 등반 탐색:** 눈앞의 경로 중에서 앞으로의 비용만 보고 가장 좋을 것 같은 경로를 선택한다.
- **최고 우선 탐색:** 언덕 등반 탐색이 앞뒤 생각 없이 당장 좋은 쪽으로만 무조건 선택한 반면, 이 탐색법은 아직 선택하지 않은 경로도 포함하여 앞으로의 비용이 가장 좋은 경로를 선택한다.
- **A 알고리즘:** 앞으로의 비용뿐만 아니라 지금까지의 누적 비용도 고려하므로 가장 좋은 경로를 효율적으로 선택한다.

최소 비용으로 산의 정상까지
오르는 경로 탐색

탐색법의 비교

여기서는 그림 6-1과 같은 탐색 트리를 가정하여 산기슭(A)에서 정상(Z)까지 올라
간다. 도중에 휴게소가 있으며 각 경로에는 비용(시간 또는 금전적 비용 등을 생각하면 된
다)이 매겨져 있다. 이것을 앞에서 설명한 4가지 종류의 탐색법에 따라 각 휴게소
에서의 비용 평가와 진행 방법을 살펴보자.

탐색 트리는 엑셀 시트의 Node tree 부분에 표 형태로 표현되어 있어 트리 형태로
보기 어렵겠지만, 각 노드부터 그다음 자식 노드로의 경로 비용을 나타내고 있다.
그림 6-1과 엑셀 시트의 Node tree 부분을 조합하여 이해하기 바란다. Node tree
부분의 표 내용을 직접 바꿔 써 넣으면 기본 이외의 시뮬레이션도 가능하다.

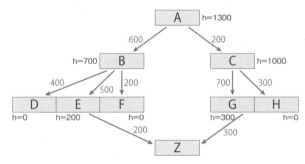

**시뮬레이션에서 사용되는
Default Tree
(A에서 Z로 이르는 경로)**

• A~Z: 노드
• 경로상의 숫자: 경로 비용
• 노드상의 숫자(h): 해당 지점
  부터 정상까지의 예측 비용

그림 6-1 **시뮬레이션에 사용되는 탐색 트리**

탐색법 시트: 탐색법 시뮬레이션

탐색법 보충 시트: 탐색법 시뮬레이션을 위한 설정 정보. 변경 불가.

실행 순서

❶ **탐색법** 시트를 연다. Node tree를 사용자가 직접 입력하거나 **Default** 버튼을 눌러 자동으로 설정한다.

❷ 탐색법을 선택하고 실행한다(**분기 한정법~A 알고리즘** 버튼 중의 하나를 누른다). **Step**이 0인 경우에는 연속 실행, 1인 경우에는 탐색을 한 번씩 단계별로 실행한다.

❸ **Stack**에 탐색 상황이 전개되고 **이력**과 **경로**가 표시된다.

이 정도의 간단한 탐색 트리에서도 탐색법에 따른 경로가 달라짐을 알 수 있다. 조금 더 복잡한 탐색 트리를 사용하면 어떤 방법이 더 좋고 나쁜지를 판단할 정도까지 실감할 수 있을 것으로 생각한다. Node tree 구조를 변경하는 것은 번거롭겠지만 비용만 바꾼다면 비교적 간단하므로 시도해 보기 바란다.

주의 사항

▶ 이력: 탐색에서 쫓아가는 모든 노드가 표시된다.

▶ 경로: 초기 상태에서 목표 상태에 이르는 최종 경로가 표시된다.

▶ Node tree 시작 줄, Node tree 마지막 줄: 탐색 트리를 표현하는 표의 시작 줄과 마지막 줄을 나타낸다. 탐색 트리의 비용 값만 변경할 경우에는 그대로 두면 되지만, 구조를 변경하는 경우에는 반드시 변경하여야 한다. 탐색 트리의 구조를 변경할 때는 다음과 같은 점에 유의한다.

　　a. Node 란에 노드 이름, Goal 란에 목표 상태이면 1, 아니면 0, 자식 노드의 수, 휴리스틱 비용을 입력한다.

　　b. 자식 노드의 이름과 그에 대한 경로 비용 및 휴리스틱 비용을 입력(자식 수만큼의 행)한다.

　　c. 각 자식 노드에 대해서도 a, b 단계를 반복한다.

　　d. Check 란은 내부적인 작업 영역이므로 신경 쓰지 않아도 된다.

▶ Stack: 탐색에서 사용되는 내부 작업 영역. 여기에는 자식 노드 정보가 전개되고 탐색이 진행된다. 조사가 끝난 노드는 회색으로 칠해진다. Stack 시작 줄, Stack 마지막 줄은 내부 정보이므로 신경 쓰지 않아도 된다.

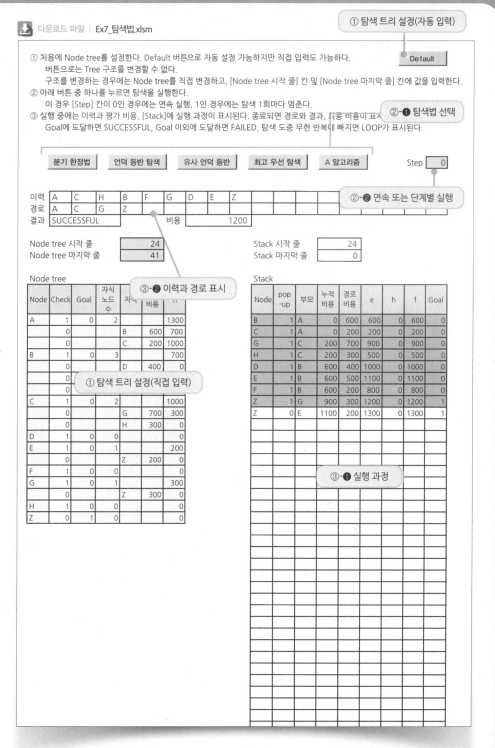

⬇ 다운로드 파일 : Ex7_탐색법.xlsm

① 탐색 트리 설정(자동 입력)

① 처음에 Node tree를 설정한다. Default 버튼으로 자동 설정 가능하지만 직접 입력도 가능하다.
　버튼으로는 Tree 구조를 변경할 수 없다.
　구조를 변경하는 경우에는 Node tree를 직접 변경하고, [Node tree 시작 줄] 칸 및 [Node tree 마지막 줄] 칸에 값을 입력한다.
② 아래 버튼 중 하나를 누르면 탐색을 실행한다.
　이 경우 [Step] 칸이 0인 경우에는 연속 실행, 1인 경우에는 탐색 1회마다 멈춘다.
③ 실행 중에는 이력과 평가 비용, [Stack]에 실행 과정이 표시된다. 종료되면 경로와 결과, 최종 비용이 표시
　Goal에 도달하면 SUCCESSFUL, Goal 이외에 도달하면 FAILED, 탐색 도중 무한 반복에 빠지면 LOOP가 표시된다.

Default

②-❶ 탐색법 선택

| 분기 한정법 | 언덕 등반 탐색 | 유사 언덕 등반 | 최고 우선 탐색 | A 알고리즘 | | Step | 0 |

②-❷ 연속 또는 단계별 실행

이력	A	C	H	B	F	G	D	E	Z		
경로	A	C	G	Z							
결과	SUCCESSFUL				비용		1200				

Node tree 시작 줄 　24　　　　Stack 시작 줄 　24
Node tree 마지막 줄 　41　　　　Stack 마지막 줄 　0

③-❷ 이력과 경로 표시

Node tree

Node	Check	Goal	자식 노드 수	자식	비용		
A	1	0	2				1300
	0			B	600		700
	0			C	200		1000
B	1	0	3				700
	0			D	400		0
	0						
	0						
C	1	0	2				1000
	0			G	700		300
	0			H	300		0
D	1	0	0				0
E	1	0	1				200
	0			Z	200		0
F	1	0	0				0
G	1	0	1				300
	0			Z	300		0
H	1	0	0				0
Z	0	1	0				0

① 탐색 트리 설정(직접 입력)

Stack

Node	pop-up	부모	누적 비용	경로 비용	e	h	f	Goal
B	1	A	0	600	600	0	600	0
C	1	A	0	200	200	0	200	0
G	1	C	200	700	900	0	900	0
H	1	C	200	300	500	0	500	0
D	1	B	600	400	1000	0	1000	0
E	1	B	600	500	1100	0	1100	0
F	1	B	600	200	800	0	800	0
Z	1	G	900	300	1200	0	1200	1
Z	0	E	1100	200	1300	0	1300	1

③-❶ 실행 과정

체·험·해·봅·시·다 최소 비용으로 산의 정상까지 오르는 경로 탐색 135

6.1 탐색법의 분류

6.1.1 탐색법의 개념

탐색법이란, 문제 해결에 있어 상태 공간 내의 초기 상태에서 목표 상태까지 이르는 경로를 결정하는 방법을 의미한다. 문제 해결의 범위에서는 연산자 적용에 동반되는 제약과 금지 상태를 피하는 것만을 생각하였지만, 탐색법에서는 다음과 같은 개념들도 함께 고려한다.

- **도달 보장:** 탐색이 순환하지 않고 어디선가 멈추는 것. 멈춘 곳이 해인지 아닌지는 관계없다.
- **최적해:** 목표 상태에 도달하는 것
- **국소해:** 목표 상태 이외의 곳에 도달하는 것
- **최적 경로:** 경로 비용[*1]을 고려할 때 목표 상태에 이르는 경로의 전체 비용이 최소가 되는 경로
- **누적 비용:** 각 상태에 대하여 그곳에 도달하기까지의 경로 비용(실제 합계 값)
- **장래 비용:** 각 상태에 대하여 그곳으로부터 목표 상태에 이르는 경로 비용(추측 값)

전체 경로를 빠짐없이 모두 조사하는 것은 생각보다 어려운 일이다. 여기서는 우선 비용을 생각하지 않고 전체 경로를 조사하는 방법을 설명하고, 다음으로 각 상태에서 어떤 평가값을 설정하여 그 평가값에 따라 탐색 공간을 축소하는 탐색법을 생각한다.

6.1.2 탐색법 전략에 따른 분류

전략의 방법에 따라 탐색법을 다음과 같이 분류한다.

- **맹목적 탐색:** 적용 가능한 연산자를 무작위로 선택한다. 중복을 신경 쓰지 않는다. 해가 있어도 반드시 도달한다고 보장할 수 없다.
- **체계적 탐색:** 모든 상태 공간을(중복 없이) 조사한다. 해가 있으면 반드시 도달한다. 비효율적이다.
- **휴리스틱 탐색:** 경험 법칙에 따른 상태 공간 축소를 수행하여 효율적인 탐색을 도모한다.

전략성이 전혀 없는 맹목적 탐색은 예를 들어, 난수로 진행 방향을 결정하게 되지만, 일상의 실제 문제에서는 이와 유사한 무계획적 행동이 많이 있다. 하지만 적어도 중복은 피하거나 가급적 기대 효과가 큰 곳에서부터 손을 대고자 한다면, 어떤 평가 기준을 정하고 평가값이 좋은 쪽을 먼저 고려하는 것이 좋다.

그 평가 기준으로서 다음과 같은 평가 함수를 생각한다.

식 6-1

$$f(n) = e(n) + h(n)$$

$e(n)$: 누적 비용 → 초기 상태부터 상태 n까지의(최소라고 생각하는) 실제 비용
$h(n)$: 장래 비용 → 상태 n부터 목표 상태까지 예상되는 최소 비용(알 수 없는 경우에는 한 단계 앞의 비용을 사용)

즉, 평가 함수는 과거의 실제 비용(누적 비용)과 장래 예측 비용(장래 비용)의 합계다. 그러나 이 모든 비용들은 중간 상태에서는 진정한 값을 알 수 없다. 과거의 실제 비용 합계도 나중에 생각하면 더욱 좋은 경로가 있었음이 밝혀질 수도 있으므로 최적의 누적 비용일지 어떨지는 알 수 없다. 장래 비용이라면 전적으로 예측할 수밖에 없다. 그럼에도 불구하고 평가 함수로서 식 6-1을 사용하려면 누적 방식과 경험 법칙의 활용 등에 대한 연구가 필요하다.

6.2 체계적 탐색

우선 전체 경로를 빠짐없이 모두 조사하는 것을 생각한다. 시간이 너무 많이 걸려 비현실적일지도 모르겠지만 하나씩 조사하면 가장 좋은 경로를 구할 수 있다. 이런 탐색법을 체계적 탐색(Systematic Search)이라고 부르며 다음과 같은 종류가 있다(그림 6-2).

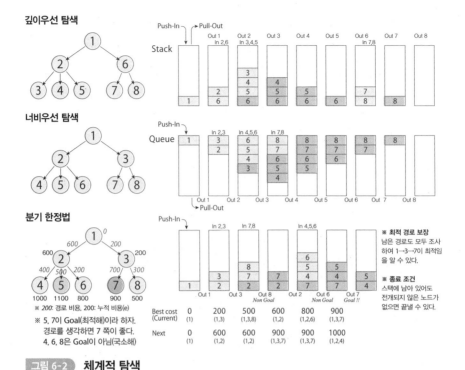

그림 6-2 체계적 탐색

- **깊이우선 탐색:** 스택(Stack)[*2]을 사용한 전체 경로 탐색. 비용은 생각하지 않으므로 평가 함수 없음.

- **너비우선 탐색:** 큐(Queue)[*3]를 사용한 전체 경로 탐색. 비용은 생각하지 않으므로 평가 함수 없음.

- **분기 한정법:** 전체 경로 탐색. 누적 비용이 적은 방향으로 진행. 최적 경로 보장.
  평가 함수: $f(n)=e(n)$

6.2.1 깊이우선/너비우선 탐색

처음 두 가지 방법은 비용을 생각하지 않고 무작정 전체 경로를 순서대로 탐색하는 방법으로, 깊이우선 탐색(Depth-first Search)은 후보 노드들 중 하나의 노드를 전개하고 그 노드로부터 점점 다음 노드로 진행하는 것이며, 너비우선 탐색(Breath-first Search)은 매번 모든 후보 노드들을 전개하면서 진행하는 것이다. 깊이우선은 진행하는 방향이 맞으면 빠르지만, 밑으로 더 진행하지 못하게 되면 되돌림이 필요하게 되며 그럴 때마다 새로운 노드를 전개하므로 시간이 걸린다. 한편 너비우선은 되돌림을 해도 이미 가능성이 있는 노드들의 전개가 끝난 상태이므로 빠르지만, 전체적으로는 되돌림이 없어도 모두 전개하면서 진행하기 때문에 속도가 느리다.

두 방법 모두 되돌림이 가능하도록 상태 이력을 기록하는 것이 필요하며, 깊이우선은 스택, 너비우선은 큐를 사용한다. 일반적으로 깊이우선의 경우에는 필요 없게 된 작업 영역을 덮어쓰므로 작업 영역이 작아도 되지만, 너비우선의 경우에는 필요 여부를 판단하기 전에 미리 모두 기록하기 때문에 작업 영역이 커진다. 깊이우선, 너비우선 모두 일장일단이 있다. 5장에서의 MC 문제 시뮬레이션에서는 깊이우선 탐색을 이용하였다.

6.2.2 분기 한정법

분기 한정법(Branch and Bound Method)은 깊이우선/너비우선 방법처럼 단지 도달하기만 하면 되는 것이 아니라 가장 좋은 경로로 진행한다. 좋은 경로, 즉 비용이 적은 경로를 선택하려면 비용을 정의하고 그것을 매번 평가하면서 진행한다. 비용의 정의는 평가 함수에 따라 이루어지지만 분기 한정법에서는 누적 비용만 사용한다.

탐색 순서는 깊이우선/너비우선 방법처럼 정해진 순서로 하지 않고 평가 함수에 따라 누적 비용이 적은 경로를 우선적으로 진행한다. 그러므로 어떤 상태에 있어서도 적어도 거기까지의 경로 중에서는 가장 좋은 경로로 진행하게 된다. 최종적으로 목표 상태에 도달했을 때는 전체 경로 중에서 가장 좋은 경로, 즉 최적 경로를 구하게 된다.

분기 한정법은 체계적으로 최적 경로를 구하는 가장 확실한 방법이지만, 여기저기 건너뛰어 돌아다니므로 현실적이지는 못하다.

6.3 휴리스틱 탐색

분기 한정법으로는 누적 비용만을 고려했기 때문에 매우 느리지만 장래 비용도 예측하여 탐색 효율을 높이는 것을 생각한다. 여기서는 구체적인 비용 예측 방법에 대해서는 설명하지 않지만 어떤 경험치, 기대치, 보수 등이 있다는 것을 전제로 생각한다. 이런 탐색법을 휴리스틱 탐색(Heuristic Search)이라고 하며 다음과 같은 종류가 있다.

- 언덕 등반 탐색: 장래 비용이 적은 방향으로 진행. 되돌림은 없음. 최적해 보장 없음. 평가 함수: $f(n)=h(n)$
- 최고우선 탐색: 장래 비용이 적은 방향으로 진행. 다른 상태도 확인하며 진행. 최적해 보장. 평가 함수: $f(n)=h(n)$
- A 알고리즘: 과거의 경로를 기억하고 다른 상태도 확인하면서 진행. 평가 함수: $f(n)=e(n)+h(n)$
- A* 알고리즘: 장래 비용에 제약을 설정하여 A 알고리즘을 안정화. 최적 경로 보장. 평가 함수: $f(n)=e(n)+h(n)$

6.3.1 언덕 등반 탐색

평가 함수로서 장래 비용만을 사용하며, 과거 경로를 기억하지 않고 앞만 내다보고 진행한다. 등산하는 것처럼 정상만을 바라보고 오르는 것과 같다. 장래 비용이 각 상태에서 잘 설정되어 있으면 최적해에 가장 빨리 도달할 수 있지만 장래 비용은 추측 값이기 때문에 경로를 그르쳐서 국소해에 빠질 수도 있다. 과거의 경로를 기억하지 않으므로 되돌림이 불가능하며 결국에는 탐색 실패가 될 가능성도 있다.

위험한 방법인 것처럼 보이지만 실제로는 우리들이 보통 사용하고 있는 방법인 셈이다. 장래 비용은커녕 한 단계 앞만 보고 가장 좋은 방향으로 진행하는 방법도 있다. 그래도 한정된 시간, 판단 기준 내에서 진행하기에는 유효한 방법이다(그림 6-3).

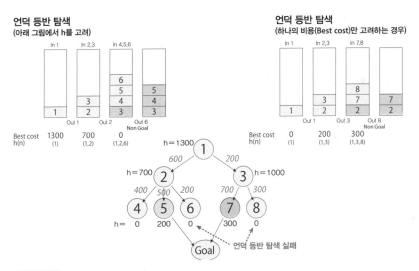

언덕 등반 탐색
(아래 그림에서 h를 고려)

In 1	In 2,3	In 4,5,6	
		6	
		5	5
	3	4	4
1	2	3	3
Out 1	Out 2		Out 6 Non Goal

Best cost h(n)	1300 (1)	700 (1,2)	0 (1,2,6)

언덕 등반 탐색
(하나의 비용(Best cost)만 고려하는 경우)

In 1	In 2,3	In 7,8	
		8	
	3	7	7
1	2	2	2
Out 1	Out 2	Out 3	Out 8 Non Goal

Best cost h(n)	0 (1)	200 (1,3)	300 (1,3,8)

언덕 등반 탐색 실패

그림 6-3 언덕 등반 탐색(Hill-climbing Search)

6.3.2 최고우선 탐색

언덕 등반 탐색에서는 되돌림이 불가능하기 때문에 실패하는 경우가 있으므로, 국소해에 빠졌을 때 다른 상태를 다시 조사하도록 개선한 방법이다. 평가 함수는 언덕 등반 탐색과 같이 장래 비용만 사용하며 과거 경로는 기억하지 않지만, 개선점으로 각 상태에 있어 아직 조사하지 않은 상태도 포함하여 평가 함수를 비교한다. 만약 진행하고 있는 경로상에서의 장래 비용보다 조사하지 않은 상태(선택하지 않은 상태)에 대한 장래 비용 쪽이 적으면 현재 경로를 일단 중단하고 장래 비용이 가장 적은 다른 상태부터 다시 진행한다. 이렇게 함으로써 장래 비용만을 고려하고 있음에도 불구하고 어떤 상태에서도 적어도 그 시점에서는 가장 좋은 경로를 선택할 수 있다. 또한, 국소해에 빠져도 조사하지 않은 상태 중에서 장래 비용이 가장 적은 상태부터 다시 시작하는 것이 가능하므로 반드시 목표 상태에 도달한다.

위와 같이 언덕 등반 탐색의 장점인 속도를 살리면서도 분기 한정법에서 수행한 것처럼 조사하지 않은 상태도 고려하므로 최적해를 보장할 수 있지만, 목표 상태에 도달한 시점에서 비로소 종료된다. 즉, 일단 목표 상태에 도달하면 다른 상태는 조사하지 않으므로 최적해이기는 하지만 최적 경로라는 보장은 없다(그림 6-4).

최고우선 탐색(Best-first Search)은 목표 상태에 반드시 도달하는 것을 목표로 하고 있기 때문에 평가 함수에 누적 비용이 포함되지 않으며 과거 경로를 기억하지도 않는다. 원래는 목표 상태에 도달하기까지 필요한 비용도 최소로 하고 싶기 때문에 또 다른 연구가 필요하다.

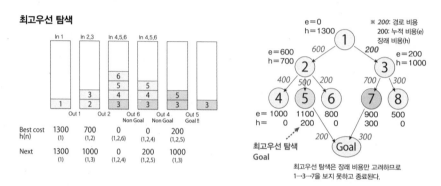

그림 6-4 **최고우선 탐색(Best-first Search)**

6.3.3 A 알고리즘

A 알고리즘(A Algorithm)에서는 평가 함수로서 앞에서 설명한 식 6-1과 같이 누적 비용과 장래 비용의 합계를 사용한다. 과거 경로를 기억해 두고 각 상태에 대해 조사하지 않은 모든 상태들도 포함하여 평가 함수를 비교하면서 가장 값이 적은 방향으로 진행한다. 그러므로 어떤 상태에 있어서도 항상 가장 좋은 경로를 선택하기 때문에 반드시 목표 상태에 최적 경로로 도달할 수 있다. 여기저기서 경로를 중단하고 바꿔 가며 진행한다는 어려운 점은 있지만, 장래 비용을 추가한 것 때문에 분기 한정법으로 수행했던 것처럼 모든 경로를 건너뛰어 돌아다니는 것은 아니므로 현실적이다.

그러나 아직 문제도 있다. 일반적으로 장래 비용을 예측하는 것은 어렵기 때문에 실수로 과대한 값을 설정하면 그 상태는 영원히 선택되지 않을지도 모른다. 그래도 목표 상태에는 도달하므로 탐색이 실패하지는 않지만 최적 경로가 되지 않을 가능성도 있다. 이것을 피하기 위해 장래 비용 설정에 대한 또 다른 연구가 추가로 필요하게 된다(그림 6-5).

6.3.4 A* 알고리즘

A* 알고리즘(A* Algorithm)에서는 A 알고리즘의 장래 비용에 다음과 같은 제약 조건을 설정한다.

식 6-2

$$f(n)=e(n)+h(n)$$

$$h(n) \leqq h^*(n)$$

$$h^*(n) \quad \cdots \text{ n부터 장래의 진정한 최소 비용}^{*4}$$

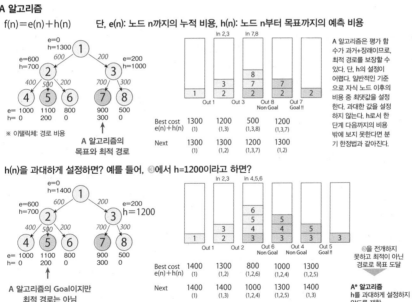

그림 6-5 A 알고리즘과 고찰

장래 비용에 식 6-2와 같은 제약을 추가하면 어떤 상태에서도 거기로부터 최적 비용 이하의 향후 상태가 선택될 수 있기 때문에, 목표 상태에 도달했을 때 최적 비용(이 시점에서는 누적 비용과 같은 값으로 확정값)을 유지하는 것이 가능하다. A* 알고리즘에 의해 최적해(목표 상태 도달) 및 최적 경로를 완전히 보장할 수 있다.

6.4 탐색법 정리

이 장에서 설명한 탐색법의 특징을 다음과 같이 정리할 수 있다(그림 6-6).

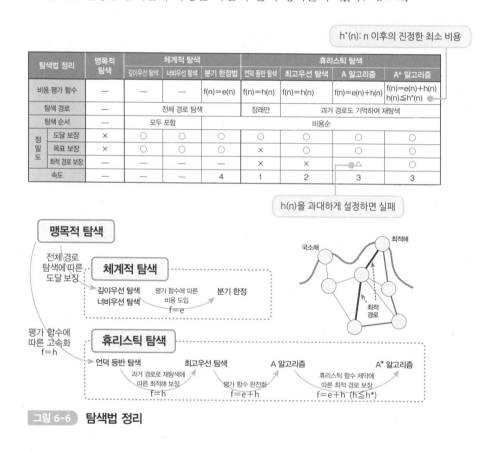

h*(n): n 이후의 진정한 최소 비용

탐색법 정리		맹목적 탐색	체계적 탐색			휴리스틱 탐색			
			깊이우선 탐색	너비우선 탐색	분기 한정법	언덕 등반 탐색	최고우선 탐색	A 알고리즘	A* 알고리즘
비용 평가 함수		—	—	—	f(n)=e(n)	f(n)=h(n)	f(n)=h(n)	f(n)=e(n)+h(n)	f(n)=e(n)+h(n) h(n)≦h*(n)
탐색 경로		—	전체 경로 탐색			장래만	과거 경로도 기억하여 재탐색		
탐색 순서		—	모두 포함			비용순			
정밀도	도달 보장	×	○	○	○	○	○	○	○
	목표 보장	×	○	○	○	×	○	○	○
	최적 경로 보장	—	—	—	—	×	×	△	○
속도		—	—	—	4	1	2	3	3

h(n)을 과대하게 설정하면 실패

맹목적 탐색

전체 경로
탐색에 따른
도달 보장

체계적 탐색

깊이우선 탐색
너비우선 탐색

평가 함수에 따른
비용 도입
f=e

분기 한정

국소해   최적해

평가 함수에
따른 고속화
f=h

휴리스틱 탐색

언덕 등반 탐색

과거 경로로 재탐색에
따른 최적 보장
f=h

최고우선 탐색

평가 함수 완전화
f=e+h

A 알고리즘

휴리스틱 함수 제약에
따른 최적 경로 보장
f=e+h (h≦h*)

A* 알고리즘

최적
경로

그림 6-6 **탐색법 정리**

속도와 관련하여 가장 빠른 것은 점점 앞으로만 나아가는 언덕 등반 탐색이며, 가장 느린 것은 모든 경로를 확인하는 분기 한정법이지만, 다른 3가지 전략은 우열을 논하기 어렵다. 그림 6-6에서는 최고우선 탐색 쪽이 A 알고리즘보다 빠른 것으로 되어 있지만, 이것은 평가 함수가 간단해서 확인하는 경로를 단축하기 쉬운 것으로 생각되기 때문이다. 그러나 실제로는 A 알고리즘 쪽이 더 효율적으로 경로를 선택할 가능성도 있다. 또한, A* 알고리즘은 장래 비용을 확인함으로써 매번 여분의 시간이 걸리는 것으로 보이지만, 이것은 탐색 트리를 만들 때 설정되기 때문에 탐색을 실행할 때에는 A 알고리즘과 같거나 더욱 효율적인 탐색을 수행하는 것이 가능하다.

CHAPTER 6 **미주**

*1   시간이나 금전적 비용, 또는 목표에 접근하기 위한 어떤 평가값.

*2   Stack: 나중에 넣은 것부터 먼저 꺼내 사용하는 것. Last-in First-out이라고도 한다. 중첩 구조를 다루는 경우 등에 유용하다.

*3   Queue: 먼저 넣은 것부터 먼저 꺼내 사용하는 것. First-in First-out이라고도 한다. 일반적인 대기행렬 등에 유용하다.

4 $h*(n)$ 등의 편리한 값을 미리 알 턱이 없다고 생각될지도 모른다. 그러나 실제 문제에 있어서는 최댓값을 예상할 수 있다. 예를 들어, 비용이 돈이라면 예산이나 가장 높은 운임을 가정할 수 있고, 비용이 지도상의 거리라고 하면 가장 돌아가는 길로 갔을 때의 여정을 가정할 수 있다. $h*$가 너무 적게 책정되었다고 해도 모든 상태의 h가 하나같이 h 이하로 설정되므로 h의 과소평가는 실제 그 상태로 진행했을 때 e에 의해 보정된다.

7

상대가 있을 경우의
대처 방법

= 게임 전략

여기서 게임(game)의 의미는 '두 사람이 교대로 상반되는(경합하는) 수를 두어 승부하는 것'이다.

보통의 문제 해결이라면 항상 최선의 상태를 취하지만 게임의 경우에는 최선과 최악의 상태를 번갈아 반복한다. 이와 같은 상태 전이의 탐색 트리를 게임 트리(game tree)라고 부른다. 장기와 바둑을 떠올려 보면 좋지만 일반적인 게임 트리는 결말이 날 때(즉, 목표 상태)까지의 상태 전이와 평가 함수를 가정하는 것은 곤란하다. 물론 프로 기사는 상당히 먼 앞 수까지 읽어 내지만 여기서는 몇 수 앞까지의 게임 트리를 가정하고 그 단계에서 최선의 수를 두는 것을 생각해 보자. 각 상태에서 평가 함수가 최대 또는 최소 상태를 취하면 좋고, 그 이외의 쓸모없는 상태는 조사하지 않는다는 전략을 세울 수 있으므로 탐색 공간을 축소할 수 있다. 이것을 게임 전략이라고 한다.

게임은 최종적인 평가값[*1]에 따라 승부가 결정되므로 과거의 누적 평가값을 생각할 필요가 없다. 또 되돌림이 불가능하므로 과거 이력을 기억하면서 진행할 필요도 없다. 이것은 탐색법으로 말하자면 언덕 등반 탐색에 해당하며, 언덕 등반 탐색에서 장래 비용을 얼마나 정확하게 예측할 수 있느냐하는 것이다. 서투르게 두는 수는 한 수 앞밖에 못 보는 것. 다시 말하면 언덕 등반 탐색에서 한 수 앞이 좋은 쪽으로 진행하는 것이다. 고수가 두는 수는 몇 수 이상의 앞까지 읽어, 같은 언덕 등반 탐색이라도 실패가 적은 쪽으로 진행하는 것이다. 게임 전략은 상대가 있는 경우의 특별한 언덕 등반 탐색이라고 말할 수 있다.

간단한 카드 게임으로
컴퓨터에 도전!

αβ 전략에 의한 카드 게임

간단한 카드 게임으로 αβ 전략[*2] 시뮬레이션을 실행한다. 장기와 바둑처럼 상호 간의 수와 상태를 아는 것을 전제로 한 대전 게임으로, 다음과 같은 단순한 게임을 가정한다.

- 게임 상대는 독자와 컴퓨터로, 각각 트럼프 1~13까지 13장의 카드를 가진다.
- 서로 한 장씩 임의의 카드를 제시하고 직전에 상대가 제시한 카드와의 숫자 차이(절댓값)를 점수로 하여 합산한다.
- 모든 카드를 제시하여 게임이 끝났을 때 점수를 많이 얻은 쪽이 이긴다.
- 먼저 하는 쪽이 최초에 카드를 제시했을 때에는 출발점이 되는 숫자를 미리 설정해 두고 그 숫자와의 차이를 점수로 한다.

엑셀 시트 설명

게임 전략 αβ 가지치기 시트: 게임 시뮬레이션

해설 시트: 게임 시뮬레이션 해설

실행 순서

❶ **게임 전략 αβ 가지치기** 시트를 연다. 독자의 선공/후공 및 컴퓨터의 전략을 선택하고 **초기화** 버튼을 누른다. 게임 횟수를 **Max** 셀에 입력한다.

❷ 독자가 선공이라면 **게임** 영역의 **독자** 필드에 처음 수를 입력한 후 **속행** 버튼을 누른다(게임 시작).
독자가 후공이라면 아무것도 입력하지 않고 **속행** 버튼을 누른다(게임 시작).

❸ 컴퓨터의 순서가 표시되므로 독자의 남은 카드 중에서 숫자를 선택하여 다음 필드에 입력하고 **속행** 버튼을 누른다(게임 계속).

❹ 매번 수행될 때마다 평가값, 컴퓨터의 가지치기 실시 상황이 표시된다. Max에 지정된 횟수가 종료되면 평가값의 양수, 음수 여부에 따라 Winner가 표시된다.

주의 사항

▶ 컴퓨터의 전략: 다음의 5가지 중 하나를 사용한다.

없음: 전략 없음. 난수로 1~13까지의 숫자를 발생시켜 컴퓨터가 다음 수를 결정
1수 앞: 1수 앞만 내다봄. 다음 수만 보고 컴퓨터의 점수가 최댓값이 되도록 다음 수를 결정
2α: 2수 앞을 내다보고 α 가지치기. 2수 앞의 상대(독자) 순서까지 보고 자기 순서에서 가지치기를 수행하여 다음 수를 결정
3α: 3수 앞을 내다보고 α 가지치기. 3수 앞의 자기(컴퓨터) 순서까지 보고 자기 순서에서 가지치기를 수행하여 다음 수를 결정
3β: 3수 앞을 내다보고 β 가지치기. 3수 앞의 자기 순서까지 보고 2수 앞의 상대 순서에서 가지치기를 수행하여 다음 수를 결정

▶ 점수: 한 번씩 각자의 득점이 표시된다.

▶ 평가값: 양쪽의 차이를 평가값으로 한다. 평가값이 양수인 경우에는 컴퓨터, 음수인 경우에는 독자가 이기고 있는 것이다.

▶ 게임: 독자는 시트에서 노란색으로 색칠되어 있는 셀에서 제시하는 카드를 입력한다. 매번 '나머지' 카드에서 선택함. 컴퓨터도 매번 전략에 따른 카드를 제시한다.

▶ 점수 이력: 매 횟수마다의 점수 이력이 표시된다.

▶ 컴퓨터가 본 하한/상한 보장 값: 가지치기에 사용되는 하한 또는 상한 보장 값이 표시된다.

▶ 2수 앞의 β 가지치기 상황: 전략 3β의 경우에 사용된다. 컴퓨터는 색이 칠해져 있지 않은 셀 중에서 숫자가 가장 작은 카드를 선택한다.

게임 내용
　　　독자와 컴퓨터가 각각 트럼프의 1부터 13까지 13장의 카드를 갖고 서로 한 장씩 제시한다.
　　　카드의 숫자 차이(절댓값)를 점수로 하여 합산한 후 마지막에 합산값이 큰 쪽이 이긴다.

컴퓨터 전략
없음: 　전략 없음. 난수로 1~13을 발생하여 컴퓨터의 다음 수를 결정
1수 앞: 1수 앞만 내다본다. 다음 수만 보고 컴퓨터의 점수가 최댓값이 되도록 다음 수를 결정
2α: 　　2수 앞을 내다보고 α 가지치기한다. 2수 앞의 상대 수(독자) 순서까지 보고 자기 순서에서 가지치기를 수행하여 다음 수를 결정
3α: 　　3수 앞을 내다보고 α 가지치기한다. 3수 앞의 자기(컴퓨터) 순서까지 보고 자기 순서에서 가지치기를 수행하여 다음 수를 결정
3β: 　　3수 앞을 내다보고 β 가지치기한다. 3수 앞의 자기 순서까지 보고 2수 앞의 독자 순서에서 가지치기를 수행하여 다음 수를 결정

①-❶ 독자의 선공/후공 선택　　　**①-❷ 컴퓨터의 전략 선택**

① 　독자의 선공/후공 및 컴퓨터의 전략을 선택한 후 초기화 버튼을 누른다. [횟수], [Max] 칸은 변경 가능(1~13)
② 　선공이면, 아래 [게임] 영역의 [독자] 선두 필드에 1~13의 숫자를 입력하고 속행 버튼을 누른다.
　　후공이면, 아무것도 입력하지 말고 속행 버튼을 누른다.
③ 　컴퓨터의 순서가 표시되므로 독자의 남은 카드 숫자를 다음 필드에 입력하고 속행 버튼을 누른다.
④ 　평가값은 [컴퓨터 점수]-[독자 점수]로 하여 >0 이면 컴퓨터가 승리, <0 이면 독자가 승리.
　　컴퓨터는 전략에 따라 상한 또는 하한 보장값을 구하고 가지치기를 수행한다. 이 상황이 표시된다.
　　매번 평가값과 남은 카드를 보면서 독자도 자신의 전략에 따라 다음 카드를 내야 한다.

①-❹ 게임 횟수 설정

독자가　　　컴퓨터 전략
● 선공　○ 후공　　　○ 없음　○ 1수앞　○ 2α　○ 3α　○ 3β

횟수 1　Max 13
7 기정숫0

①-❸ 초기화

초기화　　속행　　　컴퓨터 점수 5　독자 6　평가값 -1　Winner

②-❷ 게임 시작/계속

게임

	1	2	3	4	5	6	7	8	9	10	11	12	13	
독자	1													<- 독자의 카드 입력 칸
나머지	1	2	3	4	5	6	7	8	9	10	11	12	13	<- 독자의 남은 카드
컴퓨터	6													<- 컴퓨터 카드
나머지	1	2	3	4	5	**6**	7	8	9	10	11	12	13	<- 컴퓨터의 남은 카드

②-❶ 첫 수 입력

②-❸ 컴퓨터 수가 표시됨

점수 이력

독자	6													<- 독자의 점수 이력
컴퓨터	5													<- 컴퓨터의 점수 이력

컴퓨터 다음 순서에서의 하한 보장값/2수 앞 독자 순서에서의 상한 보장값

하한 보장값	-2													<- α 가지치기용(전략 2α, 3α, 3β)
상한 보장값	-7	-4	-2	0	2	4	6	6	6	6	6	6	5	<- β 가지치기용(전략 3β)

컴퓨터의 다음 순서에서 2수 앞 α 가지치기 상황(상한: 카드, 하한: 평가값, 가지치기한 부분을 회색으로 표시)

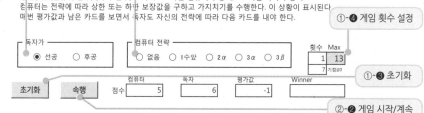

전략 2α, 3α, 3β에서 사용하는 α 가지치기 상황 전개 영역

현재수		1													<- 독자의 현재 수(직전 수)
독자		-6													<- 독자의 가장 최근 수에서의 최신 평가값
다음수		1	2	3	4	5	6	7	8	9	10	11	12	13	<- 컴퓨터의 다음 수에 대한 후보
컴퓨터		-6	-5	-4	-3	-2	-1	0	1	2	3	4	5	6	<- 각 내용 수의 평가값
2수앞		8	7	7	7	7	2	2	2	2	2	2	2	2	<- 독자의 다음 수(평가값이 최소가 되도록 하는 수)
독자		-13	-10	-8	-6	-4	-2	-5	-5	-5	-5	-5	-5	-5	<- 각 내용 수의 평가값, 최대인 것 이외에는 α 가지치기
3수앞	1	2	1	1	1	1	1	1	1	1	1	1	1	1	<- 컴퓨터의 다음 다음 후보
컴퓨터		-7	-4	-2	0	2	4	-4	-4	-4	-4	-4	-4	-4	<- 각 내용 다음 수의 평가값, 최대인 것 이외에는 α 가지치기
	2	3	3	2	2	2	2	2	2	2	2	2	2	2	(0 이하 동일함)
		-8	-6	-3	-1	1	3	-5	-5	-5	-5	-5	-5	-5	
	3	4	4	4	3	3	3	3	3	3	3	3	3	3	
		-9	-7	-5	-2	0	2	-4	-4	-4	-4	-4	-4	-4	
	4	5	5	5	5	4	4	4	4	4	4	4	4	4	
		-10	-8	-6	-4	-1	1	-3	-3	-3	-3	-3	-3	-3	
	5	6	6	6	6	6	5	5	5	5	5	5	5	5	
		-11	-9	-7	-5	-3	0	-2	-2	-2	-2	-2	-2	-2	
	6	7	7	7	7	7	7	6	6	6	6	6	6	6	
		-12	-10	-8	-6	-4	-2	-1	-1	-1	-1	-1	-1	-1	
	7	8	8	8	8	8	8	8	7	7	7	7	7	7	
		-13	-11	-9	-7	-5	-3	-1	0	0	0	0	0	0	
	8	9	9	9	9	9	9	9	9	8	8	8	8	8	
			-12	-10	-8	-6	-4	-2	0	1	1	1	1	1	
	9	10	10	10	10	10	10	10	10	10	9	9	9	9	
			-11	-9	-7	-5	-3	-1	1	3	2	2	2	2	
	10	11	11	11	11	11	11	11	11	11	11	10	10	10	
			-10	-8	-6	-4	-2	0	2	4	4	3	3	3	
	11	12	12	12	12	12	12	12	12	12	12	12	11	11	
			-9	-7	-5	-3	-1	1	3	5	5	5	4	4	
	12	13	13	13	13	13	13	13	13	13	13	13	13	12	
			-8	-6	-4	-2	0	2	4	6	6	6	6	5	
	13														

가지치기 상황 표시
(흰색을 제외한 부분이 살아남음)

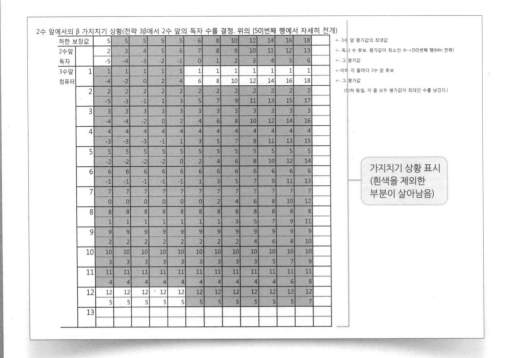

이 시뮬레이션에서는 다음과 같은 것을 알 수 있다.

- 전략 '1수 앞'에서는 컴퓨터도 단순히 직전의 상대 수와 차이가 가장 큰 카드(절댓값 최대)를 선택한다.
- 그러나 전략 '2α'에서 2수를 내다보면 반드시 차이가 가장 큰 카드가 아니어도 좋다는 것을 알 수 있다.
- 더욱이 전략 '3α'에서 3수를 내다보면 가장 차이가 큰 카드보다도 좋은(평가값이 더욱 큰)수가 있음을 알 수 있다.
- 전략 '3β'가 본격적인 αβ 전략에 가까운 것으로, 2수 앞의 여러분 수를 3수 앞의 컴퓨터 순서에 따라 β 가지치기함으로써 2α나 3α와는 결과가 달라진다.

실제 게임에서는 내다보는 수의 단계가 증가하면 평가값 계산도 복잡해질 것으로 생각되지만, 가지치기에 기초한 게임 전략의 분위기는 어느 정도 파악할 수 있다고 생각한다. 단, 장기와 바둑에서 사람이 항상 이런 전략만을 고려하고 있는 것은 아니고 직감적인 요소도 반영한다. 최근의 컴퓨터 장기에서도 가지치기와는 다른 승리 패턴의 학습과 같은 전략을 함께 사용하고 있다.

7.1 Min-Max 전략

게임 트리에서는 다음과 같은 상태 전이를 수행한다.

- 자기 순서에서는 생각할 수 있는 선택 가지 중에서 최선(평가값 최대)인 상태를 취한다.
- 상대 순서에서는 생각할 수 있는 선택 가지 중에서 상대 입장에서의 최선(자기 입장에서는 최악)인 상태를 취한다.

자기 순서에서는 최대(Maximum), 상대 순서에서는 최소(Minimum)의 평가값 상태를 교대로 취하기 때문에 이것을 Min-Max 전략이라고 한다(그림 7-1).

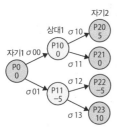

자기는 자기 순서에서 최선의 수를 둔다(Max)
상대는 상대 순서에서(자기에게) 최악의 수를 둔다(Min)

2수 앞의 가치가 '자기2'의 순서처럼 되어 있을 때,
자기가 '자기1' 순서에서 두어야 할 수는 Max(상대1)
상대가 '상대1' 순서에서 두어야 할 수는 Min(자기2)
Max(상대1) = Max(Min(자기2))=Max(0, -5)=0 → σ00
'자기2' 순서에서 10이라는 가치가 있어도 σ01은 두지 않는다.

그림 7-1 **Min-Max 전략**

자기 순서에서 2수 앞을 내다본다는 것은, 즉 게임 트리를 2수 앞까지 전개했을 때 2수 앞의 자기 순서에서 Max인 평가값을 취하려 하지만(그림 7-1의 σ01 → σ13), 그 전(1수 앞)의 상대 순서에서는 Min인 평가값을 취하기(그림 7-1의 σ01 → σ12) 때문에 단순히 2수 앞의 Max를 취하는 것이 좋다고는 할 수 없다. 2수 앞의 Max라는 것은 1수 앞의 Min을 전제로 한다는 것을 생각하지 않으면 안 된다. 즉, 우선 1수 앞의 상대 순서에서 Min으로 취할 수 있는 후보(그림 7-1의 σ11과 σ12) 중에서 Max를 생각하게 된다(그림 7-1의 σ00 → σ11).

이 방식이 1수 앞만 내다보는 것이라면 상대 순서에서의 평가값만 보고 Max를 취하면 문제가 없겠지만, 여러 수 앞까지의 게임 트리를 생각하기만 해도 선택 가지(link) 수의 곱셈 차수로 가지가 확장되므로 탐색 공간이 방대해진다. 몇 수 앞까지의 모든 가지를 조사하여 그중에서 가장 좋은 수를 취한다는 것은 상당히 어려운 일이다.

7.2 αβ 전략

Min-Max 전략에서는 게임 트리의 탐색 공간이 방대할 경우 모든 가지를 조사하는 것이 어려우므로 조사하는 가지의 개수를 줄이는 것을 생각해 볼 수 있다. 그것을 위해 Min-Max 전략의 특징을 이용한다. 즉, 각 상태에 있어서 관심이 있는 것은 Min 또는 Max 값뿐이므로 그 이외의 평가값을 갖는 상태는 버려도 상관없다. 이 점에 착안하여 어떤 상태에서 다음 상태를 평가하지 않고 버리는 방법을 가지치기(pruning)라 하며, 가지치기에는 다음과 같은 두 종류가 있다.

- **α 가지치기:** 자기 순서에서 하한 보장 값[*3] α보다 작은 바로 다음의 상대 순서 노드를 버린다.
- **β 가지치기:** 상대 순서에서 상한 보장 값[*4] β보다 큰 바로 다음의 자기 순서 노드를 버린다.

예를 들어, 그림 7-2의 2수 앞까지의 게임 트리에서 1수 앞(상대 순서)을 차례로 조사하면 상태 P10에서 σ11을 취하는 것을 알 수 있다. 다음으로 상태 P11을 조사하기 시작하면 σ12가 P10의 σ11보다 나쁜 평가값임을 알면 P11은 이미 σ12보다는 좋아질 수가 없기 때문에 P10보다 반드시 나빠진다. 결국 지금 P10의 σ11보다 좋아지지 않는다. 이 경우 σ11의 값 0을 하한 보장 값이라고 한다. 만약, P11 이외에 1수 앞의 상대 순서에서 아직 조사할 상태가 남아 있으면, σ11보다 나쁜 선택 가지가 발견되지 않은 경우에는 P10보다 좋아질 가능성이 있기 때문에 계속 조사할 필요가 있다. 이 상대 순서의 모든 2수 앞인 자기 순서에서 최종적으로 σ11보다 나쁜 것이 없다면 그중에서 가장 나쁜 선택 가지를 새로운 하한 보장 값으로 설정하게 된다. 그러나 하나라도 σ11보다 나쁜 것이 발견되면 그 상대 순서는 더 조사해 봐도 소용없게 된다. 이것이 α 가지치기다.

같은 방식의 개념을 상대 순서에서 수행하는 것이 β 가지치기다. Min-Max 전략에서 이런 가지치기를 수행하는 것을 αβ 전략이라 한다.

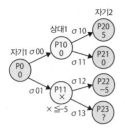

자기1 순서에서 P10은 최저 0으로 알고 있고(하한 보장 값), σ12가 -5로 알게 된 시점에서 P11의 평가값은 x≦-5로, Max(상대1)=Max(Min(자기2))=Max(0, x)=0이 된다. 따라서 P11 이하는 더 이상 평가할 필요가 없다(가지치기).

자기 순서에서 평가값의 하한 보장 값 α
→ α보다 작은 바로 다음의 상대 순서는 평가할 필요 없음(α 가지치기)
상대 순서에서 평가 값의 상한 보장 값 β
→ β보다 큰 바로 다음의 자기 순서는 평가할 필요 없음(β 가지치기)

그림 7-2 αβ 전략

탐색 공간은 몇 수 앞까지 내다보는지에 따라 달라진다. 가지치기가 실패하는 경우도 있을 수 있다. 즉, '수가 진행되고 미리 예상한 평가값이 잘못된 경우'에는 이미 잘못된 평가값으로 가지치기를 해 버렸기 때문에 다시 처음으로 돌아갈 수는 없다. 이 경우가 가지치기 실패다. 미리 내다본 수의 단계가 많을수록 가지치기는 효과적인 것이 될 수 있지만, 전체 국면을 미리 다 파악할 수 없는 이상 가지치기 실패는 피할 수 없다(그림 7-3).

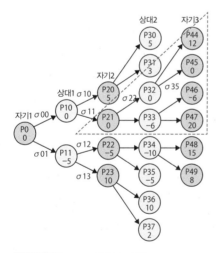

상대 순서에서의 β 가지치기
'상대1' 순서에서 P21을 P20 전에 평가하는 경우에는 P21이 0(상한 보장 값)이므로 P20의 자식에서 0 이상의 가지가 있으면 평가하지 않는다. 즉, P20의 자식에서 5가 확인되는 시점에서 P20의 평가는 중지된다.

다음의 자기 순서 국면
'자기1' 순서에서 σ00, '상대1' 순서에서 σ11이 취해지면, '자기2' 순서에서는 점선으로 둘러싸인 2수 앞까지 전개된다.

가지치기 실패
'자기2' 순서에 왔을 때, 2수 앞을 내다보고 P48, P49 어떤 것에서도 -10이라는 평가값이 나타나지 않고, 실제로는 왼쪽 그림과 같다고 하면 P34의 평가값은 8이 된다. 그러면 P22도 P11도 8이 되어 '자기1' 순서에서 P11 이하를 가지치기한 것은 서투른 일이 된다. 4수 앞까지 내다보면 '자기1' 순서에서 σ01을 취하고 P10 이하를 가지치기했을 것이다.

그림 7-3 αβ 전략의 진행

현실 문제에 있어서는 가지치기 실패가 있다고 해도 실패 여부를 확인할 수 없기 때문에 알 수 없는 일이다. 그러므로 각 수순에서 적당히 정해진 단계만큼 수를 내다보고, 그중에서 가지치기에 따른 최선의 수를 선택하여 둘 수밖에 없다.

*1 게임의 평가값은 결정하기 어렵다. 장기에서 상대의 왕을 잡는다든지 바둑에서 한 집 더 많은 쪽이 이 긴다고 해도, 중간 상태에서는 알 수 없다. 그래서 과거의 장기 기보에서 나타나는 승리 패턴을 조사하여 그것들에 가깝다고 할 수 있는 평가를 수행하는 것이다. 시뮬레이션에서는 그렇게 복잡한 평가값이 아닌 전략을 알 수 있을 정도의 단순한 평가값을 사용한다.

*2 $\alpha\beta$ 전략: 게임에서 탐색 공간을 축소하는 방법

*3 하한 보장 값이라는 용어는 그다지 일반적이지 않지만, 그것보다 좋아질 수 없다는 것을 보장한다는 의미다.

*4 상한 보장 값은 그것보다 나빠질 수 없다는 것을 보장한다는 의미다.

CHAPTER

8

인간이 학습하는 과정을
기계로 모방하기
= 머신 러닝

인간이 공부와 경험에 따라 학습하는 과정을 컴퓨터로 실현하는 것이 머신 러닝(Machine Learning)이다.

컴퓨터 내의 모델을 시스템 목적에 맞도록 자율적으로 개선하는 것이라는 표현도 가능하다. 학습은 단순한 기억이 아니라 입력된 것의 개념을 특정할 수 있는 필요성을 가진다. 이것을 개념 학습이라고 한다.

예를 들어, 삼각형이라고 하면 '내각의 합이 π(180도)'라는 것을 모두 알고 있지만, 처음에는 여러 가지 도형을 보고 '이것은 삼각형, 저것은 아니다'처럼 시행착오를 거치면서 삼각형의 정의에 겨우 이르렀다. 더욱 애매한 예로서 'Rich(풍족함)란?' 같은 질문을 받는다면 어떨까? 사람에 따라 정의가 다를지도 모른다. 그래서 이 사람은 Rich, 저 사람은 그렇지 않다고 하는 식으로 선별하다 보면 머지않아 그 사람이 생각하는 Rich의 정의가 떠오를 것이다.

머신 러닝은 개념 학습으로만 이루어지는 것이 아니고 신경망, 지식 표현과 함께 발전하여 최근에는 딥 러닝으로 각광받고 있지만, 머신 러닝에는 단순한 기억과는 다른 어려움이 있다는 점은 개념 학습과 마찬가지이다. 여기서는 가장 초보적인 개념 학습을 체험해 보자.

인공지능에 단어의 의미 가르치기

버전 공간법에 의한 학습

이 장에서 설명하는 버전 공간법이라는 기법을 사용하여 삼각형의 개념 학습을 수행하는 시뮬레이션을 실행해 본다. 삼각형만으로는 재미가 없으므로 'Rich(풍족함)란?'에 답하는 개념 서술도 시행해 본다. 정례/반례(그렇다/그렇지 않다)의 처리에 따라 개념 서술을 위한 요인값이 민감하게 변하지만, 마지막은 어떤 요인이 어떤 값에 수렴하고 그 이상은 변하지 않게 된다. 이것이 개념 서술, 즉 삼각형과 Rich라는 개념의 구체적인 내용 서술이다. 사례를 바꿔 넣음으로써 다양한 개념 서술 시뮬레이션도 할 수 있게 되어 있으므로 다른 개념 서술도 시행해 보면 좋다.

엑셀 시트 설명

Version 공간법 시트: 버전 공간법 시뮬레이션

VSdefault 시트: 버전 공간법 시뮬레이션에서 사용하는 사례 데이터(변경 불가)

실행 순서

① **Version 공간법** 시트를 열고 **Clear** 버튼을 눌러 초기화한다(다시 시작하는 경우에도 동일).

② 개념과 사례를 표 E에 입력하거나 **Default-1**이나 **Default-2** 버튼을 눌러 자동 설정한다.

③ 테이블 크기(행 수, 열 수)를 설정하고 **Set** 버튼을 누른다(Default의 경우에는 불필요).

④ 표 E의 행을 하나씩 선택하여 **선택** 란에 정례(그렇다)이면 1, 반례(그렇지 않다)이면 –1을 입력한 후 **Check** 버튼을 누른다(학습 실행).

⑤ 표 G와 표 S가 갱신된다. 상수는 문자열을 비교하는 것뿐이므로 의미는 알 수 없다. 변수는 *로 나타낸다.

⑥ G = S가 되면 학습 성공. SUCCESSFUL로 표시된다.

다운로드 파일 : **Ex9_머신 러닝 버전 공간.xlsm**

버전 공간법 순서

① 사례 집합 E가 있다. (이 개념 서술에 필요충분인 요인을 발견하고 싶다.)

② 가장 일반적인 서술 G(초깃값은 전체, 즉 모든 요인은 변수)
　　가장 구체적인 서술 S(초깃값은 공집합)

③ x∈E에 대하여 G를 축소, S를 확대하는 방향으로 갱신(G가 필요조건, S가 충분조건)

　3-1 x가 정례이면 G에서 x에 모순(한군데라도 x와 영숫자 요인이 불일치)되는 요인을 제거하고 S에 x를 추가하여 최소한으로 일반화
　　　　일반화 : x와 S의 다른 요소의 같은 요인이 다른 상수인 경우 이 요인을 변수로 바꾼다.

　3-2 x가 반례이면 S에서 x의 상수 요인과 완전히 일치하는 것을 제거하고, G에서 x를 배제할 수 있도록 최소한으로 특수화
　　　　특수화 : x에 포함된 상수 요인에 대응하는 G의 변수 요인을 E에 있는 x 이외의 정수로 바꾼다.

④ 모든 E의 요소에 대하여 ③을 수행한다.

　4-1 G=S가 되면 이것이 구하려는 개념 서술(성공)

　4-2 그렇게 되지 않으면 개념 서술을 위한 요인이 부족(실패)

시뮬레이션

① 개념과 사례 E를 테이블 형태로 입력하거나 **Default** 버튼을 눌러 샘플 설정도 가능하다.
　E의 각 행이 사례에 해당하며 열 요소가 사례의 요인을 나타낸다.

② 테이블 크기(행 수, 열 수)를 설정한 후 Set 버튼을 누른다. (default인 경우에는 불필요)

③ E의 행을 하나 선택하여 [선택] 칸에 정례이면 1, 반례이면 -1을 입력하고 **Check** 버튼을 누른다.

④ ③-❶ 표 E 크기 입력　　④-❷ 학습 실행　　며, 변수는 *로 나타낸다.

⑤

⑥ 계속 실행해도 상관없으나 G/S는 변하지 않는다. 만약, 변하면 개념에 모순이 있는 것이다(WRONG).

⑦ E의 모든 행을 선택하여도 G=S가 되지 않으면 FAILED

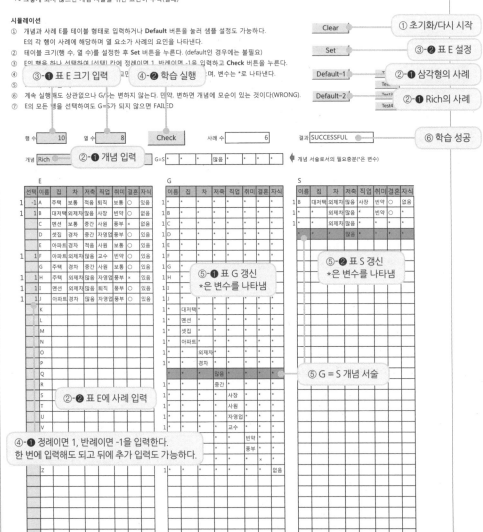

⑦ 그 이후에 계속해도 되지만 G와 S는 변하지 않는다. 만약 변한다면 개념에 모순이 있는 것이다(WRONG으로 표시된다).

⑧ 표 E의 모든 행을 선택해도 G = S가 되지 않으면 학습 실패다(FAILED로 표시된다).

이 시뮬레이션 예는 'Rich라는 것은 저축액이 많은 것이다. 다른 요인은 아무래도 좋다'라는 개념 서술을 나타내고 있지만, 정례/반례를 지정하는 방식에 따라 개념 서술이 변한다. 정례/반례의 지정에 모순이 있으면 학습은 실패하지만, 그런 경우도 포함하여 개념 학습이 이루어지므로 여러 가지를 시행해 보면 분위기를 알 수 있을 것으로 생각한다.

> **주의 사항**

▶ 개념: 학습 목표가 되는 개념. 이것을 다른 단어(요인)로 나타내는 것이 목적이다.

▶ 표 E: 사례 데이터. 이 표의 각 행이 개념 서술의 요인이 된다. 바꿔 넣기는 표의 테두리 내에서 가능하다. [선택] 란에 정례이면 1, 반례이면 –1을 입력한다.

▶ 행 수, 열 수: 표 E의 행 수와 열 수. 표 E를 변경한 경우에 입력한다.

▶ 표 G: 가장 일반화된 개념 공간을 나타낸다.

▶ 표 S: 가장 특수화된 개념 공간을 나타낸다. G, S 모두 *는 변수(개념 서술에 무관)를 나타낸다.

8.1 머신 러닝의 기본적 개념

기본적인 방법론으로는 다음과 같은 개념이 있다.

- **교육 학습:** 교사의 지식을 형식 변환하여 기존 지식에 통합한다.
- **연역 학습:** 기존 지식으로부터 구체적인 개념을 생성하여 새로운 지식으로 추가한다.
- **귀납 학습:** 기존 지식 또는 새로운 교사 사례로부터 공통 개념을 추출하여 전체를 나타내는 지식으로 추가한다.
- **강화 학습:** 환경과의 상호 작용에서 환경 적응 요인에 기초한 보상을 확인하면서 지식을 정돈한다.
- **딥 러닝:** 주어진 환경에 적응하는 요인 자체를 자동으로 추출하고 그것을 최대화하는 쪽으로 지식을 정돈한다.
- **발견 학습:** 주어진 환경에서 그 안에 머무르지 않는 새로운 개념을 형성하여 전체 지식을 정돈한다.

처음 3가지는 교사 사례가 있다. 나머지 3가지는 직접적인 교사 사례가 없지만 학습 힌트는 필요할지 모른다.

8.1.1 교육 학습

교육 학습(Learning by Being Told)은 주어진 교사 사례(Learning Examples)를 그대로 기억하는 것으로, 지식을 골라낼 때는 교사 사례와 완전히 같은 패턴으로 골라낸다. 말하자면, 학교 수업에서 학생이 선생님으로부터 배운 대로 대답하는 것과 같다.

8.1.2 연역 학습

연역 학습(Deductive Learning)에서는 교사 사례를 그대로 기억할 뿐만 아니라 그것들을 조합하여 새로운 형태의 지식을 생성하므로 교사 사례와 다른 패턴도 처리할 수 있다. 예를 들어, 3단 논법에 따라 ❶ 개는 동물이다, ❷ 동물은 움직인다는 지식으로부터 ❸ 개는 움직인다고 지식을 유도할 수 있다. 기존의 지식을 조합하여 새로운 지식을 유도하는 기법을 규칙 합성이라고 하며 증명 등에 응용 가능하다. 단, 연역 학습에서는 기존 지식의 조합 범위에 머물러 교사 사례와 동등하거나 보다 상세화된 지식을 생성할 수는 있지만, 새로운 개념을 생성하는 것은 아니다.

8.1.3 귀납 학습

귀납 학습(Inductive Learning)에서는 교사 사례를 보다 상위의 새로운 개념으로 집약하는 것이 가능하며 개념 학습에 상응한다. 말하자면, 고등학교에 있어서 선생님이 말하고 있는 것은 결국 이런 것이구나 하고 학생들이 자신의 말로 이해하는 것과 같은 것이다. 대표적인 기법으로는 복수의 교사 사례로부터 공통 요인을 추출하고 새로운 개념을 생성해 나가는 버전 공간법이 있다. 이것은 개념화 기법으로, 고전적이기는 하지만 기본적인 개념이므로 나중에 자세히 설명한다.

8.1.4 강화 학습

강화 학습(Reinforcement Learning)은 교사 사례를 사용하지 않는 대신에 환경 적응에 따른 보상을 확인하면서 학습을 진행한다. 대표적인 기법으로는 Q 값이라고 부르는 평가값을 설정하여 이를 높여가는 Q 학습이 있다. 이 기법은 다음 상태가 현재 상태와 상태 전이에 동반되는 보상만으로 결정된다는 전제하에 상태에 관련된 Q 값을 다음 식[1]에 따라 변경한다.

식 8-1

$$Q(s_{i+1}) = (1 - \alpha)Q(s_i) + \alpha R(s_i)$$

$Q(s_i)$: 상태 s_i의 Q 값, $R(s_i)$: 상태 s_i의 보상, $0 \leqq \alpha \leqq 1$: 학습률

α가 1에 가까울수록 Q 값의 변화가 심한 학습이 되지만, 보통 학습 초기 단계에서는 α를 크게, 최종 단계에서는 작게 설정한다. 강화 학습 분야는 근래에 학습 연구의 중심에 있으며, 더욱 발전한 발견 학습(Heuristic Learning)이라는 형태로 데이터 마이닝[2]과 클러스터링[3]에 사용되며 빅데이터 해석에도 응용되고 있다.

8.1.5 딥 러닝

딥 러닝(Deep Learning)은 근래에 가장 주목받는 기법으로, 교사 사례도 보상도 없는 상태에서 주어진 환경에 적응한다. 예를 들어, 많은 사진 중에서 고양이에 공통된 개념을 자동 추출하여 새롭게 주어진 사진이 고양이인지 아닌지 판단한다.

기본적인 개념에 대해서는 제2장에서 설명하고 있지만, 지금까지의 학습 기법에서는 교사 신호가 필요하거나 교사가 없는 경우에도 무엇에 주목하고 학습하는가 하는 특징을 인간이 주지 않으면 안 되었다. 그러나 딥 러닝에서는 아무것도 주지 않아도 특징 자체를 추출하고 그 특징점에 따라 잡다한 데이터를 추상화 개념으로 정리하는 것이 가능하기 때문에, 대량의 데이터를 정리하여 중요한 논점을 추출한다는 빅데이터 해석에는 최적이다. 추출된 특징 개념을 어떻게 부를지는 사람이 정하겠지만, 고양이 등과 같은 기존 개념에 머무르지 않고 인간으로서는 생각해 낼 수 없었던 새로운 개념을 제시해 줄지도 모른다. 바야흐로 발견 학습에 다가섰다고 말할 수 있다. 단, '주어진 데이터 또는 환경으로부터 완전히 기상천외한 아이디어가 나올까'라고 묻는다면, 그것은 아직 연구 단계에 있다고 생각된다.

8.1.6 발견 학습

인간의 학습 과정은 배운 것으로부터 서서히 발전하여 앞서 설명한 학습 과정을 거친 후 마지막은 자력으로 새로운 발견에 이른다. 이 발견이라는 활동은 전적으로 직감이나 영감에 의한 것으로 특별한 이유를 제시하지 못할 수도 있겠지만, 다음과 같은 논리적인 설명이 붙는 경우도 있다.

일반 추론: $(A \rightarrow B)$ & $(A는 참) \Rightarrow B도 참$

$(A \rightarrow B)$ & $(B \rightarrow C) \Rightarrow (A \rightarrow C)$ (삼단 논법)

발견적 추론: $(A \rightarrow B)$ & $(B는 참) \Rightarrow A도 참일 것이다$

$(A \rightarrow B)$ & $(A와 닮은 A'가 참) \Rightarrow B도 참일 것이다$

현상의 학습 기법은 말하자면 일반 추론에 기초한 것으로, 기존 데이터의 범위 또는 환경 내에 국한된다. 이것을 범위 외까지 확장한 학습을 수행함으로써 새로운 발견이 이루어진다고 생각한다. 이와 같은 개념은 옛날부터 있었으며 1970년대에는 수학의 정리를 발견해 주는 시스템[*4]이 만들어지거나, 데이터 마이닝을 위한 클러스터링 기법[*5]이 생기는 등 많은 학습법이 연구되었다. 현재 그 정점에 있는 것이 딥 러닝이라고 말할 수 있지만, 진정한 발견 학습이 되려면 아직 과제가 많은 것 같다.

8.2 버전 공간법

8.2.1 버전 공간법의 개념

버전 공간법(Version Space Method)은 유한 개수의 교사 사례로부터 공통의 일반 법칙을 발견하는 귀납 학습의 대표적인 기법으로 다음과 같은 개념에 기초하고 있다.

① 교사 사례가 개념에 부합하는지(정례), 그렇지 않은지(반례)에 따라 정례를 일반화하고 반례를 배제한다.

② 정례의 일반화는 정례로 되어 있는 복수의 교사 사례에 동일한 개념을 나타내는 복수의 파라미터가 있으면 그것들을 공통 변수로 치환한다. 동시에 그 정례에 모순되는 표현은 제거한다.

③ 반례의 배제는 반례로 되어 있는 하나의 교사 사례에 나타나는 파라미터(어느 것이 반례의 원인인지는 모르지만)와 동일한 파라미터를 포함하는 사례를 모두 제거한다. 더욱이 변수화되는 개념은 반례에 포함되지 않는 파라미터만을 남겨 특수화한다. 특수화된 개념은 개념 서술로서 필요한 것일 가능성이 있다.

④ 이와 같은 수행을 모든 교사 사례에 대하여 반복하여 구체적인 파라미터와 변수가 혼재한 형태의 표현이 변하지 않으면, 그 표현이 바라는 개념 서술이 된다. 이때 파라미터 그대로 남아 있는 요인이 목표 개념의 특징을 나타내는 중요한 부분이며, 변수화된 요인은 본질이 아니다.

교사 사례와 그것들의 일부를 변수화한 표현의 집합을 버전 공간(Version Space)이라고 한다. ❷는 아무것도 변수화되지 않고 가장 특수화된 개념 서술로부터 시작한다. ❸은 모든 파라미터가 변수화된, 가장 일반화된 개념 서술로부터 시작한다. ❹에서 양쪽이 동일한 표현으로 수렴하여 최종적으로 결정되는 개념 서술이 목표 개념을 나타낸다.

8.2.2 버전 공간법의 구체 사례

여기서는 '삼각형'의 개념 서술로서 어떤 표현이 적합한지 학습해 보자(그림 8-1).

버전 공간

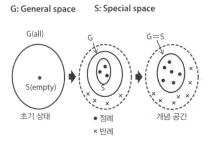

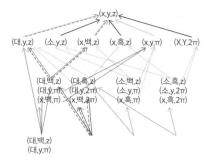

버전 공간 (G, S)를 구하는 방법
G=all, S=공집합에서 시작하여, 사례마다 G를 감소시키고(특수화),
S를 증가시키면(일반화) 머지않아 G=S가 된다.
(G가 필요조건, S가 충분조건이라고 할 수 있다.)

사례 x	G의 갱신	S의 갱신
정례	x에 모순되는 요인을 제거. 즉, x의 상수 요인에 반하는 것을 제거	x를 추가하고 최소한으로 일반화. 즉, 같은 종류의 상수 요인을 변수화
반례	x를 포함하지 않도록 최소한으로 특수화. 즉, 변수 요인을 x 이외의 것으로 상수화	x를 제거(본래 정례만 하는 것임). 즉, x의 상수 요인을 포함한 것은 제거

❶ 정례(대,백,π) → G={(x,y,z)}, S={(대,백,π)}
❷ 반례(대,백,2π) → G={(소,y,z),(x,흑,z),(x,y,π)}
❸ 정례(대,흑,π) → G={(x,흑,z),(x,y,π)}
   S={(대,y,π)} 공통 요인(백,흑)을 변수 y로 치환
❹ 그 외의 사례에 대하여도 동일하게 정례인지 반례인지에 따라 (G, S)를 조정하면, 머지않아 G=S={(x,y,π)}가 된다. 이것이 목표 개념을 나타낸다. (대,백,π)…(소,흑,π) → … → (x,y,π) → (x,y,z)

그림 8-1 버전 공간법

교사 사례는 각각 '크기', '색', '내각의 합'이라는 3가지 요인을 갖고 있다. 개개의 교사 사례가 삼각형인지 아닌지는 알지만, 어떤 요인이 '삼각형'의 개념 서술에 필요한지는 알 수 없다.

우선, 다음과 같이 2개의 특별한 공간을 가정한다. 이 상태로부터 몇 개의 교사 사례에 대하여 버전 공간의 개념에 기초한 처리 ❶~❸을 수행한다.

G: 가장 일반화된 개념 서술 공간. 모든 요인이 변수로 나타나며 어떤 것이라도 될 수 있는 서술로 되어 있다.

S: 가장 특수화된 개념 서술 공간. 모든 요인이 직접 파라미터로 표현된 정례의 집합으로 최초에는 공집합.

우선, (대, 백, π)라는 사례는 삼각형의 정례이므로 G={(x, y, z)}, S={(대, 백, π)}.

다음으로 (대, 백, 2π)는 삼각형이 아니므로, 즉 반례이므로 G의 개념 서술의 변수를 (대, 백, 2π) 이외의 파라미터로 치환한다. 이 경우에는 '크지 않다', '흰색이 아니다', '2π가 아니다'라는 개념 서술의 집합으로 특수화된다. S는 파라미터 모두가 일치하는 사례가 없으므로 변하지 않는다.

다음으로 (대, 흑, π)는 정례이므로 S의 기존 사례 (대, 백, π)와의 사이에서 표현이 다른 같은 종류의 요인에 주목한다. 이 경우에는 '검다', '희다'가 해당되므로 이 요인을 변수 y로 치환하면 S={(대, y, π)}가 된다. G도 이 정례 (대, 흑, π)에 모순되는 표현이 있으면 제거해야 하므로 G={(x, 흑, π), (x, y, π)}가 된다.

이처럼 각 교사 사례에 대하여 ❶~❸의 처리를 수행하면 머지않아 ❹ G=S={(x, y, π)}가 된다(표 8-1). 이것으로 '삼각형'의 개념 서술로서는 '내각의 합이 π'라는 파라미터가 중요하고 크기와 색은 변수화되어 있으므로 무엇이든 상관없다는 것을 알 수 있다.

개념 학습이 단순한 기억이 아니라, 이 과정은 이른바 특징 추출에 해당한다는 것을 알 수 있다고 생각하지만 실제 문제에 있어서는 이런 단순한 과정으로는 해결되지 않는다. 특징 추출을 위한 요인 항목은 '삼각형'이라면 크기, 색, 내각의 합이라는 단순한 것으로 될 수 있었지만 일반적으로는 이 요인 항목을 추출하는 것 자체가 어렵다. 또 요인 항목은 물론 그 요인들을 취할 수 있는 값도 다양해지므로 버전 공간법의 G와 S는 거대한 집합이 되어, 쉽게 G=S라는 수렴 상태로 되지 않을 수도 있다.

사례	정/반	G	S
❶ (대,백,π)	정	{(x,y,z)}	{(대,백,π)}
❷ (대,백,2π)	반	{~~(대,y,z)~~,(소,y,z),~~(x,백,z)~~,(x,흑,z),(x,y,π),~~(x,y,2π)~~} = {(소,y,z),(x,흑,z),(x,y,π)}	{(대,백,π)}
❸ (대,흑,π)	정	{~~(소,y,z)~~,(x,흑,z),(x,y,π)} = {(x,흑,z),(x,y,π)}	{(대,백,π),(대,흑,π)} = {(대,y,π)}
❹ (대,흑,2π)	반	{~~(x,흑,z)~~,(x,y,π)} = {(x,y,π)}	{(대,y,π)}
❺ (소,백,π)	정	{(x,y,π)}	{(대,y,π),(소,백,π)} = {(x,y,π)}
❻ (소,백,2π)	반	{(x,y,π)}	{(x,y,π)}
❼ (소,흑,π)	정	{(x,y,π)}	{(x,y,π)}
❽ (소,흑,2π)	반	{(x,y,π)}	{(x,y,π)}

(G=S가 되었으므로 더 이상 조사할 필요가 없다)

표 8-1 버전 공간의 추이

그 요인 문제에 있어서, 딥 러닝이라면 특징 추출을 위한 요인을 주지 않아도 좋으므로 특징 추출을 위한 학습 시간은 많이 걸리더라도, 요인 항목을 주는 어려움이 없기 때문에 정말 사용하기 쉽다. 무엇보다도 딥 러닝은 개념 서술이 목적은 아니므로 특징 추출을 수행해도 그 이유를 명확히 제시하지 못할 가능성이 있다는 점이, 어떻게 동작하고 있는지 알 수 없다는 불안으로 이어질 가능성도 있다.

CHAPTER 8 **미주**

[*1] Q 값을 구하는 식은 실제 장래 상태에 대한 보상도 추가하고, 앞서 갈수록 할인율에 따른 영향이 최소화되도록 하고 있다.

[*2] 데이터 마이닝(Data Mining): 통계적 기법 등을 이용하여 다수의 관측 데이터로부터 규칙성을 찾아내는 것을 의미한다.

[*3] 클러스터링(Clustering): 관찰 데이터를 특징에 따라 분류하는 것이다. 원 데이터의 다차원 공간으로부터 차원을 낮춘 공간으로의 매핑이라고도 한다.

[*4] 1970년대 후반 D. Lenat의 AM(Automated Mathematics)은 초등수학과 집합론에 대한 200개 이상의 정리를 발견했다고 알려져 있다. 핵심은 최고우선 탐색을 이용한 규칙 치환 시스템이지만, 오래 전부터 발견 학습에 대한 시도가 이루어져 온 것을 알 수 있다.

[*5] 예를 들어, 통계적 머신 러닝은 베이즈 확률을 이용하여 원 데이터에서 분류 요인으로의 매핑을 정확하게 수행한다. 그 이외의 학습 방법론은 다수 존재한다.

인간의 지식을
기계상에 표현하여
인간을 대신

= 지식 표현과 전문가 시스템

지식 표현이란 인간의 지식과 대상 문제의 모델화를 위한 표현 방법이다.

뇌의 구조를 안다고 해도 축적되어 있는 지식을 표현하는 방법이 없다면 지식을 전달하는 것이 불가능하다. 말은 표현 방법의 하나이지만 컴퓨터에게 있어서는 자연 언어를 그대로 처리하는 것은 어렵다. 일반적으로 컴퓨터의 데이터 표현 방법이 있으며, 수치와 문자 또는 기호로 다양한 데이터 구조의 외부 표현을 가능하게 하지만, 지식 표현에 있어서는 다음을 고려할 필요가 있다.

- 선언적*¹으로 서술할 수 있는 것. 그 결과 갱신을 독립적으로 쉽게 할 수 있다.
- 체계적*²으로 서술할 수 있는 것. 그 결과 검색과 갱신을 효율적으로 할 수 있다.

일련의 알고리즘을 서술하는 보통의 프로그램과 배열은 지식 표현에 적합하지 않다.

일반 데이터를 저장한 데이터베이스와 같이 지식 표현을 저장한 데이터베이스는 지식의 저장소가 되며, 특별히 지식 베이스라고 불린다. 지식 베이스를 전문가의 뇌에 축적된 지식으로 간주하고 검색과 조회, 게다가 추론을 조합하여 전문가를 대신하는 시스템, 즉 전문가 시스템을 구축할 수 있다.

병원에 가기 전에
인공지능에 물어보기

질병 진단 전문가 시스템

전문가 시스템의 시뮬레이션으로 간단한 질병 진단 시스템을 실행해 보자. 생성 규칙(뒤에서 설명)과 문진표의 항목을 추가하고, 변경시켜도 좋다. 전향 추론과 후향 추론의 두 가지 생성 규칙을 모두 준비해 두었으므로 이 정도의 시스템으로도 분위기를 실감할 수 있을 것으로 생각한다.

엑셀 시트 설명

전향 추론 ES 시트: 전향 추론 시뮬레이션

후향 추론 ES 시트: 후향 추론 시뮬레이션

실행 순서

① **전향 추론 ES** 시트를 연다(후향 추론 ES 시트도 실행 순서는 같다). **초기화** 버튼을 눌러 초기화한다.

② 문진표에 답을 입력한다(■나 ☑ 등으로 입력).

③ **진단** 버튼을 눌러 추론을 실행한다.

④ **병명 리스트**에 결과가 표시된다. **평가값** 란의 값이 가장 큰 병명에 색이 칠해진다.

※ 문진표와 생성 규칙을 변경하는 경우에는 다음과 같은 점에 주의하라.

전향: 문진표의 제1열과 Rule Base 행으로의 대응 및 병명 리스트와 Rule Base 열로의 대응을 유지한다.

후향: 문진표의 제1열과 Rule Base 열로의 대응 및 병명 리스트와 Rule Base 행으로의 대응을 유지한다.

① 초기화　③ 진단 실행

목표: 규칙과 문진표를 한 줄 단위로 독립되게 바꿔 넣으면 또 다른 시스템이 되는 것을 실감할 수 있음.
사용법: ① 초기화 버튼 누름 ② 문진표에 대답(의의의 문자)을 하고 ③ 진단 버튼을 누름 ④ 병명 리스트에 결과 표시
주의: 문진표의 1열에 있는 번호와 ~ 대응 관계다. 변경할 때에는 이 대응 관계를 유지해야 한다.　초기화　진단　Step 　0

② 문진표 답

문진표

		예		아니오		모름
1	열이 있습니까?	V				
2	38°이상의 고열입니까?	V				
3	38°미만의 저열입니까?			V		
4	두통이 있습니까?	V				
5	머리가 욱신욱신 아픕니까?			V		
6	머리가 갑자기 심하게 아팠습니까?			V		
7	오한이 납니까?	V				
8	권태감(나른함)이 있습니까?	V				
9	기침을 합니까?					
10	가래가 나옵니까?			V		
11	몸의 여기저기가 아픕니까?			V		
12	몸에 부종이 있습니까?	V				
13	가슴에 통증이 있습니까?			V		
14	목이 아픕니까?	V				
15	구토를 합니까?			V		
16	배가 아픕니까?			V		
17	의식이 몽롱합니까?			V		
18	현기증이 납니까?			V		
19	좌우 어느 한쪽 손발이 마비되었습니까?			V		
20	눈이 따끔따끔합니까?			V		
21	귀가 아픕니까?			V		

병명 리스트

1	감기	6
2	인플루엔자	7
3	중이염	0
4	인후염증	2
5	뇌장애	-3
6	편두통	-3
7	폐렴	1
8	기관지염	1
9	간염	0
10	콩팥질환	1

④ 진단 결과
평가값이 클수록
가능성이 높다

생성 규칙　병명

No	증상	1	2	3	4	5	6	7	8	9	10	11	12	13	14	15	16	17	18	19	20	21	22	23	24	25	26	27	28	29	30
1	열이 있다	1	1	1	1	1		1	1																						
2	고열이 있다(38° 이상)	1	1	1	1	1		1	1	1																					
3	저열이 있다(38° 미만)	1		1	1	1																									
4	두통이 있다	1	1																												
5	머리가 욱신욱신 아프다						1																								
6	머리가 갑자기 심하게 아팠다						1																								
7	오한이 난다	1	1				1																								
8	권태감(나른함)이 있다	1	1						1	1																					
9	기침을 한다	1						1	1																						
10	가래다 나온다							1	1																						
11	몸의 여기저기가 아프다			1																											
12	몸에 부종이 있다			1						1																					
13	가슴이 아프다							1	1																						
14	목이 아프다	1			1																										
15	구토를 하다					1	1		1	1																					
16	배가 아프다								1																						
17	의식이 몽롱하다					1																									
18	현기증이 나다					1																									
19	좌우 어느 한쪽 손발이 마비되다					1																									
20	눈이 따끔따끔하다						1																								
21	귀가 아프다			1																											

※ Rule Base
행은 문진표 항목, 열은
병명 리스트에 대응
(전향 추론의 경우)

▶ 문진표: 해당하는 증상에 체크를 입력한다. '모름' 또는 공백 항목은 고려 대상에 제외된다.

▶ Rule Base: 생성 규칙을 나타낸다. 규칙 하나가 1행에 대응하며 추론 방향에 따라 아래와 같이 읽는다.

　전향: IF (증상) THEN (병명1 or 병명2 or …)

　후향: IF (병명) THEN (증상1 and 증상2 and …)

▶ 병명 리스트: 고려 대상이 되는 병명 일람표. [평가값] 란이 추론 상황을 기억하는 작업 영역에 해당한다.

9.1 지식 표현

대표적인 지식 표현(Knowledge Representation)으로는 다음과 같은 것이 있다.

- **생성 시스템:** 지식을 사물의 인과관계로 보고 이것을 IF-THEN 규칙 형식으로 표현한다.
- **의미망(A. M. Collins & M. R. Quillian, 1969):** 지식을 사물의 관계로 보고 속성이 달린 네트워크로 표현한다.
- **프레임 모델(Marvin Minsky, 1975):** 지식을 속성이 있는 사물로 보고 사물을 프레임으로 표현한다.

술어 표현*3이나 절차 표현*4등 다른 표현 방법도 있지만, 여기서는 이 세 종류의 지식 표현에 대해서만 설명한다.

9.1.1 생성 시스템

지식을 사물 또는 현상 a, b에 대하여 'a라면 b'라고 하는 것과 같은 인과 관계로 생각한다. a 부분은 조건이나 원인, b 부분은 결과나 행동에 해당한다. 이것을 다음과 같이 서술한다.

식 9-1

IF a THEN b 또는 a → b

이와 같은 표현을 생성 규칙(Production Rule)이라 하며, a를 조건부, b를 결론부라한다. 생성 규칙은 프로그래밍 언어의 조건문과는 달리 하나씩 독립적으로 주어져 선언적이다. 다수의 생성 규칙 집합에 따라 지식 베이스가 구성된다. 한편 지식과는 달리 실제 환경으로부터 얻어지는 관측 데이터가 있다. 이것을 사실(Fact)이라한다. 지식을 사용하려면 사실에 일치하는 조건부를 가진 생성 규칙을 찾아 그것의 결론부를 실행하면 된다.

생성 규칙은 추가와 갱신이 용이하고 결론부에 복잡한 처리도 서술할 수 있어 유연성이 높은 표현 방법이지만, 전체적으로는 모순이 없도록 조심할 필요가 있다. 또 어떤 생성 규칙이 적용되었는지 알기 어렵고 모든 조건부를 조사하려면 상당히 느리다는 단점도 있다. 단점을 보완하는 다양한 연구[*5]도 진행되고 있다.

지식 표현으로서 생성 규칙을 이용하고 그것들을 처리하는 기능을 갖춘 시스템을 생성 시스템이라 한다. 일반적인 구성은 다음과 같은 3가지 부분으로 이루어진다.

- **규칙 베이스**: 생성 규칙을 저장한 지식 베이스
- **추론 기관**: 생성 규칙의 조건부를 보고, 사실에 해당하는 결론부를 실행하고 사실을 갱신하여 추론 수행
- **작업 영역**: 추론 도중에 발생하는 결과와 사실을 저장하는 메모리 공간

생성 시스템에 문제를 주면 추론 기관이 ❶ 조건과 사실을 조회, ❷ 경합 해소, ❸ 행동 & 사실 갱신이라는 추론 과정을 반복하고 최종적인 결론을 작업 영역에 남겨 둔다. 경합 해소란 ❶에서 조건이 사실과 일치한 생성 규칙이 여러 개 있을 경우 실행해야 할 행동을 하나 선택하는 것으로, 다음과 같은 방법들이 있다.

- **First Match**: 처음 발견된 것을 선택
- **Rule Priority**: 각 규칙에 우선순위를 부여해 두고 우선순위가 높은 것을 선택
- **최신 사실 우선**: 작업 영역 내에서 최근에 액세스된 사실과 일치하는 것을 선택
- **구체 서술 우선**: 가장 복잡한 조건을 갖는 것을 선택

추론 방향에도 다음과 같은 방법이 있다.

- **전향 추론(Forward Reasoning)**: 특정 사실로부터 출발하여 결론을 얻는다. 데이터 구동(Data-Driven)형이라고도 한다.
- **후향 추론(Backward Reasoning)**: 가설로부터 출발하여 특정 사실에 도달하게 되면 그 가설을 결론으로 한다. 목표 구동(Goal-Driven)형이라고도 한다.
- **쌍방향 추론**: 전향 추론으로 가설을 축소하고 후향 추론으로 가설을 검증하는 등 양방향의 특성을 모두 살린다.

9.1.2 생성 시스템의 구체적 사례

시뮬레이션에서 체험한 증상으로부터 병명을 추론하는 생성 시스템을 자세히 살펴보자(그림 9-1).

Rule Base(지식)

P1 IF (몸이 나른하다) THEN (감기) or (인플루엔자) or (저혈압) or (내장장애) or (갑상선장애)
P2 IF (고열이 있다) THEN (감기) or (인플루엔자)
P3 IF (미열이 있다) THEN (감기) or (폐결핵)
P4 IF (머리가 아프다) THEN (인플루엔자) or (스트레스) or (숙취) or (뇌장애)
P5 IF (기침이 나온다) THEN (감기) or (인플루엔자) or (꽃가루알레르기)
P6 IF (식욕이 없다) THEN (위궤양) or (감기) or (인플루엔자) or (더위먹음)
P7 IF (구토가 난다) THEN (식중독) or (뇌장애) or (감기)
P8 IF (위가 아프다) THEN (위궤양) or (스트레스)
P9 IF (관절이 아프다) THEN (관절염) or (인플루엔자)

Fact(환자의 병세)

- 몸이 나른하다
- 머리가 아프다
- 식욕이 없다
- 열은 없다
- 기침은 안 나온다
- 구토가 난다
- 위는 아프지 않다
- 관절은 아프지 않다

작업 영역의 대응 요소를
- 조건이 Yes이면 +1
- 조건이 No이면 -1
- 조건 또는 행동이 해당하지 않는 것은 그대로 둠

작업 영역 초기 상태

감기=0	인플루엔자=0	저혈압=0	내장장애=0	갑상선장애=0	폐결핵=0	스트레스=0
숙취=0	뇌장애=0	꽃가루알레르기=0	위궤양=0	더위먹음=0	식중독=0	관절염=0

추론 과정(해당 요소의 값은 양수. 규칙 적용 순서에 따라 결과는 달라질 가능성이 있다)

			감	인	저	내	갑	폐	스	숙	뇌	꽃	위	더	식	관
P1	Yes	→	감1	인1	저1	내1	갑1	폐0	스0	숙0	뇌0	꽃0	위0	더0	식0	관0
P2	No	→	감0	인0	저1	내1	갑1	폐0	스0	숙0	뇌0	꽃0	위0	더0	식0	관0
P3	No	→	감1	인0	저1	내1	갑1	폐0	스0	숙0	뇌0	꽃0	위0	더0	식0	관0
P4	Yes	→	감1	인1	저1	내1	갑1	폐0	스1	숙1	뇌1	꽃0	위0	더0	식0	관0
P5	No	→	감0	인0	저1	내1	갑1	폐0	스1	숙1	뇌1	꽃0	위0	더0	식0	관0
P6	Yes	→	감1	인1	저1	내1	갑1	폐0	스1	숙1	뇌1	꽃0	위1	더0	식0	관0
P7	Yes	→	감2	인1	저1	내1	갑1	폐0	스1	숙1	뇌2	꽃0	위1	더1	식1	관0
P8	No	→	감2	인1	저1	내1	갑1	폐0	스0	숙1	뇌2	꽃0	위0	더1	식1	관0
P9	No	→	감2	인0	저1	내1	갑1	폐0	스0	숙1	뇌2	꽃0	위0	더1	식1	관0

결론 감기이거나 뇌 장애일 가능성이 높다.

그림 9-1 질병 진단 생성 시스템

생성 규칙의 조건부에는 증상을, 결론부에는 가능성이 있는 병명을 서술한다. 하나의 증상에 대하여 가능성이 있는 병명은 여러 개 있으므로 결론은 or로 서술한다. 현재 환자의 증상이 '몸이 나른하다, 머리가 아프다, 그렇지만 열은 없다 등등'이라는 것은 사실을 나타낸다. 이 사실을 생성 규칙의 조건부와 비교하여 일치하는 결론부의 병명에 한 표를 주게 된다. 반대로, 명확하게 사실에 반하는 조건을 가진 듯한 생성 규칙에 대해서는 해당하는 결론부에 나타나 있는 병명에서 한 표를 뺀다. 조건부에서 사실에 해당하는 서술이 없는 것은 영향을 주지 않는다. 이것을 모든 생성 규칙에 대하여 수행하여 득표가 가장 많은 병명이 결론으로 결정된다.

여기에서는 'IF (증상) THEN (병명)'이라는 생성 규칙을 생각하였다. 이 경우에 증상으로부터 병명을 추론하는 것이므로 전향 추론을 수행한 것이 된다. 한편, 그림 9-1의 생성 규칙을 'IF (병명) THEN (증상)'의 형식으로 한다면 결론부와 사실(증상)을 조회하여 조건부(병명)를 추론하는 후향 추론을 수행하는 것이 된다. 이 경우의 생성 규칙은 다음과 같은 형태가 된다. 결론부가 and인 것에 주의한다.

IF (감기) THEN (몸이 나른하다) and (열이 있다) and (머리가 아프다) and (기침이 나온다) and ...

9.1.3 의미망

뇌의 기억 모델을 지식 표현에 그대로 적용하여 현상들 간의 관계를 네트워크로 표현하는 것을 생각해 보자. 네트워크는 단순히 선으로 연결된 것뿐 아니라 어떤 이유로 연결되었는지 또는 어떤 종류의 관계인가 하는 선의 의미를 부여하기도 한다. 예를 들어, '감기'와 '기침'이라는 현상에 대하여 양쪽을 '증상'이라는 의미를 갖는 선으로 연결한다. 게다가 '기침을 멈추는 약'이라는 사물에 대하여 '치료법'이라는 의미를 갖는 선으로 연결하는 것이다. 이와 같은 지식 표현 또는 이것을 처리하는 구조를 포함하여 의미망(Semantic Network)이라 한다.

의미망은 지식에 나타나는 명사와 동사를 개념으로 추출하여 그들 간의 종속 관계를 의미로 갖는 선으로 연결해 나가면 된다. 하지만 자연스럽게 구축이 가능한 반면에, 개념도 선도 상당히 많아져서 정리하는 일도 갱신하는 일도 어려워지고 또 늦어지기 때문에 근래에는 그다지 사용되지 않는다. 그러나 현상들 간의 종속 관계에 주목하고 현상의 계층화와 상속이라는 개념을 도입했다는 점 때문에 중요한 표현 방법이다. 상속(Inheritance)은 여러 개의 현상에 공통된 개념을 추출하여 그 공통의 성질들을 상위 현상의 속성으로 두고 보존한다. 하위 현상은 그 성질을 이용할 때 상위 현상에 보존된 속성을 내려받는다. 이 상위, 하위의 관계를 is-a 관계라고 한다.

의미망도 지식 베이스와 추론 기관이 분리되어 있으며 지식은 독립적이어서 선언적으로 갱신이 가능하지만, 관계가 있는 현상 모두를 고려하면서 갱신할 필요가 있기 때문에 쉬운 것은 아니다. 문제가 주어지면 추론 기관은 지식 베이스 내에서 문제의 패턴과 일치하는 현상 및 관계를 찾아다니며, 여기에는 다음과 같은 2가지 방법이 있다.

- **직접 조회**: 지식 베이스의 조회로부터 직접 해가 얻어지는 범위에서 추론
- **간접 조회**: 지식 베이스의 조회와 상속을 이용한 추론 규칙을 함께 사용하여 해를 얻는 추론

9.1.4 의미망의 구체적 사례

평면 도형에 관한 의미망을 생각해 보자(그림 9-2).

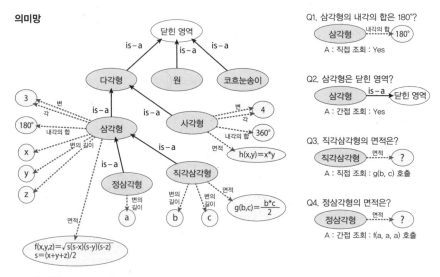

그림 9-2 평면 도형에 관한 의미망

계층 관계를 is-a로 나타내고 그 외의 관계는 대상과 값을 속성으로 하여 의미를 갖는 선으로 연결한다. 이것은 쉽지 않은 작업으로 모든 것을 다 작성하기는 어려울 것으로 생각되어 여기서는 극히 일부만을 사용한다. 이용 시에는 문제 패턴이 그대로 발견되면 직접 조회 성공이 된다. 그렇지 않으면 is-a의 상속 관계를 상위로 쫓아가서 문제 패턴과 일치하는 상위 대상이 있으면 간접 조회 성공, 아니면 실패다.

9.1.5 프레임 모델

뇌의 기억 모델을 자연스럽게 표현함에도 불구하고 의미망은 복잡하여 실용적이지 못하였는데, 이것은 현상도 그 성질도 모두 동격으로 취급하여 그것들을 의미가 부여된 선으로 묶었기 때문이다. 현상의 성질은 관련 속성들로 정리하여 현상속에 모두 서술해 두면 큰 폭으로 선의 개수를 줄일 수 있을 뿐 아니라 현상도 정리하기 쉽다. 이와 같은 속성을 한데 포함한 현상의 표현 방법으로 프레임 모델(Frame Model)[6]이라는 데이터 구조를 사용한다.

프레임은 다음과 같은 구조를 갖는다.

- **슬롯(Slot):** 현상의 속성과 그 값을 저장하는 장소. 상속 관계는 is-a 슬롯에 상위 현상으로의 포인터를 저장한다.
- **서번트(Servant):** 현상에 포함되는 동작도 일종의 속성으로 간주하여 슬롯에 저장되는 프로시저. 명시적으로 실행한다.
- **데몬(Daemon):** 프레임 액세스 시에 암묵적으로 실행되는 프로시저. 값의 타당성 확인과 삭제에 대한 경고 등을 수행한다.

프레임은 계층화 관점에서 다음의 2종류로 나뉜다.

- 인스턴스 프레임: 구체적 사물을 나타내는 프레임
- 클래스 프레임: 추상화된 공통 성질을 나타내는 프레임

프레임 모델의 추론 기관은 주어진 문제에 대하여 프레임을 조사하면서 데몬과 서번트를 제어하고, 추론 결과를 슬롯의 갱신이라는 형태로 기록한다. 최종적으로 특정 슬롯에 값이 설정되는 것, 또는 고려할 만한 슬롯을 모두 조사하는 것 등에 따라 종료된다.

프레임은 현상의 계층화와 네트워크의 개념을 의미망으로부터 답습하여 현상의 구조화를 수행한다. 이것에 의해 저장 공간의 효율을 높이고, 정리를 쉽게 하고, 갱신도 쉽게 하여 선언적 지식도 절차적 지식도 잘 처리하므로 지식 표현의 주류가 되고 있다. 이는 객체지향에 따른 지식 표현으로도 이어진다.

9.1.6 프레임 모델의 구체적 사례

의미망에서 보았던 평면 도형 지식을 프레임으로 표현해 보자(그림 9-3).

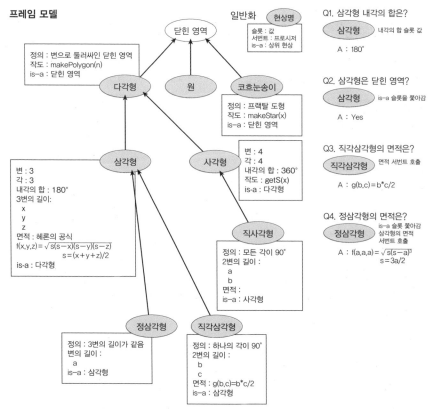

프레임 모델

일반화 **현상명**

닫힌 영역

슬롯 : 값
서번트 : 프로시저
is-a : 상위 현상

정의 : 변으로 둘러싸인 닫힌 영역
작도 : makePolygon(n)
is-a : 닫힌 영역

다각형   원   코흐눈송이

정의 : 프랙탈 도형
작도 : makeStar(x)
is-a : 닫힌 영역

삼각형   사각형

변 : 4
각 : 4
내각의 합 : 360°
작도 : getS(x)
is-a : 다각형

변 : 3
각 : 3
내각의 합 : 180°
3변의 길이:
  x
  y
  z
면적 : 헤론의 공식
$f(x,y,z) = \sqrt{s(s-x)(s-y)(s-z)}$
$s = (x+y+z)/2$
is-a : 다각형

직사각형

정의 : 모든 각이 90°
2변의 길이 :
  a
  b
면적 :
is-a : 사각형

정삼각형   직각삼각형

정의 : 3변의 길이가 같음
변의 길이 :
  a
is-a : 삼각형

정의 : 하나의 각이 90°
2변의 길이 :
  b
  c
면적 : g(b,c)=b*c/2
is-a : 삼각형

Q1. 삼각형 내각의 합은?
삼각형   내각의 합 슬롯 값
A : 180°

Q2. 삼각형은 닫힌 영역?
삼각형   is-a 슬롯을 쫓아감
A : Yes

Q3. 직각삼각형의 면적은?
직각삼각형   면적 서번트 호출
A : g(b,c)=b*c/2

Q4. 정삼각형의 면적은?
정삼각형   is-a 슬롯 쫓아감
삼각형의 면적
서번트 호출
A : $f(a,a,a) = \sqrt{s(s-a)^3}$
$s = 3a/2$

그림 9-3 평면 도형에 관한 프레임 모델

현상에는 슬롯과 서번트가 속성으로 포함되어 있다. 선은 현상의 계층 관계를 나타내는 선뿐이므로 매우 보기 쉽다. 사실 이 선도 is-a 슬롯에 상위 현상으로의 포인터가 들어있는 것이므로 필요 없는 것이다. 이용 시에는 현상의 슬롯과 서번트를 is-a 상속으로 쫓아가면서 검색하면 된다.

9.2 전문가 시스템

전문가 시스템(Expert System)은 지식 표현을 이용하여 전문가의 지식을 컴퓨터로 처리하려고 하는 시스템이다. 전문가 부족을 보완하거나, 지식 계승으로서의 역할을 담당하거나, 위험한 작업 등을 대신한다거나 하는 등의 폭넓은 이용이 가능할 것이다. 의료 현장에서도 의사를 보조하는 형태로 초기 판단과 응급 처리에 사용될 수 있다. 인간을 대신한다거나 하는 과도한 기대를 하지 않는다면 유용할 것이다.

역사적인 전문가 시스템으로는 DENDRAL[*7], MACSYMA[*8], MYCIN[*9]이 있다. 각각 일정한 성과를 거둔 것은 물론, 그 이후에 많은 전문가 시스템 발전의 기반이 되었다. 특히 MYCIN은 전문가 시스템 구축 툴의 개념을 확립하고, 이후에는 지식 베이스의 내용만 바꿔 넣으면 다양한 전문가 시스템을 구축할 수 있도록 개선되었다.

9.2.1 전문가 시스템의 구조

전문가 시스템은 지식 베이스를 기초로 하고 있으므로 구조적으로는 지식 베이스와 추론 기관 및 다양한 서비스를 수행하는 보조 기관으로 구성된다. 이것은 일반 데이터베이스 시스템과는 목적이 다르다(그림 9-4).

데이터베이스는 보통 데이터만 저장되며 처리 자체는 프로그램에 서술된다. 그러므로 문제마다 데이터베이스도 프로그램도 다르다. 데이터베이스의 구성 자체는 SQL 등의 공통 툴이 있어 갱신과 검색은 용이하지만, 검색할 때부터 미리 문제 해결을 위한 프로그램을 별도로 준비하지 않으면 안 된다. 특정 데이터를 지정하기 쉽고(표의 형태로 만들기 쉬운 등) 처리 알고리즘을 작성하기 쉬운, 즉 좋은 구조의 문제라면 데이터베이스 시스템이 유용하므로 실제 가장 많이 보급되어 있다.

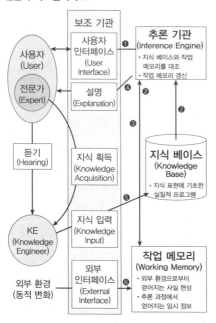

전문가 시스템의 구조

보조 기관

사용자 인터페이스 (User Interface)

❶

설명 (Explanation)

❹ ❷

사용자 (User)

전문가 (Expert)

듣기 (Hearing)

지식 획득 (Knowledge Acquisition)

KE (Knowledge Engineer)

지식 입력 (Knowledge Input)

외부 환경 (동적 변화)

외부 인터페이스 (External Interface)

❻

추론 기관 (Inference Engine)
• 지식 베이스와 작업 메모리를 대조
• 작업 메모리 갱신

❷

❸

지식 베이스 (Knowledge Base)
• 지식 표현에 기초한 실질적 프로그램

❺

작업 메모리 (Working Memory)
• 외부 환경으로부터 얻어지는 사실 현상
• 추론 과정에서 얻어지는 임시 정보

❶ 사용자의 문의 등에 따라 추론 기관이 기동
❷ 지식 베이스에서 작업 메모리 상태와 일치하는 지식을 검색
❸ 일치한 지식의 지식에 따라 작업 메모리 갱신
❹ 사용자의 요구에 의해 추론 과정을 표시
❺ 지식 베이스는 지식 입력의 의해 KE가 구축
❻ 작업 메모리는 환경 변수에 따라서도 수시로 갱신
※ 지식 베이스와 작업 메모리의 내용 이외는 공통 프레임워크
  → 전문가 시스템 구축 툴

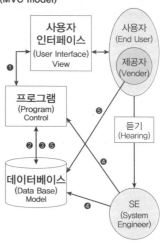

일반 시스템 (MVC model)

사용자 인터페이스 (User Interface) View

❶

프로그램 (Program) Control

❷ ❸ ❺

데이터베이스 (Data Base) Model

사용자 (End User)

제공자 (Vender)

❺

듣기 (Hearing)

❹

SE (System Engineer)

❶ 사용자는 사용자 인터페이스 기능에 의해 프로그램 기동
❷ 프로그램은 적당한 데이터베이스를 참조, 갱신
❸ 프로그램 실행 중의 임시 정보는 프로그램 내, 또는 데이터베이스 내에 보존
❹ 프로그램도 데이터베이스도 SE가 구축
❺ 데이터베이스는 제공자가 구축하는 경우도 있다. 또 프로그램에 따라서도 수시로 갱신
※ 시스템을 세 부분(Model, View, Control)으로 나누므로 유지보수가 뛰어나다.

그림 9-4 **전문가 시스템 구조**

한편, 전문가 시스템은 지식 베이스에 데이터뿐만 아니라 그 처리도 함께 저장되어 가동 부분으로 존재하는 추론 기관은 문제에 영향을 받지 않는다. 즉, 문제 의존 부분이 모두 지식 베이스에 흡수되어 있다고 할 수 있다. 문제에 의존하지 않도록 하는 부분을 문제 공통의 프레임워크로 추출한 것이 전문가 시스템 구축 툴이다. 이를 사용하면 지식 베이스 내용을 바꿔 넣기만 하면 여러 시스템에 대응할 수 있다. 인간의 지식은 좋은 구조도 아니고, 데이터를 표로 정리할 수도 없고, 처리 알고리즘도 공식화하기 어려운 나쁜 구조일 때가 많으므로 일반 데이터베이스 시스템보다 전문가 시스템 쪽이 적합하다.

9.2.2 전문가 시스템의 유형

전문가 시스템은 목적에 따라 다음과 같은 유형이 있다.

- **진단형:** 관측된 현상으로부터 원인을 추정한다. 의료 진단, 고장 진단 등
- **설계형:** 주어진 제약 조건 중에서 최적해를 제시한다. 반도체 칩 내의 배선, 건축 설계 등
- **제어형:** 센서 등의 관측 데이터로부터 최적의 제어를 수행한다. 화학 플랜트, 용광로, 지하철 등
- **상담형:** 요구를 만족하는 최적해를 제시한다. 법률 상담 등
- **교육형:** 학습자의 이해도에 따른 최적의 지도를 수행한다. 지능적 CAI 등

9.2.3 전문가 시스템 구축 툴

전문가 시스템 구축 툴은 지식 베이스 내용 이외의 구성 요소를 프레임워크로 제공하여 전문가 시스템 구축을 효율화하는 것이 목적이다. 추론 기관과 보조 기관은 지식 표현에 영향을 받으므로 생성 시스템에 대응하는 규칙형, 프레임 모델에 대응하는 프레임형, 또는 이것들의 복합형 등 여러 상용 툴이 있다.

보조 기관에는 지식 획득을 지원하는 기능도 있어 지식의 입력을 편하게 해 준다. 단, 일반적으로 전문가 시스템을 이용할 때의 사용자 인터페이스는 문제에 따라 달라지므로 별도로 프로그램을 작성할 필요가 있다.

EMYCIN으로부터 시작된 전문가 시스템 구축 툴은, 1980년대에 AI 붐이라고 할 수 있을 정도의 활황을 띠면서 각 기업이 상용화에 경쟁을 벌였다.[10] 그런데 인간의 상식까지 포함한 판단 기준에서 보면 표면적인 지식 표현으로는 도움이 되지 않는 것이 밝혀지면서 1990년 이후 전문가 시스템은 쇠퇴해 갔다. 그러나 이용 범위를 잘 제한한다면 여전히 매우 유효한 개념으로, 법률 관계, 플랜트 설비 스케줄링, 의료 분야에서의 심전도 해석 등 비교적 확립된 분야에서 실용화가 이루어지고 있다.

*¹ 선언적(declarative): 사물의 성질과 관계를 나타낸다. 대화의 '절차적(procedural)'이 How 형이라면, 이것은 What 형이다.

*² 체계적(systematic): 개념의 계층과 관계를 엄격하고 유연하게 정리할 수 있는 것이 필요하다. 배열에서는 잘 되지 않는다.

*³ 술어 표현(Predicative): a를 대상이 되는 사물(주체), p를 사물의 동작을 나타내는 부분(술어)으로 하여 지식을 p(a) 형식으로 나타낸다.

*⁴ 절차 표현(Procedural): 지식을 일련의 처리 흐름으로 나타낸다. 작은 프로그램의 집합이라고도 한다.

*⁵ 고속화를 위한 연구로는 변하지 않는 사실과의 조회를 보존하여 다시 조회하는 것을 생략하는 상태보존법과 조회 순서 그 자체를 컴파일하여 추론 기관이 일일이 동작하지 않고 해결되도록 하는 Rete 알고리즘 등이 있다. 또 지식 갱신 시의 무모순성을 보장하기 위하여 진리 유지(Truth Maintenance)라는 연구도 이루어지고 있다.

*⁶ 프레임은 1975년에 마빈 민스키(Marvin Minsky)가 제창한 프레임 이론에 기초한다. 프레임 이론은 인간 뇌의 지식 모델에 관한 것으로, '인간이 무엇인가를 이해한다는 것은 사전 경험 등에 따라 뇌에 축적된 대상에 관한 짜임새를 가지게 되며, 이 짜임새와의 일치와 불일치를 판단한다'는 개념이다. 이 짜임새를 프레임이라고 한다.

*⁷ DENDRAL: 1965년에 스탠포드 대학의 파이겐바움(E. A. Feigenbaum)에 의해 개발이 시작된 분자 구조를 추정하는 생성 시스템. 원자의 질량과 분자 구성의 관계를 생성 규칙으로 나타내고 분자량에 해당하는 분자 구조를 추정한다. Lisp로 작성되었다.

*⁸ MACSYMA: 1968년에 MIT의 모제스(Joel Moses)에 의해 개발이 시작됐다. 다항식, 삼각함수, 미적분 등의 수식 처리나 그것에 관계된 그래프 작성 등을 수행한다. 수식 변환을 규칙화한 지식 베이스를 사용하므로 전문가 시스템으로 자리매김하고 있다. 수식 처리로서는 Mathematica나 REDUCE도 있으나 이것들은 상용 프로그래밍 언어이다. MACSYMA는 무료 소프트웨어로 현재는 Maxima로 이용 가능하다. 이것도 Lisp로 작성되었다.

*⁹ MYCIN: 1970년대 초 쇼트리페(E. H. Shortliffe)에 의해 개발이 시작된 혈액 감염증 진단과 조언을 수행하는 생성 시스템이다. 환자의 상태를 들으면서 추론을 진행한다. 추론 과정을 표시하거나 확신도(CF: Certainty Factor)를 도입하는 등 사용하기 쉽게 되어 있으나 의료 현장에서 실용화되지는 못했다. 그 이후 지식 베이스의 구성과 추론 기관, 대화 기능, 설명 기능 등을 정리하여 전문가 시스템 구축 툴인 EMYCIN을 확립하였다. MYCIN도 Lisp로 작성되었으나, 이것은 Lisp가 처리하는 데이터 구조가 포인터로 연결된 트리 구조로 배열과 다르게 크기와 배치를 유연하게 처리할 수 있어 지식 표현에 적합하기 때문이라고 생각된다. 현재에는 C와 Java로 구현된다.

*¹⁰ 1980년대에는 AI 툴이라는 이름으로 국외에서 다수의 제품이 출시되었다. 다음은 미국에서 유명했던 제품들이다.

 • OPS5(Carnegie Mellon University): 생성 시스템, 고속화 기법 Rete match*¹¹를 도입
 • KEE(Stanford University): 프레임 시스템에 규칙형 추론을 도입한 복합형
 • ART(Inference Corporation): 고속 전향 추론, 진릿값 유지 시스템 TMS*¹²를 도입

*¹¹ Rete match: IF~THEN 형식의 규칙에서 조건부의 공통 부분 재평가를 피하는 방식으로 규칙을 절차적으로 변환한 고속화 기법

*¹² TMS(Truth Maintenance System): 지식 베이스의 정당성을 검증하고, 지식을 추가, 변경, 삭제할 때 모순이 발생하지 않도록 한다.

10

기계에 인간의
자율성 부여하기
= 에이전트

에이전트[*1]는 외부 환경을 파악하여 주어진 목표 달성을 위해 자율적으로 문제 해결을 수행함으로써 인간의 일을 보조하고 대신하는 것이 가능한 시스템이다.

에이전트는 일반적인 데이터베이스 시스템과 뭐가 다를까? 일반적인 시스템도 성가신 처리는 서버가 수행하므로 사용자 측에서는 정해진 사용자 인터페이스를 통하여 서버에 요구하기만 하면 된다. 이것으로 충분히 편리하지만. 만약 서버 측에서 요구받은 해가 없을 경우 보통 서버는 오류를 돌려주므로 사용자는 요구를 수정하거나 요구하는 서버를 다른 것으로 변경하지 않으면 안 된다.

에이전트의 경우는, 만약 요구를 해결하지 못하면 에이전트가 자동적으로 다른 에이전트에 요구를 돌려보내 최종적으로 사용자가 반드시 어떠한 답이라도 받게 된다. 얼핏 보기에는 특별한 차이가 없는 것처럼 보이지만. 사용자가 시스템의 사정에 따라 좌우될지 아닐지는 양쪽 모두에서 본질적인 차이가 있다.

역사적으로는 네트워크에 따른 분산 컴퓨팅 환경이 발전해 온 1980년대 이후 멀티에이전트 연구가 활발해졌다. 근래의 네트워크 발전과 함께 분산 인공지능의 중요한 연구 분야가 되고 있다.

범인을 잡아라!

추적 문제

고전적인 에이전트 문제인 추적 문제를 확장한 시뮬레이션이다. 몇 명의 경찰관이 도망가는 범인을 쫓아가는 문제로, 경찰관 중 누군가가 범인과 같은 칸에 도착하면 체포 성공, 범인이 필드(바깥 테두리) 밖으로 나가면 도망 성공이다.

여기서는 경찰관이 움직이는 조직 구조에 따른 차이점을 보는 것이 목적이지만, 시뮬레이션은 본래의 에이전트는 아니므로 차이점을 알기 어려울지도 모르겠다. 그래도 조직 구조에 따른 움직임의 분위기는 파악할 수 있을 것이다.

엑셀 시트 설명

추적 문제 시트: 추적 문제 시뮬레이션

실행 순서

① **추적 문제** 시트를 연다. 범인과 경찰관의 움직임 방향을 버튼으로 선택(매번 반드시 누를 것)하고 경찰관의 수를 입력한다(기본값은 4명).

② **초기화** 버튼을 눌러 범인과 경찰관의 위치를 자동으로 설정한다. 직접 입력하여 위치를 변경해도 좋다(입력 후에는 [재설정] 버튼을 누를 것). 범인은 빨간색, 경찰관은 파랑색으로 표시된다.

③ **추적** 버튼을 누르면 추적이 시작된다. **Step**이 0이면 연속 실행, n이면 n번 실행할 때마다 멈춘다.

④ 추적 실행 중에는 상황이 필드 테두리 내에 표시된다.

⑤ 추적이 종료(체포, 도망, 또는 [Max] 횟수만큼 수행된 시점)되면 횟수마다 평가값 변화 그래프가 표시된다.

실행 전

문제 내용
　몇 명의 경찰이 범인을 뒤쫓아간다. 경찰이 한 명이라도 범인을 따라 잡으면 체포, 범인이 테두리 밖으로 나가면 도망.
　범인과 경찰은 한 번에 한 칸씩(변경 가능) 가로나 세로로 이동한다. 경찰이 범인과 같은 칸에 오면 체포한 것으로 한다.
　경찰도 범인도 서로의 위치를 알고 있는 것으로 한다.

범인의 이동 방법
　a. 계획 없이 이동한다.
　b. 경찰의 위치를 알고 계획적으로 이동한다.

경찰의 이동 방법
　A. 각자 마음대로 자신이 범인에게 가까워지도록 이동한다(다른 경찰의 위치를 신경 쓰지 않는다).
　B. Cas: 각자가 다른 경찰의 위치를 인식하면서 범인에 가까워지도록 독립적으로 이동한다.
　C. Nas: 각자가 다른 경찰과 의논하면서 전체적으로 최적이 되도록 협조하며 이동한다.
　D. CLAs: 각자는 보스의 지시에 따라 통제를 받으며 이동한다.

평가값
　· 한 번 이동할 때마다 각 경찰과 범인 사이의 간격(가로, 세로 칸수의 합) 합계를 계산한다.
　· 경찰 누군가의 간격이 ___ 이 되면 종료된다(체포 상태).

실행 순서
　① 범인과 경찰의 ___ 한다 ___ 의 수를 입력한다(default: 6명).
　② **초기화** 버튼을 누르면 ___ 가 ___ 입력 ___
　③ **추적** 버튼을 누르면 추적이 시작된다. [Step] 칸 ___ n번 ___ 범 ___
　④ 추적 실행 중에는 상황이 아래 테두리 내에 표시된다.
　⑤ 추적이 종료(체포, 도망, 또는 Max 횟수가 되는 시점)되면 횟수마다 평가값의 변동 그래프를 보여 준다.

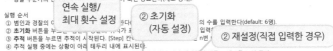

연속 실행/
최대 횟수 설정

② 초기화
(자동 설정)

② 재설정(직접 입력한 경우)

범인 이동방법	Step
○ 계획 없이 이동	**0**
● 계획적으로 이동	Max
	30

초기화
재설정
추적

한 위치	세로	가로	4분면	평가값	효율
범인	18	20			
경찰1	25	25			#DIV/0!
경찰2	28	4			#DIV/0!
경찰3	4	26			#DIV/0!
경찰4					#DIV/0!
경찰					/0!
경찰					/0!
경찰8					#DIV/0!
					#DIV/0!
경찰 합계			0		#DIV/0!

경찰 이동방법	경찰의 수
○ 각자 마음대로	**6**
○ CAs	이동 칸 수
● NAs	경찰 범인
○ CLAs	**1** **1**

결과 by
추적 횟수

②~④ 범인,
경찰관의 현재 위치

③ 추적 시작

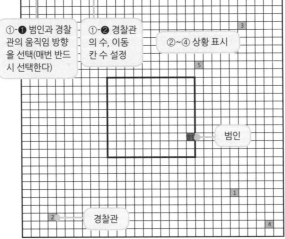

①-❶ 범인과 경찰
관의 움직임 방향
을 선택(매번 반드
시 선택한다)

①-❷ 경찰관
의 수, 이동
칸 수 설정

②~④ 상황 표시

범인

경찰관

평가값 이력

	1	2	3	4	5	6	7	8	9	10	11	12	13	14	15	16	17	18	19	20	21	22	23	24	25	26	27	28	29	30
횟수	0	1	2	3	4	5	6	7	8	9	10	11	12	13	14	15	16	17	18	19	20	21	22	23	24	25	26	27	28	29
경찰1																														
경찰2																														

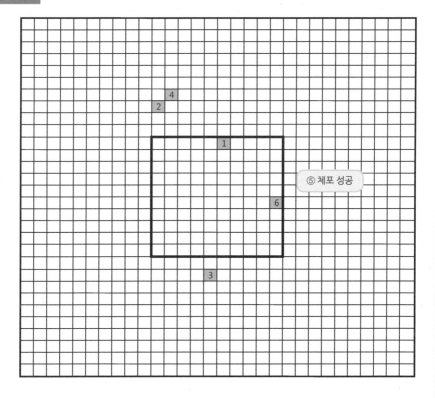

⑤ 체포 성공

평가값 이력

	1	2	3	4	5	6	7	8	9	10	11	12	13	14	15									24	25	26	27	28	29	30
횟수	0	1	2	3	4	5	6	7	8	9	10	11	12	13	14									23	24	25	26	27	28	29
경찰1	16	16	14	12	12	11	9	9	9	9																				
경찰2	24	24	22	20	20	19	17	17	17	17																				

⑤ 경찰관의 평가값 이력
(그래프용 데이터)

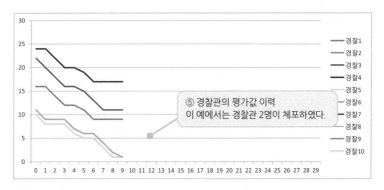

⑤ 경찰관의 평가값 이력
이 예에서는 경찰관 2명이 체포하였다.

▶ 범인의 움직임 방향: '무계획으로 도망/계획적으로 도망' 중의 하나를 선택

▶ 경찰관의 움직임 방향: '각자 마음대로/CAs/NAs/CLAs' 중의 하나를 선택

　각자 마음대로: 범인에게 접근하도록, 즉 범인과의 거리(가로, 세로 칸 수의 합)가 작아지도록 움직인다.

　CAs: 각자가 범인을 중심으로 하는 사사분면 내에서 범인에게 접근. 아무도 없는 사사분면이 있으면 자신이 이동한다.

　NAs: 위와 같음, 단 아무도 없는 사사분면에는 거기서 가장 가까운 경찰관이 이동한다.

　CLAs: 항상 범인의 전후좌우를 진압하도록 경찰관을 배치하여 이동 후에도 그 형태를 유지한다.

▶ Step: 0이면 연속 실행, n(> 0)이면 n번 실행하고 멈춤

▶ Max: 추적 횟수의 최댓값. 이 값 이하에서 체포/도망이 결정되지 않으면 실패가 되지만, 계속해서 실행 가능

▶ 경찰관 수: 4~10명 사이로 설정 가능

▶ 이동 칸 수: 경찰관, 범인 각각이 한 번에 이동하는 칸 수를 설정 가능

▶ 필드: 추적을 수행하는 영역. 가장 왼쪽 위를 (1,1)로 하여 가로세로의 칸 수로 위치를 나타낸다. 추적은 필드의 바깥 테두리 내에서 이루어진다. 범인이 바깥 테두리를 벗어나면 도망치는 데 성공한다. 중간 테두리는 초기 설정 시 범인을 테두리 안에, 경찰관을 테두리 밖에 배치하기 위한 경계다.

▶ 평가값 이력: 경찰관마다 범인과의 거리에 따른 평가값을 계산하여 그 추이를 표와 그래프로 나타낸다.

10.1 에이전트의 고전적 문제

여기서는 에이전트가 내포된 특유의 주제를 다룬 다음의 3가지 고전적인 문제를 소개한다.

- **타일월드**[*2]: 숙고할 것인가, 즉시 응답할 것인가?
- **추적 문제**[*3]: 에이전트 간의 협력, 조직 구조에 따른 차이점은?
- **죄수의 딜레마**[*4]: 에이전트가 비협조 상태에 있는 경우, 전체적인 이득은?

10.1.1 타일월드

여기서 다루는 주제는 에이전트가 요구 내용을 어느 정도 고민하여 결과를 내줄 것인가 하는 것이다. 타일월드는 하나의 에이전트가 주어진 환경에서 가능한 한 많은 득점을 얻기 위해 '즉시 응답과 숙고 중 어느 것이 효과적인가'를 보는 문제다. 여기서 말하는 환경은 구멍, 타일, 장벽으로 구성되고, 에이전트는 바둑판 모양의 칸에 따라 움직이며 타일을 구멍 위치에 옮긴다. 구멍이 타일로 메워지면 그 구멍에 대한 점수를 얻는다. 환경은 바뀔 수도 있다(그림 10-1).

- **숙고형:** 매번 모든 타일의 위치와 구멍의 가치, 장벽의 위치를 조사하여 최적의 배치로 타일을 이동시킨다. 그러나 환경 변화를 따라갈 수 없는 경우가 있다. 즉, 숙고하고 있는 동안 환경이 바뀌어 버릴지도 모른다.
- **즉시 응답형:** 상황에 가장 잘 맞는 행동을 즉각적으로 수행한다. 요컨대 가장 가까운 구멍에 가장 가까운 타일을 이동시킨다. 단, 마지막 부분의 구멍에는 남은 타일을 이동시킬 수 없는 경우가 있으므로 목표 달성을 보장할 수 없다.
- **복합형:** 위의 두 가지 방법의 단점을 보완하기 위하여 두 가지 방법을 함께 사용하여 처음에는 숙고, 마지막에는 즉시 응답으로 수행한다. 에이전트가 여러 개인 경우에는 상위 숙고형, 하위 즉시 응답형으로 나뉜다. 이는 계획은 상위 에이전트가 차분히 수행하고, 실행은 하위 에이전트가 즉각적으로 수행하는 것과 같은 개념으로 볼 수 있다.

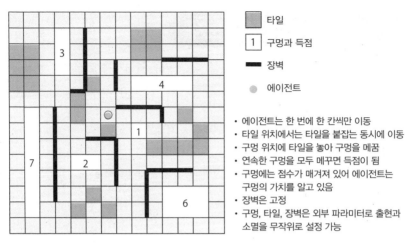

타일

1 구멍과 득점

장벽

● 에이전트

- 에이전트는 한 번에 한 칸씩만 이동
- 타일 위치에서는 타일을 붙잡는 동시에 이동
- 구멍 위치에 타일을 놓아 구멍을 메꿈
- 연속한 구멍을 모두 메꾸면 득점이 됨
- 구멍에는 점수가 매겨져 있어 에이전트는 구멍의 가치를 알고 있음
- 장벽은 고정
- 구멍, 타일, 장벽은 외부 파라미터로 출현과 소멸을 무작위로 설정 가능

에이전트의 행동 패턴
- 숙고: 우선 구멍의 가치와 타일의 위치를 끝까지 살펴보고 계획적으로 행동. 도중에 상태가 바뀔 가능성이 있음
- 즉시 응답: 닥치는 대로 가까운 곳의 구멍을 가까운 곳의 타일로 메꾸어 나간다. 뒷부분으로 갈수록 어려워진다.

그림 10-1 타일월드

어떤 유형이 좋은지는 환경에 따르지만, 일반적으로 즉시 응답형이 일정 시간 내에 득점이 높은 경향을 보인다. 그러나 구멍을 완전히 메우려고 하면 숙고형이 좋은 경우도 있다.

10.1.2 추적 문제

에이전트가 여러 개인 경우를 멀티에이전트(multiagent)라고 한다. 여기서 다루는 주제는 에이전트들 간의 협력을 어떻게 수행할지 또는 조직 구조에 따라 어떻게 달라지느냐 하는 것이다. 추적 문제는 여러 명의 추적자가 한 명의 도망자를 뒤쫓는 모델로서, 추적자 동료들의 협력 방법, 또는 조직 구조에 따른 추적자의 움직임 방향에 따라 도망자를 체포할 수 있을지 없을지, 또는 소요 시간의 차이를 볼 수 있다(그림 10-2).

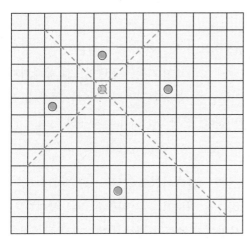

● 도망자
● 추적자

· 도망자는 자유롭게 이동
· 추적자는 도망자에 가까워지도록 이동
· 추적자가 도망자를 봉쇄하면 끝남

[이동 방법]
a. 상호간에 위치 정보를 교환하면서
　 자율적, 독립적으로 이동(CAs)
b. 상호간에 정보를 공유하여
　 전체적으로 최적 상태가 되도록
　 자율적으로 이동(NAs)
c. 전체적인 최적 상태에 따라
　 통제적으로 이동. 자율성 없음(CLAs)

조직 유형
· CAs(Communicating Agents): 에이전트들 간의 통신, 데이터 송수신, 데이터 요구
· NAs(Negotiating Agents): 협상 조직. 데이터 요구 이외의 자유 협상, 이동 등
· CLAs(Controlling Agents): 계층 조직. 하나의 에이전트(master)가 다른 에이전트(slave)를 제어

※ 동적 변화에 대해서는 NAs가 CLAs보다 적응도가 높고 통신비용도 적지만, 목적에 부합하는 정도는
　 CLAs가 가장 좋고, 휴리스틱 효율*은 NAs가 좋다. (* 추적자에서 도망자까지 거리의 합, 휴리스틱
　 효율)

그림 10-2 **추적 문제**

조직 구조로서는 다음과 같은 개념이 있다.

● CAs(Communicating Agents): 대등한 관계의 수평 구조로 각 에이전트가 정보를 교환하지만
　자신만의 가치에 따라 동작

● NAs(Negotiating Agents): 대등한 관계의 수평 구조로 각 에이전트는 정보를 교환하며 전체
　적인 최적 상태를 고려하여 동작

● CLAs(Controlling Agents): 계층 구조로 상위 에이전트가 하위 에이전트의 상태를 파악하여
　통제적으로 동작

도망자를 체포하려는 것만 생각한다면 CLAs가 최적이다. 그러나 정보 교환에 동
반되는 비용, 또는 환경 변화를 쫓아가는 것 등의 다른 평가 요인에 대해서는 NAs
가 좋은 경우도 있다. CLAs는 통제를 너무 강하게 하면 멀티에이전트라고 하기보
다는 하나의 에이전트 시스템이 되어 버린다.[5]

10.1.3 죄수의 딜레마

에이전트는 항상 정보를 교환하면서 협조적으로 동작하는 것이 기본이지만, 경우에 따라서는 다른 에이전트의 동작을 알지 못하고 이기적인 판단만으로 동작하기도 한다. 이 경우에도 정말로 자신의 이득만을 생각하는지 전체적인 이득을 고려하는지에 따라 각각의 결과가 전혀 달라진다. 전체적인 이득과 자신의 이득이 일치하는 경우에는 문제가 없으나 일치하지 않는 경우에는 문제가 된다.

죄수의 딜레마는 이와 같은 주제에 주목한 시뮬레이션으로, 두 사람의 죄수가 따로 심문받을 때 협조와 배신 중 어느 하나를 취하지만 두 사람은 서로 상대가 무슨 말을 하는지는 모른다. 득점은 두 사람이 협조하면 전체적으로 가장 높아지지만 두 사람 모두 배신하면 가장 낮아진다. 두 사람이 다른 행동을 하는 경우에는 배신한 쪽의 득점이 높아지도록 설정된다.

이와 같은 조건하에서는 두 사람의 결정에 관계없이 자신의 이득이 커지도록 행동하고 싶어진다. 그러나 긴 안목으로 보면 처음에는 손해를 보더라도 두 사람이 협조하는 것을 기대하여 협조 행동을 취하는 쪽이 좋은 결과가 된다(그림 10-3).

자신의 득점

자신＼상대	협조	배신
협조	R = 3	S = 1
배신	T = 4	P = 2

R: 쌍방 협조
P: 쌍방 배신
S: 자신이 협조했는데 상대는 배신
T: 자신이 배신했는데 상대는 협조

조건 : $T > R > P > S$, $R > \dfrac{T+S}{2} > P$

규칙
- 두 사람의 죄수가 개별적으로 심문을 받음
- 죄수의 태도는 다음 중의 하나
  협조: 자신도 상대도 결백하다고 주장을 계속함
  배신: 자신은 결백하지만 상대는 유죄라고 폭로함
- 서로 상대가 무슨 말을 하는지 알 수 없음
- 두 사람 모두 협조하면 최고 득점이 되지만, 개별적으로 보면 배신한 쪽이 유리하도록 득점을 설정
- 이것을 몇 번 계속하여 득점이 일정 시간에 어떤 임계값을 넘으면 무죄 석방

기대되는 경과
- 나쁜 조직(Lose-Lose): 개별적으로는 배신한 쪽이 이득이므로 서로가 배신을 계속한다.
- 좋은 조직(Win-Win): 처음에는 배신당하여 손해를 보지만 결국 서로가 협조한다.

그림 10-3 **죄수의 딜레마**

이것은 에이전트 간의 논의가 불가능한 경우에 자율 행동의 방향성을 시사하며, 인간 사회 전체에서 나타나는 계약 행위의 축소판이기도 하다.[6]

10.2 에이전트의 개념

10.2.1 에이전트의 요건

에이전트는 사용자가 에이전트 측의 사정을 의식하지 않아도 좋다고 설명하였지만, 고전적인 문제에서 고려한 주제를 정리하면 다음과 같이 말할 수 있다.

- 요구 내용을 상황에 따라 정확하게 조사한다. 즉시 응답성도 필요하다.
- 다른 에이전트와의 협력이 필요한 경우에는 상황에 따라 협조하며 동작한다.
- 개개의 이득과 전체의 이득이 반드시 일치하지 않는 경우에는 전체의 이득이 우선한다.

일반적인 서버에서는 이와 같은 주제를 고민하지 않고 요구 내용이 정확하게 주어지면 그 범위 내에서만 처리한다. 요구가 애매할 경우에는 오류 메시지를 내줄 뿐이다. 그러나 에이전트에는 앞에서 언급한 주제를 극복하기 위하여 다음과 같은 요건이 있다.

- **자율성(Autonomy)**: 요구의 취지에 따라 나름대로의 처리를 수행한다. 또는 환경으로부터 얻어지는 이득을 평가하고 그것을 최대화하도록 동작하는 것
- **사회성(Social Ability)**: 인간, 다른 에이전트와의 상호 작용을 수행하거나 협조적으로 동작하는 것
- **반응성(Reactivity)**: 환경을 인식하고 변화에 대한 응답을 수행하며, 학습에 따라 보다 효율적으로 동작하는 것

에이전트에는 다양한 인공지능 기술이 사용된다. 지식 베이스, 상식, 애매함의 보완, 문제 해결, 탐색 또는 검색, 환경으로부터의 학습, 응답을 위한 유저 인터페이스 등 환경 인식을 위한 빅데이터 해석과 네트워크 통신 기술도 사용된다.

10.2.2 에이전트의 사례

우리 주변에는 이미 많은 에이전트가 실용화되고 있다. 다음과 같은 시스템을 에이전트라고 부른다.

- **스마트폰의 퍼스널 어시스턴트**: 소유자의 일상 행동 패턴을 학습하여 최적 행동을 보여준다.
- **인터넷 쇼핑**: 이용자의 구입 기록으로부터 관심도 경향을 학습하여 추천 상품을 제시한다.
- **여러 도서관에 걸친 책의 대출**: 도서관 단위의 도서 관리를 넘어, 책이 없을 경우 다른 도서관에서 대출한다.
- **청소 로봇**: 방에서 더러워지기 쉬운 곳을 학습하거나 쓰레기의 종류를 학습하여 효율적으로 청소한다.

이외에 인터넷 전자상거래, 카탈로그에 의한 통신 판매, 옥션, 생산 관리, 재고 관리, 물류 관리, 건강관리, 교육 지원, 협조 설계, 각종 자율형 로봇 등 에이전트는 다양한 형태로 실용화되고 있다.

작업 순서를 정형화하고 일련의 체계적인 흐름으로 규정하는 워크플로(Workflow)는 작업 효율을 높일 뿐만 아니라 순서의 합리화에 따른 신뢰성도 높아지므로, 기업 활동에 있어서는 제조 라인부터 사무 관리까지 모든 곳에서 없어서는 안 되는 것이다. 이제는 스마트폰에서도 Workflow라는 애플리케이션이 탑재되어 개인의 편의성을 높이고 있다.

워크플로를 쉽게 구축할 수 있도록 하는 구조를 제공하는 소프트웨어를 워크플로 엔진(Workflow Engine)이라고 하는데, 이것도 일종의 에이전트다. 예를 들어, 여러 장소, 부문, 자원에 걸친 작업을 일일이 의식하지 않고 마치 자기 자리에 있는 한 대의 PC에서 처리하는 듯한 워크플로를 구축하는 것이 가능하다. 이것은 에이전트 기능에 따라 필요한 장소와 자원을 찾고, 필요한 처리를 수행하여 그 결과를 다음 자원에 넘겨주는 식의 처리가 자율적으로 수행되기 때문이다. 그림 10-4에 워크플로 엔진의 개요를 나타내고 있다.[7]

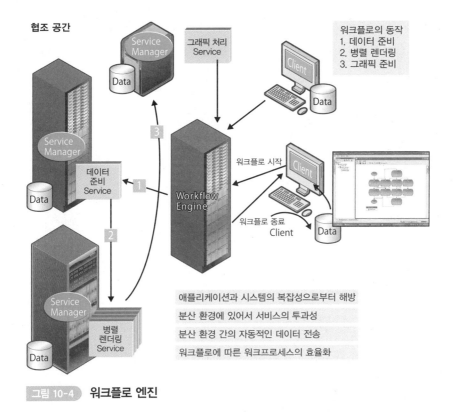

협조 공간

Service Manager
Data

그래픽 처리
Service

Client
Data

워크플로의 동작
1. 데이터 준비
2. 병렬 렌더링
3. 그래픽 준비

Service Manager
Data

3

데이터
준비
Service

1

Workflow
Engine

워크플로 시작
Client

워크플로 종료
Client
Data

Service Manager

2

병렬
렌더링
Service

Data

애플리케이션과 시스템의 복잡성으로부터 해방

분산 환경에 있어서 서비스의 투과성

분산 환경 간의 자동적인 데이터 전송

워크플로에 따른 워크프로세스의 효율화

그림 10-4 **워크플로 엔진**

10.3 멀티에이전트

10.3.1 멀티에이전트의 특징

여러 에이전트가 협조하여 동작하는 경우를 멀티에이전트(Multi-Agent System: MAS)
라 하며, 에이전트 간의 협력 방법이 중요한 주제가 된다. 에이전트 간의 협력은 상
호간의 통신, 또는 정보 공유라고 하는 것이지만, 예전에는 1950년대 말의 판데모
니엄[*8]을 시작으로 그 이후 다양한 정보 공유 구조가 제안되어 왔다.

1970년대 후반에 등장한 정보 공유를 위한 블랙보드 모델[*9]은 여러 에이전트가 각
각 몇 가지 지식을 맡아 블랙보드라고 하는 공유 공간을 통해 상호 작용을 서로

주고받게 함으로써 정보 공유를 수행하는 구조다. 단순한 공유 공간이 아니라 읽고 쓰기가 에이전트별로 독립적이고 병렬로 수행되어 실시간 응답성이 뛰어나다.

1980년대 후반에는 포섭 구조[*10]라고 하는 에이전트들 간의 제어 구조가 제안되었다. 이것은 지적으로 보이는 처리를 단일 기능 부품의 계층 제어 구조에 따라 구현되는 기법으로 이동 로봇에 적용되었다.

1990년대에는 에이전트들 간에 정보 교환을 위한 회화 프로토콜[*11]이 개발되었다. 에이전트들 간의 협력을 문자열로 주고받는 것은 비효율적이기 때문에 의뢰(ask)와 대답(tell)이라는 명령어로 주고받는 것이다. 이것은 단어가 지닌 의미를 보다 깊이 공유하기 위한 온톨로지[*12] 연구로 진화되었다.

10.3.2 멀티에이전트의 협상 전략

멀티에이전트에서는 각 에이전트의 협력 방법으로 다음의 두 종류가 고려된다.

- **협조형(Cooperative MAS):** 일반적으로 계층 구조의 태스크 구성으로 조직적 협조를 수행한다. 태스크 공유라고도 한다.
- **경쟁형(Competitive MAS):** 태스크는 독립으로 각각의 목표를 가진다. 협상 전략에 의한 경합 해소가 필요하다. 결과 공유라고도 한다.

에이전트의 조직 구조로는 CAs와 NAs는 경쟁형, CLAs는 협조형으로 불린다. 협조형은 전체의 방향성이 일치하므로 행동 전략을 세우기 쉽지만, 경쟁형은 각각의 방향성이 다를 가능성이 있으므로 어떤 조정이 필요하게 된다. 이것을 협상 전략이라고 한다. CLAs 이외에도 각각의 목표가 같은 방향이면 협상 전략은 필요하지 않으므로 협조형이라고 해도 좋다.[*13]

협상 전략으로는 에이전트들 간의 목표를 같은 방향에 두는 것이 좋다. 에이전트의 목표 범위를 집합으로 생각한다면 각 에이전트 목표 범위의 공통 부분이 협상의 여지가 있는 부분이 된다. 이것을 협상 집합이라고 한다. 협상 전략은 에이전트들 간의 협상 집합을 확대하는 것이라고 할 수 있다.

협상 전략은 협상 집합의 상태에 따라 다음과 같은 패턴으로 나타난다(그림 10-5).

- **경합:** 협상 집합이 공집합 — 각 에이전트는 목표를 수정할 필요가 있지만 결말이 나지 않으면 종료한다.
- **타협:** 협상 집합이 있지만 소극적 — 위와 같음. 상황이 개선되지 않으면 적당히 먼저 진행하게 된다.
- **협조:** 협상 집합이 있고 적극적 — 각 에이전트의 목표를 최대화하도록 진행할 수 있다.

경합: 협상 집합이 공집합
상호간에 목표 집합을 확대하여
서로 다가갈 필요가 있다.

타협: 협상 집합이 있지만 소극적
상호간에 목표 집합의 가중치를
바꾸는 노력이 필요

협조: 협상 집합이 있으며 적극적
상호간에 상대의 목표 집합을 활용하여
시너지 효과를 노린다.

그림 10-5 협상 집합과 협상 전략

특히 협상 집합이 공집합인 경우, 다시 말해 경합 상태에 있는 경우의 협상 전략은 중요하므로 상호간의 접근, 즉 경합 해소가 필요하다. 경합 해소에는 다음과 같은 전형적인 패턴이 있다.

- **분리 기질(Shizothymia Temperament):** 자신의 목표만 생각하고 상대를 배제한다.
- **순환 기질(Cyclothymic Temperament):** 상대의 목표를 변경시켜 자신의 목표로 끌어들인다. 이것은 또한, 다음과 같은 패턴이 있다.

  설득: 상대의 가치를 진정으로 높이도록 유도한다. 상대도 이해한다.

  협박: 상대가 양보하지 않으면 더욱 나빠지는 듯한 비법을 보인다. 상대는 마지못해 따른다.
- **점착 기질(Phlegmatic Temperament):** 시간이 지남에 따라 상호간의 목표가 변화하는 것을 기대하고, 자신의 목표도 확대시키려고 노력한다.

분리 기질은 즉시 결정할 수 있지만 Win-Lose가 될 가능성이 높다. 순환 기질은 상대가 마지못해 하는 경우는 Win-Lose이지만 Win-Win이 될 가능성도 높다. 점착질은 시간이 걸리지만 반드시 Win-Win이 된다. 반대로 보면 점착 기질은 Win-Win이 될 때까지 조정을 계속한다.

*1 에이전트(Agent): 성가신 절차를 대신 수행해 주는 여행 대리점을 에이전트라고 부르는 것과 유사하다.

*2 타일월드(Tileworld): 1990년에 폴락(Martha Pollack, SRI)과 링게트(Marc Ringuette, CMU)가 제안하였으며, Common Lisp로 구현되었다.

*3 추적 문제(Pursuit Problem): 체포까지의 시간을 평가한다. 이해하기 쉬워 에이전트 평가에 자주 사용된다.

*4 죄수의 딜레마(Prisoner's Dilemma): 이것도 극단적인 모델이지만 자주 사용된다. 기업의 사원 교육에서도 대인 관계의 마음가짐을 위해 자주 사용된다.

*5 조직 구조는 기업에도 적용된다. 유럽과 미국의 기업은 NAs, 일본 기업은 CLAs가 많다.

*6 상호 협조에 의해 쌍방이 함께 좋은 결과를 얻는 것을 Win-Win, 상호 배신에 의해 함께 나쁜 결과가 되는 것을 Lose-Lose라고 한다. 한쪽만이 이득을 보고 다른 쪽이 손해를 보는 모양새는 오래 가지 못한다. 친구끼리도 선의의 경쟁을 하면 Win-Win, 발목 잡기하면 Lose-Lose가 된다.

*7 이것은 나의 회사 근무 시절 상품화와 관련된 시스템으로 협조 공간이라 불렸다. 유전 알고리즘의 응용 사례(제4장)에서 설명한 배치 표시 사례는 이 워크플로를 시각화한 것이다.

*8 판데모니엄(Pandemonium): 셀프릿지(Oliver Selfridge, 1959)가 고안한 패턴 인식 모델. 인식의 각 단계를 담당 데몬(daemon)으로 연결하여 모델화한 것으로, 일종의 에이전트 시스템으로 불린다.
지각 정보 → 이미지 데몬 → 특징 추출 데몬 → 인지 데몬 → 결정 데몬 → 행동(밑줄 친 부분이 뇌의 내부 모델)

*9 블랙보드 모델(Blackboard Model): Hearsay II라는 음성 이해 시스템에 도입된 정보 공유 구조

*10 포섭 구조(Subsumption Architecture): 브룩스(Rodney Brooks, 1986)는 이 개념을 이동 로봇에 적용하였다. Sony의 AIBO도 가동부는 단일 기능들의 모임이고 상위층이 단일 기능을 제어하는 것이므로 전체적으로 정확한 반응을 실현하고 있다고 생각한다.

*11 회화 프로토콜(Conversation Protocol): 1990년대 초에 미국 DARPA에서 개발된 KQML(Knowledge Query and Manipulation Language)을 시작으로 몇 가지 프로토콜(약속)이 만들어졌다. 인터넷 통신 프로토콜의 에이전트 버전이라고 생각하면 된다.

*12 온톨로지(Ontology): 에이전트 간의 정보 해석에 차이가 생기지 않도록 하기 위한 공통 개념 체계. 일반적으로는 정보의 의미를 부여하는 개념 체계로서 지식 표현과 웹 데이터 기술 등 다양한 상황에서 쓰이고 있다. 1990년대 중반부터 연구가 본격적으로 시작되었다.

*13 협조형은 반드시 Win-Win 상태가 되지만, 경쟁형은 반드시 그렇지는 않고 Win-Lose로 끝나는 경우도 있다.

11

인공지능을 개척한
컴퓨터 언어
= Lisp

인공지능 프로그래밍에는 기존의
Lisp(List Processor)라는 언어가 사용되었다.

기본적인 개념은 상당히 인간적인 것으로, 인간의 기억은 배열 형태[*1]가 아니고 수치보다 기호[*2]와 이미지로 패턴화되므로 이와 같은 특성을 표현하기 위해서는 Fortran과 같은 수치계산용 컴퓨터 언어는 적합하지 않았다. Lisp는 리스트 구조[*3]라 하여 배열 형태가 아닌 데이터를 처리하는 것이 가능하므로 이와 같은 목적에는 가장 적합한 것이었다.

또 Lisp는 함수형이라는 계산 모델[*4]을 확립한 것으로도 중요한 존재다. Lisp는 현재 직접 사용되는 경우는 줄어들었지만 다른 언어(Java, C 등)와 OS 등의 기본 소프트웨어에도 영향을 주고 있기 때문에 이론적 배경으로 중요한 ❶ 리스트 처리, ❷ 람다 계산, ❸ 스코프와 익스텐트, ❹ 쓰레기 수집에 대하여 설명한다.

11.1 리스트 처리

리스트 구조 또는 단순히 리스트라고 하는 것은 포인터[*5]로 연결된 이진트리 구조[*6]를 말한다. 또한, 각 노드에 위치하는 기억 단위를 셀[*7]이라 한다. 이진트리 구조이므로 각 셀은 2 방향으로의 포인터를 갖는다. 이것을 CAR부/CDR부[*8]라고 한다.

리스트 구조를 처리하는 데이터 처리를 리스트 처리(List Processing)라고 부르며 수치 계산 처리와 함께 오래 전부터 연구되어 왔다. 1960년대 초에 매카시(John McCarthy, MIT)가 람다 계산에 기초한 리스트 처리 언어의 연구 성과로 Lisp1.5[*9]를 발표한 것이 시초다. 리스트 처리는 수치 계산 처리와는 다르게 기호와 데이터 구조 자체를 처리하므로 지식 표현 등 인공지능 분야에서는 가장 적합하였다.

11.1.1 리스트 처리의 구체적 사례

작은 불어-영어 사전을 생각해 보자(그림 11-1).

AMI(불어) ⇒ FRIEND/LOVER(영어),　JE(불어) ⇒ I(영어),　JEU(불어) ⇒ PLAY(영어)

그림 11-1에서는 위의 불어 단어 3개에 대한 영어 단어가 S를 기점으로 하는 리스트 구조로 표현되어 있다. 단어 수도 번역어 수도 일정하지 않으므로 유연하게 변경할 필요가 있으며, 또 전체적으로 항상 알파벳순으로 나열하고 싶기 때문에 배열 구조는 적합하지 않다.

이 리스트 구조를 사용하여 불어 단어에 대응하는 영어 단어를 꺼내거나 새로운 영어 단어를 번역어로 추가하는 등 다양한 처리를 생각할 수 있다. 이처럼 리스트 구조를 쫓아가서 데이터 검색과 등록 등을 수행하는 것이 리스트 처리다.

리스트 처리는 배열과 같이 인덱스로 각 요소를 한 번에 찾아내는 것이 불가능하며, 포인터를 순서대로 쫓아가지 않으면 안 되기 때문에 매우 번거로울 것처럼 보

인다. 그러나 도중에 데이터를 삽입하거나 삭제하려는 경우에는 포인터를 바꾸어
다는 것만으로 해결되므로 아주 간단하다. 이것이 배열이라면 데이터를 모두 이동
시키지 않으면 안 된다.

11.1.2 원시 함수

리스트 처리는 다음의 7가지[10] 기본 처리의 조합으로 수행될 수 있다.

① 셀의 CAR부를 꺼낸다. → car
② 셀의 CDR부를 꺼낸다. → cdr
③ 값이 포인터인지 데이터인지를 구별한다. 데이터인 경우 이것을 아톰[11]이라고 한다.
   → atom
④ 2개의 리스트 구조가 같은지 다른지, 즉 2개의 포인터가 같은지[12] 아닌지를 판단한다.
   → eq
⑤ 2개의 포인터를 CAR부, CDR부로 가지는 새로운 셀을 구성한다. → cons[13]
⑥ 셀의 CAR부를 바꿔 넣는다. → rplaca[14]
⑦ 셀의 CDR부를 바꿔 넣는다. → rplacd[15]

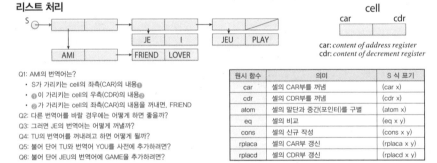

리스트 처리

원시 함수	의미	S 식 표기
car	셀의 CAR부를 꺼냄	(car x)
cdr	셀의 CDR부를 꺼냄	(cdr x)
atom	셀의 말단과 중간(포인터)를 구별	(atom x)
eq	셀의 비교	(eq x y)
cons	셀의 신규 작성	(cons x y)
rplaca	셀의 CAR부 갱신	(rplaca x y)
rplacd	셀의 CDR부 갱신	(rplacd x y)

car: content of address register
cdr: content of decrement register

Q1: AMI의 번역어는?
 • S가 가리키는 cell의 좌측(CAR)의 내용①
 • ①이 가리키는 cell의 우측(CDR)의 내용②
 • ②가 가리키는 cell의 좌측(CAR)의 내용을 꺼내면, FRIEND
Q2: 다른 번역어를 바랄 경우에는 어떻게 하면 좋을까?
Q3: 그러면 JE의 번역어는 어떻게 꺼낼까?
Q4: TU의 번역어를 꺼내려고 하면 어떻게 될까?
Q5: 불어 단어 TU와 번역어 YOU를 사전에 추가하려면?
Q6: 불어 단어 JEU의 번역어에 GAME을 추가하려면?

S 식(Symbolic expression)

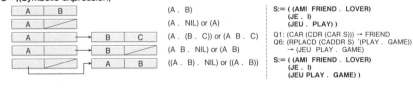

(A . B)
(A . NIL) or (A)
(A . (B . C)) or (A B . C)
(A B . NIL) or (A B)
((A . B) . NIL) or ((A . B))

S:= ((AMI FRIEND . LOVER)
      (JE . I)
      (JEU . PLAY))
Q1: (CAR (CDR (CAR S))) → FRIEND
Q6: (RPLACD (CADDR S) '(PLAY . GAME))
    → (JEU PLAY . GAME)
S:= ((AMI FRIEND . LOVER)
      (JE . I)
      (JEU PLAY . GAME))

그림 11-1 리스트 처리와 S 식

이 기본적인 처리들을 리스트 처리의 원시 함수(Elementary Functions)라고 한다(그림 11-1 참조).

11.1.3 S 식

리스트 구조를 기호열로 표기할 때의 기본은 셀의 CAR부와 CDR부를 도트(.)로 구분하여 전체를 괄호로 묶는다.

이를 도트 쌍(Dot Pair)이라 한다. 일반적으로 CDR부는 리스트 구조로의 포인터 인 경우가 많으며, 예를 들어, (x.y)의 y가 (z.w)라는 셀로의 포인터라고 하면 (x.(z. w))로 표기한다. 또 (x.y)의 y가 빈 리스트 ()인 경우에는 리스트의 끝을 나타내는 NIL로 나타낸다. 즉, (x.()) = (x.NIL)이다. 더욱이 도트와 그 바로 다음의 괄호 쌍은 생략하기로 한다. 그러면 (x.(z.w)) = (x z.w), 게다가 w가 NIL이라면 (x z.NIL) = (x z)가 된다.

이에 따라 복잡하게 보이는 리스트 구조가 집합 요소를 나란히 늘어놓은 것처럼 셀의 CAR부 값을 나열하고 괄호로 묶은 것[16]으로 표기할 수 있다(그림 11-1 참조).

이처럼 리스트 구조를 괄호와 도트로 구분된 기호열로 표기하는 기법을 S 식 (Symbolic Expression)이라 한다. S 식은 엄밀하게 다음과 같이 정의된다.

S 식(Symbolic Expression)

S 식 := 아톰 ¦ (S 식.S 식) ¦ NIL

↑—— 도트(표기법으로 바로 다음 괄호 쌍과 함께 생략 가능)

아톰 := 이름 아톰 | 수치 아톰 | 문자열 아톰

아톰(Atom)은 기본적인 오브젝트(객체, 데이터 등)를 나타낸다.

이름 아톰은 변수명과 상수명을 나타낸다. 예를 들어, abc, X5, @123, T, PI 등

수치 아톰은 수치 상수, 문자열 아톰은 문자열 상수를 나타낸다. 예를 들어, 3.14, 1.23e-5, "xyz" 등

NIL: 빈 리스트 ()를 나타낸다. NIL은 아톰의 성질도 갖는다.

S 식은 기본적으로 S 식의 도트 쌍으로 해서 재귀적으로 정의된다. 이것을 도트 표기법(Dot Notation)이라 한다. 도트 표기법은 괄호가 많아지면 보기 힘들어지므로 앞에서 설명한 것처럼 도트와 바로 다음의 괄호 쌍을 생략하기로 한다. 그러면 (S 식.(S 식))과 같이 괄호가 중첩된 구조가 (S 식 S 식)와 같은 형태로 간소화된다. 이것을 리스트 표기법(List Notation)이라 한다.

리스트 표기법은 S 식 정의에는 포함되지 않지만 리스트 구조를 표현하는 경우에 보통 사용되며, 오히려 도트 표기법이 사용되는 경우가 드물다. 그래서 보통은 (S 식 S 식 …)과 같은 'S 식을 나열하여 ()로 감싼 형태'를 리스트(List)라는 기본적인 데이터 구조로 간주한다. NIL은 아톰과 리스트의 양쪽 성질을 모두 가지지만 도트 쌍은 그렇지 않다.

11.1.4 폼

Lisp에서는 데이터만이 아니고 프로그램도 S 식(리스트)으로 표현한다. S 식을 프로그램으로 보는 경우에는 이것을 폼(Form)[17]이라고 한다. 폼은 식 11-2와 같은 형식의 S 식으로 첫 요소는 함수, 그 이외에는 인수 데이터[18]로 처리한다.

(f x$_1$ ⋯ x$_n$)
f: 함수　　x$_1$⋯x$_n$: 인수 데이터

원시 함수를 폼으로 표현하면 다음과 같이 된다(11.1.2절 원시 함수 참조).

❶ x = (A B C)인 경우, (car x) = A[19] ⋯ S 식의 첫 요소를 꺼낸다.

❷ (cdr x) = (B C) ⋯ S 식의 첫 요소를 제외한 나머지 리스트를 꺼낸다.

❸ (atom (cdr x)) = NIL, (atom (car x)) = T ⋯ 인수 데이터가 아톰이면 T, 포인터이면 NIL[20]을 돌려준다.

❹ (eq x x) = T, (eq x (cdr x)) = NIL ⋯ 2개의 인수 데이터가 같으면 T, 그렇지 않으면 NIL을 돌려준다.

❺ x = (A B C), y = (D E)인 경우, (cons x y) = ((A B C).(D E)) = ((A B C) D E) ⋯ 2개의 S 식으로부터 도트 쌍을 만든다.

❻ (rplaca x y) = ((D E) B C) ⋯ S 식의 첫 요소를 바꿔 넣는다.

❼ (rlpacd x y) = (A D E) ⋯ S 식의 첫 요소 이외의 부분을 바꿔 넣는다.

폼의 첫 요소, 즉 CAR부는 함수 이름을 나타내는 아톰인 경우도 있으며 함수 정의를 나타내는 람다식(뒤에 설명)인 경우도 있다. 함수 이름인 경우에는 별도로 정의된 람다식 등이 사용된다. 리스트 처리는 원시 함수의 조합이므로, 이 조합을 함수로 정의하는 함수 이름을 부여해 두면 다양한 리스트 처리를 수행할 수 있다. 실제로는 원시 함수만이 아니고 Lisp 처리 시스템에 미리 정의되어 있는 함수도 사용하여 새로운 함수를 정의한다. 이것이 Lisp 프로그램이다.

Lisp 프로그램이 데이터와 동일한 S 식으로 구성되어 있다는 것은 Lisp 프로그램 실행도 일종의 리스트 처리라고 할 수 있다. S 식을 폼이라고 보면 이것을 프로그램으로 하여 실행하는 것을 평가[21]라고 한다. Lisp 처리 시스템의 기본 부분은 Lisp 인터프리터[22]라고 하지만, 이것은 폼을 평가하기 위한 Lisp 프로그램인 셈이다.

11.2 람다 계산

람다 계산(Lambda Calculus)[24]은 1930년대 중반에 고안된 함수형 계산 모델 체계이며, 튜링 머신[25]과 함께 계산기 과학의 기초가 된 개념이다. 학교에서 배우는 함수와 컴퓨터 프로그램도 엄밀히 보면 람다 계산을 기반으로 하고 있다.

11.2.1 람다식

우리들은 계산이라고 하면 사칙연산 등의 수치 계산을 떠올리지만, 컴퓨터에서는 명령의 실행 순서를 정확하게 규정하는 것이 계산이며, 명령 부분에 데이터를 확실하게 주고받는 구조가 필요하다. 람다 계산은 람다식(Lambda Expression)을 사용하여 이 구조를 실현하고 있다. 람다식은 다음과 같이 정의된다.

정의 11-2

람다식(Lambda Expression)

람다식 := 변수 ¦ (λ (변수) 람다식) ¦ (람다식 람다항)

변수(Variable)는 기호 아톰, λ는 그리스 문자의 λ[26], 람다항(Lambda Term)은 람다식이다.
바깥쪽 괄호를 붙이지 않는 정의도 있으나 Lisp 언어로의 전개를 고려하여 바깥쪽 괄호를 사용하여 설명한다.

'(λ (변수) 람다식)' 형태는 함수 정의를 나타내며, 람다식이 함수 몸체가 된다. 이 경우의 변수는 람다 변수(Lambda Variable)라 불리고, 함수 몸체를 나타내는 람다식에도 나타나며, 함수의 외부로부터 데이터를 넘겨주는 인수 역할을 맡고 있다. 함수 몸체의 람다식에 나타나는 람다 변수 이외의 변수는 자유 변수(Free Variable)라 불리며 인수로는 사용되지 않는다.

'(람다식 람다항)' 형태는 함수 적용을 나타낸다. 즉, 왼쪽 람다식이 함수에 해당하고 오른쪽 람다항이 인수에 해당하여, 그 결과 람다식을 람다항에 적용하는, 즉 람다식을 평가하게 되는 것이다.

x, y를 변수, M, N을 람다식(람다항)이라고 할 때, 다음은 람다식이 된다.

❶ x   ❷ (x y)   ❸ (λ (x)M)   ❹ (λ (x)(λ (y)M))
❺ ((λ (x)M)(λ (y)N))   ❻ (x (λ (y)N))   ❼ (λ (x y)M)

즉, ❶은 변수 x의 값을 꺼낸다, ❷는 x를 함수로 하여 y에 적용한다, ❸은 함수 정의, ❹는 함수 몸체에 2개의 람다 변수가 있는 경우의 중첩된 정의, ❺는 (λ (x)M)의 x에 (λ (y)N)을 건네 M을 평가한다, ❻은 x를 함수로 하여 (λ (y)N)에 적용한다 등을 나타낸다.

그러나 ❼ (λ (x y)M)은 람다식이 아니다. 이것을 람다식으로는 ❹번과 같이 정의해야만 한다. 이 경우 M 내부의 변수 x, y에 대하여, y는 M의 인수로 람다 변수이지만 x는 (λ (y)M)에서 M의 자유 변수이므로 바깥쪽 람다식에서 첫 번째 람다 변수가 된다. 이 차이점은 아래와 같다.

잘못된 람다식 $((λ (x y) (+ x y)) 5 7) = (+ 5 7) = 12$
올바른 람다식 $((λ (x)((λ (y)(+ x y)) 5)) 7) = ((λ (x)(+ x 5)) 7) = (+ 7 5) = 12$

엄밀한 람다식 정의에 따르면 변수는 하나뿐이므로 위의 ❹와 같이 여러 개의 인수를 가지는 함수를 정의할 때는 람다식이 중첩되며 괄호가 많아져서 알아보기 어려워진다. 함수 몸체의 인수는 언젠가는 다 변수로 처리하게 되므로 처음부터 모든 인수를 람다 변수로 정의할 수 있다면 편리하다. 그래서 람다식의 간소화 표기법으로 람다식의 중첩 대신에 여러 개의 람다 변수를 지정하는 표기법도 간소화 표기법으로 허용하고 있다(❼).

정의 11-3

람다식의 간소화 표기법

람다식 $:= (\lambda \ (x_1 \cdots x_n) \ M)$

단, x_i는 람다 변수, M은 람다항을 나타낸다.

함수는 $f(x_1 \cdots x_n)=M$과 같이 정의되며 호출할 때는 $f(a, b, c)$처럼 사용한다. 여기서는 함수 이름 f를 사용하고 있다. 그러나 람다식에서는 함수 이름이 존재하지 않는다. 이는 함수 이름이 함수 정의에서 사용되지 않으므로 필요하지 않기 때문이다.[*27]

람다식은 함수 몸체에 나타나는 변수들 중에 어느 것이 인수인지를 명확하게 정의하고, 함수 호출 시 인수 데이터를 정확하게 대응시킨다. 보통은 람다식의 간소화 표기법에 의해 식 11-3과 같은 폼에 따라 함수의 정의와 평가를 수행한다.[*29]

식 11-3

$((lambda \ (x_1 \cdots x_n) \ M) \ c_1 \cdots c_n)$

$c_1 \cdots c_n$: 각 인수 $x_1 \cdots x_n$에 건네주는 데이터 S 식

예를 들어, a=(A B C), b=(D E)일 때

                                            x에 건네주는 데이터 (A B C)

$((lambda \ (x \ y) \ (cons \ (car \ x) \ (cdr \ y))) \ a \ b) = (A \ E)$

                  람다식   y에 건네주는 데이터 (D E)

11.2.2 축약

폼 평가는 다음과 같은 3단계 축약(Reduction)(또는 변환)을 거쳐 수행된다.[*30]

- **α 변환(Alpha Conversion):** 람다식의 인수 이름을 변경한다.
- **β 축약(Beta Reduction):** 람다식의 인수에 인수 데이터를 대응시키고 몸체를 바꿔 쓴다.
- **δ 축약(Delta Reduction):** 폼 평가를 수행한다.

α 변환은 단순히 변수 이름을 변경하지만, 람다식이 중첩되어 안쪽과 바깥쪽에 같은 인수 이름이 사용되고 있는 경우에는 혼동되지 않도록 어느 쪽 인수 이름을 변경해야 하는지에 대한 방법이 정해져 있다.

(lambda(x y) (+ x ((lambda(x) (* x 10)) y)))는 x+y*10을 계산하지만 다음과 같이 x의 중복을 없애면 이해하기 쉬워진다.

➡ (lambda(x_1 y) (+ x_1 ((lambda(x_2) (* x_2 10)) y)))

β 축약은 함수 몸체 내부의 인수 부분을 인수 데이터로 바꿔준다.

((lambda(x_1 y) (+ x_1 ((lambda(x_2) (* x_2 10)) y))) 5 7)은 x_1 ← 5, y ← 7로 바꿔 주면 다음과 같이 된다.

➡ (+ 5 ((lambda(x_2) (* x_2 10)) 7))
➡ (+ 5 (* 7 10))

δ 축약은 폼을 평가하는 단계로, 이 예에서 +나 *의 계산을 수행하고 75라는 값을 얻는다.

11.2.3 축약 전략

람다식의 인수와 데이터를 대응시킨다는 의미에서 β 축약이 가장 중요한 단계이며, 람다식을 어떤 순서로 변환하고 또 어디까지 변환하는지 정하는 것을 축약 전략이라고 한다.

변환 순서에 관해서는 중첩된 람다식의 바깥쪽부터 먼저 변환하는 방법과 안쪽부터 먼저 변환하는 방법의 두 종류가 있다. 바깥쪽부터 변환하는 경우를 지연 변환 전략, 안쪽부터 변환하는 경우를 적극 변환 전략이라고 한다. 예를 들어, 앞의 β 축약 설명 예는 지연 변환 전략이지만, 이것을 다음과 같이 안쪽의 람다식을 먼저 변환하는 것은 적극 변환 전략이다.[31]

((lambda(x_1 y) (+ x_1 ((lambda(x_2) (* x_2 10)) y))) 5 7)
➡ ((lambda(x_1 y) (+ x_1 (* y 10))) 5 7)
➡ (+ 5 (* 7 10))

어떤 전략이라도 최종적으로는 같지 않느냐고 생각할지도 모르지만 그렇지 않다.

람다식의 치환 가능한 부분을 축약항(Redex)이라 한다. 또 β 축약에 따라 축약항이 없어진 상태를 β 정규형이라 한다. 이 예에서는 지연 변환 전략이든 적극 변환 전략이든 β 정규형은 (+ 5 (* 7 10))이 되지만, 그렇지 않은 경우도 있다. 예를 들어, 인수의 평가가 필요하게 될 때까지 늦추는 지연 평가를 생각해 보자. 이것은 지연 변환 전략이라면 가능하다. 즉, 다음과 같은 람다식은 중첩은 아니고 인수 데이터에 람다식이 나타나는 예로, 지연 변환 전략이라면 바로 β 정규형이 된다. 그러나 적극 변환 전략에서는 인수 데이터를 먼저 축약하기 위하여 foo라는 함수 정의 람다식이 축약되지 않으면 β 정규형이 얻어지지 않을 수도 있다.

((lambda(x y) (+ x 1)) 5 ((lambda(z) (foo z)) 7))

지연 변환 전략에서는 y ← (foo 7)은 사용되지 않으므로,

⇒ (+ 5 1)

적극 변환 전략에서는 우선 인수 데이터에 있는 람다식을 먼저 축약하므로,

⇒ ((lambda (x y) (+ x 1) 5 (foo 7))

일반적으로 함수 실행은 인수 데이터가 모두 갖추어져야 수행되는 것이 많지만, 한편으로 지연 변환 전략에 기초하여 인수 데이터가 정의되지 않은 상태에서도 함수 몸체를 실행하는, 즉 지연 평가라는 개념도 있어 근대 컴퓨터 언어에서는 중요한 개념이 되고 있다.

11.3 스코프와 익스텐트

Lisp는 역사적으로 1970년대에 다양한 처리 시스템이 만들어졌으며, 1980년대에는 Common Lisp[32]라는 형태로 집대성되었다. 그리고 그 내부에 중요한 개념의 한 가지로 스코프(Scope)[33]와 익스텐트(Extent)[34]가 있다. 이것은 변수 등의 이름을 보는 방법과 생성 및 소멸에 관한 개념으로, 일반적으로는 지역 변수와 전역 변수라는 말로만 표현하던 것을, Common Lisp에서는 공간적 측면(스코프)와 시간적 측면(익스텐트)으로 나누어 엄밀하게 규정하고 있다.

11.3.1 스코프

이름은 변수 이름과 함수 이름으로 사용된다. 변수 이름인 경우에는 보통 정의된 함수 내부에서만 사용되지만, 함수 이름인 경우에는 프로그램 전체에서 사용된다. 그런데 변수 이름에서도 함수 이름처럼 프로그램 전체에서 사용되는 것도 있다. 또한, 함수 이름에서도 라벨 표현과 같이 함수 정의 내부에서만 사용되는 것도 있다. 그렇다면 '중첩된 함수 정의 내부에서 바깥쪽 함수 정의에서 사용된 변수 이름을 안쪽 함수 정의 내부에서 사용할 수 있는가?', '바깥쪽과 안쪽의 함수 정의에서 동일한 변수 이름이 나타나는 경우에는 어떻게 되는가?' 같은 의문이 생긴다. 그래서 이름이 보이는 범위를 규정하는 것이 스코프(Scope)다.

스코프에서는 문맥에 의존하는 정적 스코프[35]와 문맥에 의존하지 않는 무제한 스코프[36]가 있다.

함수의 인수, 함수 내부에서 정의되는 지역 변수는 정적 스코프를 갖는다. 함수가 중첩되어 있는 경우, 안쪽의 지역 변수는 바깥쪽에서는 볼 수 없으며 반대로 바깥쪽의 지역 변수도 안쪽에서는 볼 수 없다. 따라서 양쪽에서 동일한 변수 이름이 사용되어도 아무런 문제가 없다. 한편, 함수 이름[37]과 상수 이름 및 프로그램 전체에서 정의되는 전역 변수는 무제한 스코프를 가지므로 문맥에 관계없이 어디에서나 보인다.

11.3.2 익스텐트

다른 언어에서는 바깥쪽 지역 변수를 안쪽에서도 볼 수 있는 경우가 있다. Common Lisp에서는 보통 그렇지 않지만 반대로 그렇게 하고 싶은 경우에는 특수 변수[*38]를 사용한다. 특수 변수는 전역 변수도 아닌데 무제한 스코프를 가지며 양자 간의 차이가 익스텐트에서 나타난다. 즉, 전역 변수는 언제라도 보이지만 특수 변수는 특정 문맥이 실행 중에만 보인다. 이처럼 어디에서 보이느냐가 아니라 언제 보이느냐를 규정하는 것이 익스텐트(Extent)다.

익스텐트에는 실행 문맥에 의존하는 동적 익스텐트[*39]와 의존하지 않는 무제한 익스텐트[*40]가 있다.

특수 변수는 동적 익스텐트를 가지며, 변수 이름에 special 선언을 포함하는 함수가 실행 중이라면 어디에서나 보인다. 이름은 변수 이름과 함수 이름 이외에도 에러 처리 시 소켓 이름[*41] 등 다양한 용도가 있으며, 고유 스코프와 익스텐트를 갖는다(그림 11-2).

스코프와 익스텐트

Scope: 공간적(문맥적) 유효범위
Extent: 시간적 존재 기간

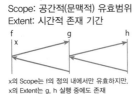

x의 Scope는 f의 정의 내에서만 유효하지만,
x의 Extent는 g, h 실행 중에도 존재

Scope \ Extent	Dynamic(동적) 사건이 존재하는 동안 활성화	Indefinite(무제한) 참조 가능한 동안 활성화
Lexical(정적) 문맥적 제약 있음	block 출구, go 태그	함수의 인수, local 변수
Indefinite(무제한) 문맥적 제약 없음	special 변수, catch 태그	함수, 상수, global 변수

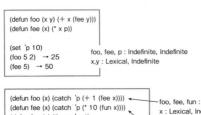

foo, fee, p : Indefinite, Indefinite
x,y : Lexical, Indefinite

foo, fee : Indefinite, Indefinite
x : Lexical, Indefinite
y : Indefinite, Dynamic

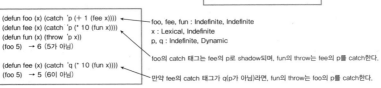

foo, fee, fun : Indefinite, Indefinite
x : Lexical, Indefinite
p, q : Indefinite, Dynamic

foo의 catch 태그는 fee의 p로 shadow되며, fun의 throw는 fee의 p를 catch한다.

만약 fee의 catch 태그가 q(p가 아님)라면, fun의 throw는 foo의 p를 catch한다.

그림 11-2 스코프와 익스텐트

11.4 쓰레기 수집

컴퓨터 메모리와 태스크의 기억 공간 관리에서는 보통 필요 없게 된 기억 장소를 모아 다음에 사용할 수 있도록 하는 작업이 필요하다. 이것을 쓰레기 수집(Garbage Collection)이라 한다. 컴퓨터 언어도 기억 공간을 사용한 후 그냥 내버려 두는 것이 아니라 적당히 쓰레기 수집을 수행하지만, 이 기술은 리스트 처리로부터 발전되어 왔다. 쓰레기 수집에 한정되지 않고 리스트 처리에서 발전된 기술은 많이 있다.[42]

쓰레기 수집은 일반적으로 다음의 두 단계로 수행된다.

① **셀의 사용 여부를 결정:** 마킹(Marking)과 참조 계수(Reference Counting) 등에 의해 처리한다.
② **셀의 이동(Compaction):** 기억 공간의 단편화(Fragmentation)를 피하기 위해 사용되고 있는 셀을 재배치한다.

또 쓰레기 수집 타이밍에는 다음과 같은 개념이 있다.

● **일괄형:** 기억 공간이 더 이상 없을 때 정리하여 회수한다(그림 11-3).

  Mark-and-Sweep: 사용되는 셀을 쫓아 표시를 하고 표시되어 있지 않은 것을 회수하는 복사 방식. 사용되는 셀을 쫓아가면서 다른 기억 공간에 복사한다. 셀의 이동도 동시에 수행된다.
● **수시형:** 기억 공간 해제 시에 수시로 회수한다.

  참조 계수: 참조되는 수를 카운트하여 0에서 회수하며, 인접 쓰레기를 정리한다.

  병렬 GC[43]: 회수 전용 스레드로 실제 작업과 병행하여 수시로 회수한다.
● **세대 갱신형:** 기억 공간의 액세스 상황에 따른 사용 공간을 수준별로 분류하여 회수의 효율화를 도모한다.

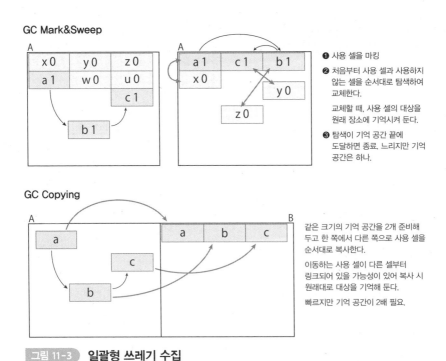

GC Mark&Sweep

❶ 사용 셀을 마킹

❷ 처음부터 사용 셀과 사용하지 않는 셀을 순서대로 탐색하여 교체한다.

교체할 때, 사용 셀의 대상을 원래 장소에 기억시켜 둔다.

❸ 탐색이 기억 공간 끝에 도달하면 종료. 느리지만 기억 공간은 하나.

GC Copying

같은 크기의 기억 공간을 2개 준비해 두고 한 쪽에서 다른 쪽으로 사용 셀을 순서대로 복사한다.

이동하는 사용 셀이 다른 셀부터 링크되어 있을 가능성이 있어 복사 시 원래대로 대상을 기억해 둔다.

빠르지만 기억 공간이 2배 필요.

그림 11-3 일괄형 쓰레기 수집

CHAPTER 11 **미주**

*1 배열 형태: 같은 자료형을 지닌 데이터가 연속적으로 배치되고, 각 요소가 인덱스로 참조 가능한 구조

*2 기호: 이름, 문자열, 추상 개념 등 수치 이외의 데이터

*3 리스트 구조: 데이터가 연속적이지 않고 포인터로 연결되어 임의의 위치에 배치되는 구조

*4 계산 모델: 소프트웨어가 실행되는 순서(규칙)

*5 포인터(Pointer): 데이터 값이 아니라 데이터 기억 장소를 나타낸다.

*6 차수가 n인 트리나 역 포인터도 생각할 수 있지만 여기서는 이진트리만 생각한다. 그래도 충분히 실용적이다.

*7 셀(Cell): 세포라는 의미. 데이터의 최소 액세스 단위.

*8 최초로 구현된 DEC-10 컴퓨터의 액세스 단위가 Address부(Content of Address Register)와 Decrement부(Content of Decrement Register)의 쌍이었기 때문에 첫 글자를 따서 CAR, CDR이라고 명명되었다. 내용이 포인터가 아닌 데이터인 경우도 있다.

*9 처음 버전이 왜 1.5인지 그 의미를 명확히 알 수는 없지만, Lisp 처리 시스템으로서의 최소 사양과 기대 사양의 중간 정도로 여겼던 것 같다.

*10 원시 함수로서는 rplaca, rplacd를 제외한 5가지 개념도 있지만, 그렇다면 기존의 리스트 구조를 변경할 수 없고 매번 전체를 복사하지 않으면 안 되므로 처리가 힘들다. Lisp1.5도 7가지이며, 5가지로 생각한 경우를 Pure Lisp라고 하였다.

*11 셀의 내용이 데이터인 경우는 더 이상 연결된 포인터를 쫓아가는 것이 아니므로 말단 요소라는 의미에서 atom(원자)이라고 한다.

*12 리스트 형태가 동일하다는 것이 아니라, 포인터가 같다는 의미로 equate(동등)라고 한다. 동일(equal)은 따로 있다.

*13 '만들다'라는 의미로 construct(조립)라고 한다.

*14 CAR부를 바꿔 넣으므로 replace CAR이라 한다.

*15 CDR부를 바꿔 넣으므로 replace CDR이라 한다.

*16 반대 설명도 있다. 즉, (x y z)라는 표기는 이것이 집합이라면 요소의 모임, 배열이라면 순서대로 나열된 것을 나타내지만, 리스트의 경우에는 x → y, y → z라는 포인터가 붙어 있는 것이라는 설명이다. 이 설명이 이해하기는 쉽지만 셀의 도트 쌍 표기 설명이 빠져 버리므로 여기서는 Lisp1.5를 따랐다.

*17 폼(Form): 형식이라고도 하지만 너무 일반적인 단어이므로 여기서는 폼이라고 하였다.

*18 함수가 처리하는 실제 데이터를 의미. 단순히 '인수'라고 하면 함수를 정의할 때 외부로부터 값을 받는 변수 이름을 나타낸다.

*19 일부러 대문자로 나타낸 것은 포인터를 값으로 하는 변수 아톰이 아니라 A라는 상수로서의 이름 아톰을 생각하기 때문이다. car과 cdr은 리스트를 쫓아갈 때 빈번히 사용하므로 다음과 같이 a와 d만 사용하는 간이 표기법을 쓰기도 한다. (car (cdr (car x))) = (cadar x)

*20 진릿값 True와 False를 Lisp에서는 T와 NIL로 표기한다.

*21 평가(Evaluate): Lisp에서는 프로그램도 데이터와 동일한 S 식이므로 '실행'이 아니고 '평가'라고 한다. 평가는 폼의 첫 요소를 함수로 보고 나머지 인수 데이터에 그 함수를 적용(apply)하는 것이지만, 인수 데이터도 S 식이므로 우선 이것들을 평가한다.

*22 Lisp 인터프리터(Lisp Interpreter): S 식을 폼이라 보고 평가와 적용을 반복한다. 매카시의 원저[*23]에는 인터프리터의 Lisp 프로그램이 기재되어 있다. 또한, 일반적인 인터프리터는 소스코드를 하나씩 해석하여 실행하는 처리 시스템이지만, 소스코드를 기계어 코드로 한꺼번에 변환하는 경우에는 컴파일러(Compiler)라고 한다. Lisp에서는 함수 단위에서 컴파일하는 것도 있다.

*23 John McCarthy 외 Lisp1.5 Programmer's Manual (MIT Press, 1962)

*24 람다 계산(Lambda Calculus): 처치(Alonzo Church, 1936)가 제창. The calculi of lambda conversion

*25 튜링 머신(Turing Machine): 튜링(Alan Turing, 1936)이 제창. 긴 테이프에 적힌 명령을 하나씩 읽어 들여 처리하고, 내부 상태를 변경하여 테이프에 출력을 반환하며, 테이프를 오른쪽이나 왼쪽으로 한 칸씩 보내는 것을 종료 명령이 나올 때까지 반복하는 가상 기계. 컴퓨터의 원형으로 알려져 있다.

*26 함수를 나타내는 데 그리스 문자인 λ를 사용하는 습관이 있었다. 문법적으로는 lambda라고 쓴다.

*27 함수가 재귀적으로 정의되는 경우에는 함수명이 필요하다. 이 경우에는 라벨 표현[*28] 등 특별한 람다식으로 함수명을 정의한다.

*28 라벨 표현(Label Notation): (label f (lambda(x_1 ⋯ x_n) M))
label로 시작하여 함수명과 람다식을 인수 데이터로 가지는 폼. 함수명 f는 함수 몸체 M 내부에서만 사용될 수 있다.

*29 이것을 축약(뒤에 설명)이라 한다. 인수에 정의되어 있지 않은(즉, 람다 변수가 아닌) 함수 몸체 내부의 변수는 몸체 내부에서 정의되는 지역 변수 또는 함수가 호출될 때와는 무관하게 외부에서 정의된 전역 변수 둘 중의 하나다.

*30 축약에서는 η 변환(Eta Conversion)도 있다. 어떤 인수에 대하여도 같은 값이 되는 함수는 동치로 볼 수 있으므로, 이것을 이용하여 람다식이 쓸데없이 길어지지 않도록 변환하는 것이다. 예를 들어, 다음과 같이 공식화된다.

$$((\lambda\ (x)M)\ x) \rightarrow M$$

이것은 인수 x가 어떤 값이라도 $((\lambda\ (x)M)\ x)$와 M은 동치이므로 M으로 변환될 수 있다. 단 x가 M의 자유 변수인 경우에는 변환될 수 없다. 예를 들어, $((\text{lambda}\ (x)\ (+\ x\ y))\ x)$는 x가 어떤 값이라도 $(+\ x\ y)$이므로 변환 가능하지만 $((\text{lambda}\ (x)\ (+\ x\ y))\ y)$는 $(+\ y\ y)$로 변환될 수 없다.

*31 적극 변환 전략은 축약항이 반드시 하나로 제한되지 않으므로 왼쪽부터 순서대로 축약하는 왼쪽우선 적극 변환 전략이라고 표현하기도 한다.

*32 Guy L. Steele Jr. Common Lisp (Digital Press 1990). 1994년 ANSI 표준화. 1997년 ISO 표준의 ISLISP 는 서브셋.

*33 스코프(Scope): 이름이 보이는 범위. ISLISP의 JIS 규격에서는 '유효 범위'라고 한다.

*34 익스텐트(Extent): 이름이 살아 있는 기간. ISLISP의 JIS 규격에서는 '존재 기간'이라고 한다. 1960년대에 발표된 Algol 60에서 이미 고려되었던 개념으로 서브루틴의 지역 변수가 그 서브루틴 실행 후에도 남아 있는 성질을 own 속성이라고 하였다.

*35 정적 스코프(Lexical Scope): 정의되는 장소를 포함하는 함수와 블록(문법상의 구획) 내부로만 한정된다. JIS 규격에서는 '정적'이라고 한다.

*36 무한한 스코프(Indefinite Scope): 정의된 장소에 관계없이 어디에서라도 보인다. 한정되지 않는다는 의미에서 JIS 규격에서는 '무제한'이라고 한다.

*37 함수와 함수 이름 정의는 defun에 의해 이루어진다. 단, 라벨 표현인 함수 이름은 함수 정의 내부에서만 보이므로 정적 스코프다.

*38 특수 변수(Special Variable): special 선언에 의해 정의된다.

*39 동적 익스텐트(Dynamic Extent): 관련된 문맥이 실행 중일 때만 보인다. JIS 규격에서는 '동적'이라고 한다.

*40 무한한 익스텐트(Indefinite Extent): 어떤 문맥을 실행시키고 있어도 언제라도 보인다. 한정되지 않는다는 의미에서 JIS 규격에서는 '무제한'이라고 한다.

*41 캐치 태그(Catch Tag): catch로 소켓을 준비하고, throw로 소켓에 제어를 넘긴다. 이 소켓의 이름이 catch tag로 동적 익스텐트를 갖는다.

*42 이름 관리에 사용하는 해시 테이블(hash table)의 하나인 버킷(bucket) 기법은 리스트 처리 그 자체다.

*43 GC: Garbage Collection은 쓰레기 수집이라 말하는 것보다 GC라고 말하는 경우가 많다. 예전의 GC 는 메인 프로그램의 처리에 미치는 영향이 컸지만, 병렬 GC라면 OS 수준에서 메인 프로그램의 처리 와는 다른 별도의 스레드가 번거로운 회수 처리를 담당하므로 메인 프로그램의 처리에 영향을 미치지 않는다.

12

사물의 관계를 서술하는
컴퓨터 언어
= Prolog

Prolog(Programming in Logic)는 Lisp의 10년 후 1970년대에 술어 논리를 언어로 적용하는 형태로 발표되었고(Alain Colmerauer 1972), 최초의 처리 시스템이 된 DEC-10 PROLOG가 에든버러 대학에서 개발되었다(Robert Kowalski & David Warren 1974).

인간의 사고는 반드시 절차적[*1]이지 않고, 기억 구조가 사물의 개념과 그것들의 관계를 기반으로 이루어진다고 본다. 이와 같은 구조 특성을 서술하기에는 선언적[*2] 서술을 수행하는 Prolog가 유용하며, 추론, 병렬성 등의 특징도 중요하다. Prolog는 술어 논리에 기초한 언어다. 술어 논리는 기호 논리[*3] 중의 하나인 논리 체계이지만 이 장에서는 Prolog를 이해하는 데에 중요하게 생각되는 ❶ 명제 논리, ❷ 술어 논리, ❸ 혼 절, ❹ 단일화와 백트랙, ❺ WAM과 추상 명령에 대하여 설명한다.

12.1 명제 논리

문제를 진릿값(참/거짓(TRUE/FALSE))을 값으로 가지는 형태로 표현한 것을 명제(Proposition)라고 한다. 명제 논리(Propositional Logic)는 명제를 기호로 나타내 복잡한 명제도 기호를 조작하는 것만으로 진릿값을 판단하는 논리 체계다. 여기서는 우선 기호와 기호의 조작이 어떤 것인지를 보기 위하여 명제 논리의 개념을 설명한다.

12.1.1 명제 변수

'내일은 맑거나 또는 흐리다'라는 문장을 명제로 생각할 때 '내일은 맑다'를 A, '내일은 흐리다'를 B로 나타내고, 더욱이 '또는'을 ∨라는 기호로 나타내면 이 문장은 A ∨ B라는 기호열이 된다. 이 기호열에 대하여 정말로 '내일이 맑다'라면 A는 참이므로 원래의 명제 'A ∨ B'는 참이지만, 일기예보가 '내일은 비'라면 A도 B도 거짓이므로 A ∨ B는 거짓이다.

다른 문장 '내일 맑으면 소풍을 간다'를 명제라 하고, '내일은 맑다'를 P, '소풍을 간다'를 Q, '~이라면'이라는 표현을 →라는 기호로 나타내면, 이 문장은 P→Q라는 기호열이 된다. 일기예보가 맑아서 예정대로 소풍을 간다면 P도 Q도 참이므로 이 명제 P→Q는 참이지만, 만약 급한 볼일이 생겨서 소풍을 못 간다면 P는 참이지만 Q는 거짓이므로 P→Q는 거짓이 된다.

그러면 '내일은 흐리다'는 예보라면? 맑음은 아니므로 소풍을 가지 않는 것일까라고 하면 사실은 꼭 그렇다고는 할 수 없기 때문에, 이 경우 P→Q는 Q의 진릿값 여부에 관계없이 참이라고 생각할 수 있다. 이것은 원래 '…이라면'의 전제가 무너지므로 그 앞날을 생각해도 소용없게 되는 것이다.

명제를 기호열로 나타낼 때, 각각의 명제를 나타내는 기호를 명제 변수(Propositional Variable)라고 한다. 여기서 A와 B, P와 Q는 명제 변수다. 명제 변수는 일단 기호로 나타내면 이제는 그 의미에 대해서 생각하지 않고 기호열을 조작하는 것이 가능하

지만, 진릿값에 대해서도 고려할 때는 명제 변수가 무엇을 나타내는지에 따라 진
릿값이 결정되며 명제 전체의 진릿값도 결정된다.

12.1.2 논리 연산자

앞의 예에서 명제 변수를 그대로 두고 보다 복잡한 명제를 표현하기 위하여 ∨와
→를 사용하였는데, 이와 같은 기호를 논리 연산자(Logical Operator)*4라고 한다. 명
제 논리에서는 다음의 5가지 논리 연산자를 사용한다. 여기서 … 부분은 명제를
나타낸다.

① 부정(NOT; Negation)　　　　　　　∼ (… 는 아니다)
② 논리곱(AND; Logical Conjunction)　∧ (… 동시에 …)
③ 논리합(OR; Logical Disjunction)　　∨ (… 또는 …)
④ 함축(IMP; Implication)　　　　　　→ (… 이라면 …)
⑤ 동치(EQ; Equivalence)　　　　　　≡ (… 와 … 가 같다)

논리 연산자의 연산 결과를 표 12-1에 나타내었다.

12.1.3 명제 논리식

명제를 논리 연산자로 연결하면 보다 복잡한 명제를 나타내는 기호열이 되는데,
이것을 명제 논리식(Propositional Expression)이라 하며 다음과 같이 정의한다.

> **정의 12-1**
>
> **명제 논리식**
> ❶ P가 명제 변수인 경우, P 및 ∼P는 명제 논리식이다. 이것들을 리터럴(Literal)이라 부른다.
> ❷ P, Q가 명제 논리식인 경우, ∼P, P∧Q, P∨Q, P→Q, P≡Q는 명제 논리식이다.
> ❸ 명제 논리식은 ❷번 경우에 의해서만 생성된다.

P	Q	~P	P∧Q	P∨Q	P→Q	P≡Q
F	F	T	F	F	T	T
F	T	T	F	T	T	F
T	F	F	F	T	F	F
T	T	F	T	T	T	T

※ P, Q는 명제, T는 참, F는 거짓을 나타낸다.

표 12-1 **논리 연산자와 연산 결과**

명제 논리식의 정의에 따르면 명제 변수만 나란히 놓인 것이나, ~ 이외의 논리 연산자가 연속되어 있는 것은 명제 논리식이 아니다. 예를 들어, P∧~P와 P∨~~Q는 명제 논리식이지만 PQ~R과 P∧∨Q는 명제 논리식이 아니다.

명제 논리식은 그 속에 포함되어 있는 명제 변수의 진릿값에 따라 전체의 진릿값이 결정된다. 어떠한 경우에도 반드시 참이 되도록 하는 명제 논리식을 항진식(Tautology)이라 하며, 반드시 거짓이 되는 명제 논리식을 모순식(Contradiction)이라한다. 예를 들어, P∨~P는 항진식이며 P∧~P는 모순식이다.

12.1.4 진리표

명제 변수의 진릿값 패턴에 대하여 명제 논리식의 전체 진릿값을 나타내는 표를 진리표(Truth Table)라고 한다. 표 12-2에 진리표의 예를 들고 있다.

표 12-2는 P, Q를 명제 변수라 할 때의 P→Q(함축)와 P≡Q(동치)의 진리표를 나타내고 있는데, 각각 ~P∨Q, (P→Q)∧(Q→P)의 진리표와 일치하는 것을 알 수 있다. 진리표가 일치하는 2개의 명제식을 동치[5]라 하며 한쪽에서 다른 쪽으로 변형하는 것이 가능하다. 동일한 진리표인데 형태가 다른 명제 논리식이 복잡한 경우에는 하나의 형태로 통일하는 것이 편리하다.

P	Q	P → Q	~P	~P ∨ Q	P ≡ Q	Q → P	(P → Q) ∧ (Q → P)
F	F	T	T	T	T	T	T
F	T	T	T	T	F	F	F
T	F	F	F	F	F	T	F
T	T	T	F	T	T	T	T

일치   일치

표 12-2 함축·동치의 진리표

12.1.5 절 형식

리터럴의 논리합으로부터 만들어지는 명제 논리식을 절(Clause), 절의 논리곱을 절 형식(Clausal Form)*6이라 한다. 이는 다음과 같이 정의된다.

정의 12-2

절 형식

P_{ij}를 리터럴(명제 변수, 또는 그 부정)이라 할 때,

절 : $C_i = P_{i1} \lor P_{i2} \lor \cdots \lor P_{ij} \lor \cdots \lor P_{in}$

절 형식 : $(C_1 \land C_2 \land \cdots \land C_i \land \cdots \land C_m)$

12.1.6 동치 변형

같은 진리표를 갖지만 형태가 다른 명제 논리식이 여러 개일 때는 절 형식으로 통일하는 것이 좋다. 일반적으로 임의의 명제 논리식은 동치 변형(진리표를 바꾸지 않는 변환)에 의해 절 형식으로 변환 가능하다. 동치 변형에는 그림 12-1에 나타나 있는 것과 같은 패턴이 있다.

그림 12-1의 동치 변형 패턴은 각각 ≡의 양쪽이 치환 가능함을 나타낸다. 즉, 이 진리표들이 일치한다는 것인데, ❿ 함축·동치 제거에 대해서는 표 12-2에서 이미 일치하는 것을 보았으므로 ❾ 드모르간 법칙에 대해서도 살펴보자(표 12-3).

❶ 부정 법칙

$P \vee \sim P \equiv T$(배중 법칙)

$P \wedge \sim P \equiv F$(모순 법칙)

❷ 멱등 법칙

$P \vee P \equiv P$

$P \wedge P \equiv P$

❸ 항진 법칙·모순 법칙

$P \vee T \equiv T, \; P \wedge T \equiv P$

$P \vee F \equiv P, \; P \wedge F \equiv F$

❹ 교환 법칙

$P \vee Q \equiv Q \vee P$

$P \wedge Q \equiv Q \wedge P$

❺ 결합 법칙

$(P \wedge Q) \wedge R \equiv P \wedge (Q \wedge R)$

$(P \vee Q) \vee R \equiv P \vee (Q \vee R)$

❻ 분배 법칙

$P \vee (Q \wedge R) \equiv (P \vee Q) \wedge (P \vee R)$

$P \wedge (Q \vee R) \equiv (P \wedge Q) \vee (P \wedge R)$

❼ 흡수 법칙

$P \vee (P \wedge Q) \equiv P$

$P \wedge (P \vee Q) \equiv P$

❽ 이중 부정 법칙

$\sim(\sim P) \equiv P$

❾ 드모르간 법칙

$\sim(P \wedge Q) \equiv \sim P \vee \sim Q$

$\sim(P \vee Q) \equiv \sim P \wedge \sim Q$

❿ 함축·동치 제거

$P \rightarrow Q \equiv \sim P \vee Q$

$(P \equiv Q) \equiv (P \rightarrow Q) \wedge (Q \rightarrow P)$

※ P, Q는 명제 논리식, ≡는 치환 가능함을 나타낸다.

그림 12-1 명제 논리식의 동치 변형

P	Q	P ∧ Q	~(P ∧ Q)	P ∨ Q	~(P ∨ Q)	~P	~Q	~P ∨ ~Q	~P ∧ ~Q
F	F	F	T	F	T	T	T	T	T
F	T	F	T	T	F	T	F	T	F
T	F	F	T	T	F	F	T	T	F
T	T	T	F	T	F	F	F	F	F

일치   일치

표 12-3 드모르간 법칙의 진리표

임의의 명제 논리식을 절 형식으로 변환하려면 다음의 순서에 따라 동치 변형을
수행하면 좋다.

❶ 함축(→)과 동치(≡)를 제거

❷ 부정(~) 제거: 이중 부정, 드모르간 법칙 적용

❸ 분배 법칙, 결합 법칙, 교환 법칙, 그 외의 것을 적용

예를 들어, $(P \wedge \sim Q) \rightarrow (Q \wedge R)$라는 명제 논리식을 절 형식으로 변환해 보자.

$(P \land \sim Q) \rightarrow (Q \land R)$

$\equiv (\sim(P \land \sim Q)) \lor (Q \land R)$	함축 제거
$\equiv (\sim P \lor (\sim\sim Q)) \lor (Q \land R)$	드모르간 법칙
$\equiv (\sim P \lor Q) \lor (Q \land R)$	이중 부정 법칙
$\equiv ((\sim P \lor Q) \lor Q) \land ((\sim P \lor Q) \lor R)$	분배 법칙
$\equiv (\sim P \lor (Q \lor Q)) \land ((\sim P \lor Q) \lor R)$	결합 법칙
$\equiv (\sim P \lor Q) \land ((\sim P \lor Q) \lor R)$	멱등 법칙
$\equiv \sim P \lor Q$	흡수 법칙

원래의 명제 논리식은 복잡하여 진릿값 판정이 어렵지만 절 형식은 매우 간단해졌다. 예를 하나 더 들어, $(P \rightarrow Q) \lor \sim Q$라는 명제 논리식을 절 형식으로 변환해 보자.

$(P \rightarrow Q) \lor \sim Q$

$\equiv (\sim P \lor Q) \lor \sim Q$	함축 제거
$\equiv \sim P \lor (Q \lor \sim Q)$	결합 법칙
$\equiv \sim P \lor T$	배중 법칙
$\equiv T$	항진 법칙

이 예에서는 원래의 명제 논리식이 항진식임을 나타내고 있다. 이 진리표는 P, Q의 진릿값에 관계없이 항상 참이 된다.

이상이 명제 논리의 개요인데 현실 문제를 명제 논리식으로 표현하여 문제 해결을 도모하는 것은 가능한 일일까? 예를 들어, 하드웨어 논리 설계의 검증에 사용되는 모델 체커(Model Checker)는 시간적 요인을 더한 논리 체계에 기초하고 있지만 명제 논리 형식의 논리식으로 서술되어 있다. 결국, 명제 논리가 검증 자동화를 지원하고 있는 셈이다.

12.2 술어 논리

명제 논리에서 명제 변수는 진릿값만을 고려하며, 이 변수들이 무엇을 나타내고 있는지는 고려하지 않았다.

예를 들어, '내일 맑거나 흐리면 소풍을 간다'라는 문장을 기호로 표현할 때, 명제 논리라면 P∨Q→R로 서술할 수 있지만 원래 문장의 의미는 사라져 버린다. 그래서 다음과 같이 표현해 보자.

식 12-1

fine(tomorrow)∨cloudy(tomorrow) → go(picnic) 또는
fine(X)∨cloudy(X) → go(Y)

이렇다면 원래 문장의 의미도 표현된다. 술어 논리는 이처럼 문제의 의미도 기호로 표현 가능한 논리 체계이다. 여기서는 술어 논리가 Prolog 언어의 이론적 기초가 된 것을 이해하기 위해 그 개요를 설명한다.

12.2.1 술어 논리식

식 12-1과 같은 식을 술어 논리식이라 한다. 문제에 나타나는 오브젝트(사건과 데이터)를 tomorrow, picnic, X, Y라는 기호로 나타내고, 동시에 오브젝트의 성질과 행동도 fine, cloudy, go 등의 기호로 나타내고 있다. 술어는 일반적으로 '…가 …이다' 이거나 '…를 …하다'와 같은 오브젝트의 성질과 행동을 나타낸다. 이것을 논리 연산자로 연결한 논리식을 술어 논리식(Logical Expression in Predicate Logic)이라 하며 다음과 같이 정의된다.

술어 논리식 ※ 아래의 정의에서 '*'은 반복을, '|'는 선택을 나타낸다.

술어 := 술어 기호 (항 *)

술어(Predicate)는 술어 이름을 나타내는 술어 기호와 그 인수인 항의 나열로 구성되며, 항들 간의 관계, 오브젝트의 성질과 행동을 나타낸다. 인수에 술어 기호는 지정할 수 없다.[7]

항 := 변수 | 상수 | 함수 기호 (항 *)

항(Term)은 변수나 상수나 함수로 구성된다. 함수는 함수 이름을 나타내는 함수 기호와 인수인 항의 나열로 구성된다. 변수(Variable)는 오브젝트를 값으로 하는 변수이다(대문자로 표기한다). 상수(Constant)는 특정 오브젝트를 나타내는 상수이다(소문자로 표기한다).

아톰 := 항 | 술어

아톰(Atomic Formula)은 가장 기본적인 논리식으로 항 또는 술어로 구성된다. 원소 논리식이라고도 한다.

논리 연산자 := ~ | ∧ | ∨ | → | ≡

논리 연산자(Logical Operator)는 명제 논리의 경우와 동일하다.

리터럴 := 아톰 | ~아톰

리터럴(literal)은 더 이상 분해되지 않는 논리식으로 참인 리터럴이나 거짓인 리터럴(~가 붙음)로 구성된다.

한정자 := ∀ | ∃

∀ 전체 한정자(Universal Quantifier) '모든 …에 대하여 …이다'

∃ 존재 한정자(Existential Quantifier) '어떤 …에 대하여 …이다'

술어 논리식 := 아톰 |

논리 연산자로 결합된 술어 논리식 |

한정자가 붙어 있는 술어 논리식

예를 들어, 다음 식은 술어 논리식이다.

∀X (~rain(X) → ∃Y walk(Y))	비가 오지 않으면 매일 어딘가 Y를 산책한다.
∀X (bird(X) → wing(X))	모든 새는 날개가 있다.
∀X (bird(X) → ∃Y (wing(X)∧~fly(Y)))	새인데 날개가 있어도 날지 못하는 Y가 있다.

12.2.2 술어 논리의 절 형식

술어 논리의 경우도 명제 논리의 절 형식에 한정자가 붙어 있는 형태의 절 형식 (Clausal Form)이 있다. 절 중간에 나오는 한정자는 모두 절 형식의 맨 앞으로 나올 수 있다. 이 형태를 프리넥스 절 형식 또는 프리넥스 정규형(Prenex Normal Form)이라 하며 다음과 같이 정의한다.

정의 12-4

프리넥스 절 형식

P_{ij}를 리터럴(아톰, 또는 그것의 부정)이라고 할 때,

절 $\qquad C_i = P_{i1} \lor P_{i2} \lor \cdots \lor P_{ij} \lor \cdots \lor P_{in}$

프리넥스 절 형식 $\quad \tau X_1, \cdots, \tau X_m \ (C_1 \land C_2 \land \cdots \land C_i \land \cdots \land C_m)$

$\qquad\qquad\qquad \llcorner \tau$는 $\forall$ 또는 $\exists$

12.2.3 술어 논리식의 동치 변형

임의의 술어 논리식은 동치 변형에 의해 프리넥스 절 형식으로 변환할 수 있다. 이것은 명제 논리 범위에서의 동치 변형에 한정자를 추가로 고려한 변형(그림 12-2, 그림 12-3)을 수행한다. 이 과정에서 식 12-2에 의해 한정자를 $\forall$만으로 치환하는 것을 스콜렘화(Skolemization)라 부르며, 최종적으로 한정자는 $\forall$만으로 구성되도록 생략하는 것이 가능하다.

식 12-2

스콜렘 함수 $\qquad \forall X_1, \cdots, \forall X_m, \exists Y \ P(X_1, \cdots, X_m, Y))$인 경우

$\qquad\qquad\qquad Y = f(X_1, \cdots, X_m)$으로 치환함으로써

스콜렘 정규형 $\qquad \forall X_1, \cdots, \forall X_m \ P(X_1, \cdots, X_m, f(X_1, \cdots, X_m))$으로 변형할 수 있다.

$\qquad\qquad\qquad$ 즉, $\exists Y$를 제거할 수 있다.

$\sim\forall X\ P(X) \equiv \exists X(\sim P(X))$

$\sim\exists X\ P(X) \equiv \forall X(\sim P(X))$

$\forall X(P(X)\wedge R) \equiv \forall X(P(X))\wedge R$

$\forall X(P(X)\vee R) \equiv \forall X(P(X))\vee R$

$\exists X(P(X)\wedge R) \equiv \exists X(P(X))\wedge R$

$\exists X(P(X)\vee R) \equiv \exists X(P(X))\vee R$

$\forall X(P(X)\wedge Q(X)) \equiv \forall X(P(X))\wedge\forall X(Q(X))$

$\exists X(P(X)\vee Q(X)) \equiv \exists X(P(X))\vee\exists X(Q(X))$

※ X는 변수, P, Q는 X를 항으로 가지는 술어 논리식, R은 X를 항으로 가지지 않는 술어 논리식

그림 12-2 한정자가 있는 동치 변형

① 동치와 함축 제거
② 한정자의 앞에 있는 부정을 뒤로 이동
③ 술어 논리식을 절 형식으로 변환
④ 스콜렘화('∃'를 제거)
⑤ 모든 한정자를 술어 논리식의 앞으로 이동
⑥ 술어 논리식을 프리넥스 절 형식으로 변환
⑦ 한정자 생략

그림 12-3 프리넥스 절 형식의 변환 순서

예 1

$(\forall X\ P(X)\wedge\sim\exists Y\ Q(Y))\vee\forall Z\ R(Z)$

$\equiv (\forall X\ P(X)\wedge\forall Y(\sim Q(Y)))\vee\forall Z\ R(Z)$ ② 부정 이동

$\equiv \forall X,\forall Y,\forall Z((P(X)\wedge Q(Y))\vee R(Z))$ ⑤ 한정자 이동

$\equiv \forall X,\forall Y,\forall Z((P(X)\vee R(Z))\wedge(\sim Q(Y)\vee R(Z)))$ ⑥ 분배 법칙으로 절 형식 변환

$\equiv (P(X)\vee R(Z))\wedge(\sim Q(Y)\vee R(Z))$ ⑦ 한정자 생략

예 2

$\forall X(human(X) \rightarrow \exists Y\ mother(X,Y))$ 사람에게는 반드시 엄마가 있다.

$\equiv \forall X(\sim human(X)\vee\exists Y\ mother(X,Y))$ ① 함축 제거

$\equiv \forall X(\sim human(X)\vee mother(X,f(X)))$ ④ 스콜렘화 Y=f(X)

$\equiv \sim human(X)\vee mother(X,f(X))$ ⑦ 한정자 생략

예 3

$\forall X(bird(X) \rightarrow \exists Y(wing(X)\wedge\sim fly(Y)))$ 새 중에는 날개가 있어도 날지 못하는 새가 있다.

$\equiv \forall X(\sim bird(X)\vee(\exists Y(wing(X)\wedge\sim fly(Y))))$ ① 함축 제거

$\equiv \forall X(\sim bird(X)\vee((wing(X)\wedge fly(f(X)))))$ ④ 스콜렘화 Y=f(X)

$\equiv \forall X((\sim bird(X)\vee wing(X))\wedge(\sim bird(X)\vee\sim fly(f(X))))$ ③ 분배 법칙

$\equiv (\sim bird(X)\vee wing(X))\wedge(\sim bird(X)\vee\sim fly(f(X)))$ ⑦ 한정자 생략

12.2.4 도출 원리

한정자가 붙어 있는 절 형식은 전체 한정자뿐이므로, 이것을 생략하고 남은 절 형식에 포함되는 절의 모임을 절 집합이라 한다. 절 집합에는 서로 모순되는 리터럴(P와 ~P)을 포함한 절이 쌍으로 나타나는 경우가 있다. 이 경우 이 모순되는 리터럴을 제거한 새로운 절을 다음과 같이 만들 수 있다. 이것을 도출(Resolution)이라 한다.

식 12-3

도출: 절 집합 $\Gamma = \{C_1, \cdots, C_n\}$이고

$C_i = P \vee Q$, $C_j = {\sim}P \vee R$인 경우, $C_k = Q \vee R$

단, $1 \leq i, j \leq n, k > n$

도출을 반복함에 따라 절 집합으로부터 서로 모순되는 절이 제거되고 최종적으로 절을 하나도 포함하지 않는 공집합이 되면, 원래의 절 집합은 충족 불능이라고 한다. 이것은 변수를 어떻게 설정하여도 전체가 참이 될 수 있는 경우가 없다는 것을 보여준다.

이 개념이 Prolog의 논리적 기반이며, 술어 논리식 $\exists X\ P(X)$를 증명하기 위하여 모순 증명법을 사용한다. 원래 식의 부정 ${\sim}\exists X\ P(X)$, 즉 $\forall X({\sim}P(X))$를 만들어 ${\sim}P(X)$와 참으로 확정된 절들의 집합에 대하여 도출 원리를 적용하고, 최종적으로 공집합이 되는 것을 보이면 '${\sim}P(X)$는 거짓', 즉 '$P(X)$는 참'이라는 것이 증명된다.

12.3 혼 절

긍정 리터럴(부정 기호 ~가 없는 리터럴)이 한 개 이하인 절을 혼 절(Horn Clause)이라고 한다.[8] 혼 절에는 다음의 두 종류가 있다.

혼 절

❶ $A \vee \sim B_1 \vee \cdots \vee \sim B_n$ 긍정 리터럴이 있는 경우 치환하면 $A \vee \sim (B_1 \wedge \cdots \wedge B_n)$

❷ $\sim B_1 \vee \cdots \vee \sim B_n$ 긍정 리터럴이 없는 경우 치환하면 $\sim (B_1 \wedge \cdots \wedge B_n)$

12.3.1 Prolog 구문

Prolog 구문은 혼 절을 변형하여 맨 끝에 .(피리어드)를 붙인 형태로 다음의 4종류가 있다. 이것은 ←의 좌변을 우변으로 정의하는 것으로 생각할 수 있다.

Prolog 구문

❶ $A \leftarrow B_1, \cdots, B_n.$ 확정 절(Definite Clause)

❷ $\leftarrow B_1, \cdots, B_n.$ 목표 절(Goal Clause)

❸ $A \leftarrow.$ 단위 절(Unit Clause)

❹ $\leftarrow.$ 공 절(Empty Clause)

Prolog 구문은 혼 절을 다음과 같이 변형한 것으로 생각할 수 있다.

❶ $A \vee \sim (B_1 \wedge \cdots \wedge B_n)$을 함축을 사용하여 동치 변형한 $B_1 \wedge \cdots \wedge B_n \rightarrow A.$

→을 ←으로, ∧을 ,(콤마)로 바꾸고 양변을 서로 바꿔 넣는다.

❷ $\square \vee \sim (B_1 \wedge \cdots \wedge B_n)$을 같은 방식으로 동치 변형하면 $B_1 \wedge \cdots \wedge B_n \rightarrow \square.$

같은 방식으로 변형하면 $\leftarrow B_1, \cdots, B_n$(□는 생략).

❸ B_i가 하나도 없을 때는 ❶의 특별한 형태

❹ A도 B_i도 없을 때는 ❷의 특별한 형태

12.3.2 SLD 도출

프로그램 P가 있을 때, 목표 절 ←P의 왼쪽 끝부터 순서대로 도출 원리를 사용하여 좌변에서 같은 항을 가지는 확정 절 또는 단위 절로 치환해 가다가 공 절에 도달하면 종료된다. 이 처리는 목표 절 또는 확정 절의 우변 항을, 좌변에서 그 항을 가지는 확정 절의 호출로 간주하는 일반적인 방식으로 수행되는 것처럼 볼 수 있다. 이것을 SLD 도출(Selective Linear resolution for Definite clause)이라 한다(그림 12-4).

Prolog의 SLD 도출

←P,C   P←D

←D,C

목표절로 P가 나타나면 그 정의인 P의 정의로 치환하거나, 또는 먼저 정의 부분의 D를 실행하는 것으로 생각하면 좋지만, 그렇다면 다른 컴퓨터 언어에서의 함수 호출과 같은 것이 된다. 하지만 실제로는 오른쪽과 같이 도출이 수행되며 가장 아랫줄의 D∧C→□를 Prolog로 되돌리면 ←D, C가 된다.

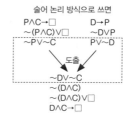

술어 논리 방식으로 쓰면

P∧C→□   D→P
~(P∧C)∨□   ~D∨P
~P∨~C   P∨~D

도출

~D∨~C
~(D∧C)
~(D∧C)∨□
D∧C→□

그림 12-4 SLD 도출

공 절이 도출되면 원래의 목표 절은 충족 불능이 되므로 목표 절 ←P는 ~P이므로 ~P가 거짓, 즉 P가 참이 되므로 프로그램 실행은 성공한 것이 된다.

예로, 두 개의 인수를 결합하는 append의 Prolog 프로그램을 그림 12-5에 나타내었다. 보통의 언어와는 인상이 상당히 다르지만 Prolog의 특징을 잘 나타내고 있다. ❶은 단위 절, ❷는 확정 절, ? 행은 목표 절이다. 이 예에서는 2개의 목표 절이 있으며 각각 변수 V에 결과를 요구하고 있다.

술어 정의
append([ ],X,X).   …❶
append([W|X],Y,[W|Z]) :- append(X,Y,Z).   …❷

실행
? append([a,b],[c],V) ⇒ V=[a,b,c]
? append([a,b],V,[a,b,c]) ⇒ V=[c]

※ 표기법상 :-는 확정 절의 ←, ?는 목표 절의 ←를 나타낸다.
[a|X]는 리스트(항의 나열)로 a가 처음 요소, [X]가 나머지 리스트를 나타낸다.

그림 12-5 append의 정의와 실행

12.4 단일화와 백트랙

12.4.1 단일화

Prolog의 실행은 도출 원리에 기초하지만 그림 12-5의 도출 과정에서 목표 절 P와 확정 절의 P가 구문상 완전히 동일한 기호열로는 제한되지 않는다. 예를 들어, 목표 절의 상수 a에 대하여 확정 절의 대응하는 위치에 변수 X가 있을 때 양쪽은 기호열로서는 다르지만 X와 a가 같다고, 즉 X는 구체적으로는 a를 나타낸다고 생각하면 도출 원리를 적용할 수 있다. 상수끼리나 다른 술어에 대해서는 이런 것이 불가능하지만 한쪽이 변수인 경우라면 가능하다. 이 처리를 단일화(Unification)[9]라고하며 여기서는 (X/a)라고 나타낸다. 단일화는 Prolog의 SLD 도출을 수행하는 데에 필요한 처리로 이 과정에서 변수의 값이 결정된다.[10]

그림 12-5에 나와 있는 append의 정의 ❶, ❷에 대하여 목표 절 2개의 SLD 호출을 그림 12-6에 나타낸다.

여러 가지 도출
append([a,b],V,[a,b,c])
  ↓ ❷(a/W,[b]/X,V/Y,[b,c]/Z)
append([b],V,[b,c])
  ↓ ❷(b/W,[ ]/X,V/Y,[c]/Z)
append([ ],V,[c])
  ↓ ❶(V/X,[c]/X) => V=[c]

append([a,b],[c],V)
  ↓ ❷(a/W,[b]/X,[c]/Y,V/[a|Z1])
append([b],[c],Z1)
  ↓ ❷(b/W,[ ]/X,[c]/Y,Z1/[b|Z2])
append([ ],[c],Z1)
  ↓ ❶([c]/X,Z2/X) => Z2=[c], Z1=[b,c], V=[a,b,c]

그림 12-6 **append의 SLD 도출**

12.4.2 백트랙

Prolog의 SLD 도출은 단일화에 의해 진행되지만, 공 절에 도달하기 전에 도출 가능한 절이 더 이상 없으면 실패다. 이것은 도중에 단일화 대상의 선택을 잘못하였을 가능성이 있으므로 다시 할 필요가 있다. 즉, 같은 좌변을 갖는 확정 절이 여러 개인 경우 어떤 확정 절과 단일화를 수행하는 것이 올바른 것인지 그 시점에서는 알 수 없으므로, 우선 먼저 진행해 보고 실패하면 그 시점까지 되돌려서 다른 확정절과 단일화를 수행한다. 이것을 백트랙(backtrack)*11이라 한다.

다음의 예를 살펴보자. Q2에서 확정 절을 잘못 선택하여 단일화한 상태를 알 수 있다.

```
friend(X,Y) :- love(X,Y).
friend(X,Z) :- love(X,Y), friend(Y,Z).

love(boy,girl).
love(girl,cat).

? love(girl,X).
X=cat

? friend(boy,cat).
  ↓
  love(boy,cat).


▼ love(boy,Y), friend(Y,cat).
        ↓
   love(boy,girl), friend(girl,cat).
              ↓
          love(girl,cat).
yes
```

❶ X가 Y를 좋아하면, X와 Y는 친구(확정 절)
❷ X가 Y를 좋아하고 Y와 Z가 친구라면,
　 X와 Z도 친구(확정 절)
❸ 소년은 소녀를 좋아한다(단위 절)
❹ 소녀는 고양이를 좋아한다(단위 절)

Q1: 소녀는 누구를 좋아하는가?(목표 절)
　❹ (X/cat)은 쉽게 단일화 가능

Q2: 소년과 고양이는 친구인가?(목표 절)
　❶ (boy/X, cat/Y)
　일치하는 단위 절이 없으므로 실패, ❶ 적용은
　잘못된 것임. 백트랙하여 ❷ 적용
　❷ (boy/X, cat/Z)

　❸ (Y/girl)

　❹

성공

12.5 WAM과 추상 명령

12.5.1 WAM

Prolog 프로그램은 선언적으로 서술되므로 다른 프로그래밍 언어에 익숙한 관점에서 보면 어려울 것 같지만, 처리 시스템 입장에서는 매우 잘 정리되어 있다. 목표 절에 대하여 단일화를 적용할 수 있는 확정 절이나 단위 절을 검색하면서 SLD 도출을 진행하는 일련의 기본 처리의 조합으로 구축할 수 있는 것이다.

이와 같은 개념에 기초하여 체계화된 가상 기계를 고안자의 이름을 따서 WAM (Warren's Abstract Machine, David Warren, 1983)이라 부른다. 각 기본 처리를 추상 명령이라고 하며, 이것은 특정 컴퓨터를 가정하지 않고 Prolog 프로그램을 실행하는데에 필요한 처리라는 관점에서 체계화되어 있다. 이 때문에 이 이후의 Prolog 처리 시스템은 모두 내부적인 중간 표현으로 WAM을 채용하고, WAM 이하를 특정 컴퓨터용 라이브러리로 구현하게 되었다. 더욱이 WAM을 펌웨어화하면 고속 Prolog 전용 기계가 되기도 하였다.

WAM과 같은 추상 기계는 예전부터 있던 아이디어로, Java의 바이트코드[12]와 LLVM IR[13]의 선구자적 존재로 여겨진다.

12.5.2 추상 명령

추상 명령은 Prolog 처리 시스템의 기본 처리에 대응하는 것으로 다음과 같은 종류가 있다.

- **put:** 절의 인수를 레지스터에 적재한다.
- **get:** 레지스터로부터 인수를 꺼내 단일화를 준비한다.
- **unify:** 구조체 인수의 요소마다 단일화를 수행한다.
- **switch:** 후보 절을 인수 형태(보통 제1인수)로 짜 넣는다.
- **try/retry/trust:** 후보 절의 앞에 놓이게 되며, 출현 순서에 따라 백트랙 표시를 보여 준다.
- **proceed/execute/call:** 절을 조립하고 환경을 정비하여 후보 절에 제어를 넘긴다.

- **allocate/deallocate:** 변수 스택에 할당과 해제를 수행한다.

Prolog 프로그램은 추상 명령 레벨에서는 다음과 같은 순서로 실행된다(그림 12-7).

1. put/unify로 실인수를 레지스터에 적재한다.
2. call로 후보 절을 호출한다.
3. switch로 후보 절을 결정한다.
4. get/unify로 레지스터에서 인수를 꺼내고 단일화를 속행한다.

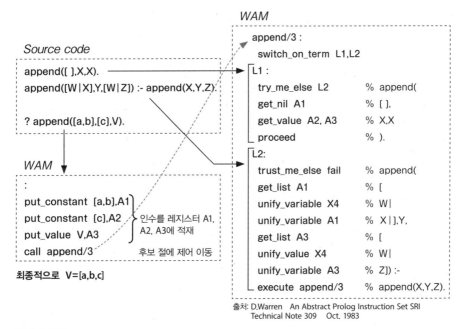

출처: D.Warren An Abstract Prolog Instruction Set SRI
Technical Note 309 Oct. 1983

그림 12-7 WAM의 실행 순서

*1 절차적(Precedural): 계산 순서를 나타내는 것, 즉 How(어떻게)를 서술하는 것.

*2 선언적(Declarative): 사물의 관계를 나타내는 것, 즉 What(무엇)을 서술하는 것. 학교에서 배운 함수도 좌변과 우변의 관계를 나타내는 선언적인 표현이었다.

*3 기호 논리(Symbolic Logic)에는 다양한 종류가 있다. 문제를 진릿값을 갖는 명제로 처리하는 명제 논리(Propositional logic), 문제를 술어로 나타내는 술어 논리(Predicate Logic), 더욱이 기호에 불완전성과 시간적 요인, 비단조성이라는 고도의 개념을 도입하여 엄밀성을 유지하면서 보다 유연하게 적용 가능도록 하는 다양한 논리 체계가 있다.

*4 논리 결합자(Logical Connective)라고도 한다. 우리가 평소에 사용하는 자연 언어에서도 '…는 아니다, 동시에, 또는, …이라면' 등의 표현은 자주 사용되는데, 이것들이 논리 연산자에 해당하며 복잡한 논리 표현을 간결하게 서술할 수 있다. ~는 ¬, →는 ⇒, ≡는 ⇔로 표기되는 경우도 있으나, 여기에서는 ~, →, ≡를 사용한다. 또, ~의 우선순위는 다른 것보다 높다.

*5 논리 연산자의 동치(≡)와 의미는 다르지만(여기서는 변형 가능의 의미) 진리표가 일치한다는 관점에서 보면 양쪽을 구별할 필요가 없으므로 같은 용어와 기호(≡)를 사용한다.

*6 이 형태를 논리곱 표준형(Conjunctive normal form: CNF)이라 한다. 또한, 이에 대하여 ∧와 ∨의 위치를 바꾼 형태를 논리합 표준형(Disjunctive normal form: DNF)이라 한다. CNF에서는 어느 하나의 절이 거짓이면 전체가 거짓임을 알 수 있으며, DNF에서는 어느 하나의 절이 참이면 전체가 참임을 알 수 있으므로 편리하다. 절 형식은 CNF이다.

*7 일차 서술 논리(First-order Predicate Logic)의 구조에서는 술어 기호를 술어의 인수로 지정할 수 없다.

*8 왜 '혼 절' 등 제한된 절을 생각하였을까? 이것은 여러 사건을 혼 절로만 서술할 수 있으면 효율적이기 때문이다. 혼(Alfred Horn 1951)이 제창하였다. 혼 절은 약간 변형되고 있긴 하지만 그 자체로 Prolog의 구문이 되고 있다.

*9 단일화(Unification): 동일화, 통일화 등으로도 해석된다. 하나인 것, 동일한 것이라는 의미이며 여기서는 단일화라는 용어를 사용한다. 엄밀히는 다음과 같이 정의된다.

항 t_1과 t_2에 대하여 적절한 대입 θ에 의해 t_1θ와 t_2θ가 같은 기호열이 되는 것을 단일화라 한다. 만약 t_1=X(변수), t_2=a(상수)라면 θ={X→a}에 의해 t_1θ=a=t_2θ로 단일화 가능하다. 또 t_1=f(X,a), t_2=f(b,Y)라면 θ={X→b, Y→a}에 의해 t_1θ=f(b,a)=t_2θ로 단일화 가능하다. 이 같은 θ를 단일화자(Unifier)라 한다.

*10 단일화는 다른 컴퓨터 언어에서 말하는 대입과는 다르므로, 변수는 값이 한 번 결정되면 변경되지 않는다. 술어 논리에서는 대부분의 추론 단계에서 술어 간의 구문상 동일성을 실현하기 위해 단일화가 필요하다.

*11 백트랙(Backtrack): 되돌림, 철회, 되감기 등으로 해석되지만, 여기서는 원어 발음대로 사용한다.

*12 바이트코드(Bytecode): Java의 내부적인 중간 코드로, 기계 의존 부분은 바이트코드를 처리하는 Java 가상 기계에 포함될 수 있다.

*13 LLVM IR: 언어 처리 시스템의 기반으로 일리노이 대학에서 고안되었다. IR(Intermediate Representation)은 모든 언어의 중간 표현으로 기계 의존 부분은 IR을 처리하는 부분(컴파일러 용어로 Backend라 함)에 포함될 수 있다.

맺음말

다양한 인공지능 기술의 기초를 들여다 봄으로써 인공지능이 견실한 기술 위에 이루어졌음을 실감할 수 있었다.

기술의 발전과 함께 인공지능이 인간 이상의 일을 해 주는 것을 보면 정말로 인공지능에게 모든 것을 맡겨도 좋다는 생각이 들지도 모른다. 그리고 한편으로는 그 것을 위협으로 느낄지도 모른다. 그러나 인공지능 기술도 그 기원은 여러 소프트웨어로 이루어져 있다.

인공지능이 인간의 지적 활동을 강화하려는 어떤 목적을 위해 컴퓨터 특성을 살리는 범위 내에서 두뇌 활동의 일부를 모방하는 것이라고 생각하면, 아무리 발달한다고 해도 인간의 존재를 침해하지는 않을 것이다.

16년간 학생들을 가르치면서, 그들이 연초에는 인공지능에 대해 편리성을 기대하면서도 뭔가 이해하기 어렵다거나 두렵다는 듯한 느낌을 가졌다면, 연말에는 기초적인 것을 이해함으로써 인공지능이 그렇게 이상한 것은 아니라고 생각한다는 것을 알게 되었다. 이 경험으로부터 인공지능을 이해하기 위해서는 컴퓨터 소프트웨어로서의 동작을 조금이라도 실제로 관찰하는 것이 매우 중요한 일이라고 생각했다.

지금은 인공지능의 연구 분야로 신경망과 머신 러닝이 주목 받고 있지만, 이 책에서 설명한 주제를 비롯하여 인공지능의 연구 주제는 폭넓으며 과거 연구가 재검토되어 다시 주목받을 것으로 생각된다. 인공지능과 관련된 어떠한 주제도 영원히 검토될 가치가 있다고 생각한다.

인공지능은 재미있다. 앞으로 이 분야가 더욱더 발전하여 인간 사회를 보다 풍성하게 해 주기를 바란다. 그러기 위해서는 사람들 입장에서도 인공지능에 대한 이해와 마음가짐이 중요하며, 인공지능이라는 말에 환상을 품지 않고 순수한 과학의 한 분야로 겸허하게 받아들였으면 한다.

이 책의 출판에 있어서 쇼에이샤(翔泳社)의 카즈히로 하타(秦和宏) 님과 스튜디오 문의 스즈키 카즈타카코(鈴木和登子) 님께 매우 큰 도움을 받았다. 이에 깊은 감사를 전한다.

아사이 노보루(淺井 登)

참고문헌

이 책에서 다루는 주제의 대부분은 다음 참고 서적에서 힌트를 얻어 시뮬레이션 프로그램을 만들었습니다. 특히 1과 2는 이 책의 기초가 되고 있으니 더욱 깊이 탐구할 때 한번 읽어 보기를 추천합니다.

1. 萩原将文 『뉴로·퍼지·유전 알고리즘』 산업도서 1994

2. 菅原研次 『인공지능』 모리키타출판 1997

3. Judith E. Dayhoff(桂井浩 역) 『뉴럴네트워크(제이펍: '신경망'으로 쓸까요? →) 아키텍처 입문』 모리키타출판 1992

4. 田中一男 『응용이 목표인 사람을 위한 퍼지이론 입문』 러셀사 1991

5. 北野宏明 편저 『유전 알고리즘 1』 산업도서 1993

6. 北野宏明 편저 『유전 알고리즘 2』 산업도서 1995

7. 北野宏明 편저 『유전 알고리즘 3』 산업도서 1997

8. 荒屋真二 『인공지능 개론』 홍립출판 2004

9. Janet Finlay and Alan Dix(新田克己,片上大輔 역) 『인공지능 입문』 사이언스사 2006

10. George Polya(柴垣和三 역) 『수학에 대한 발견은 어떻게 이루어지는가? <제1편> 귀납과 유추』 마루젠 1959

11. George Polya(柴垣和三 역) 『수학에 대한 발견은 어떻게 이루어지는가? <제2편> 발견적 추론 그 패턴』 마루젠 1959

12. 山田誠二 저, 일본인지과학회 편저 『적응 에이전트』 쿄리츠출판 1997

13. 西田豊明『인공지능의 기초』마루젠 2002

14. 沼岡千里, 大沢英一, 長尾確『멀티에이전트 시스템』쿄리츠출판 1998

15. 井田哲雄, 浜名誠『계산모델론 입문』사이언스사 2006

16. J. McCarthy, J., et al.(1962) Lisp 1.5 Programmer's Manual. Cambridge: MIT Press

17. ISLisp http://islisp.org/index-jp.html

18. D. L. Bowen(editor), L. Byrd, F. C. N. Pereira, L. M. Pereira, D. H. D. Warren.(1982). DECsystem-10 Prolog User's Manual. Edinburgh: University of Edinburgh

19. W. F. Clocksin, C. S. Mellish(中村克彦 역.일본컴퓨터협회 편저)『Prolog 프로그래밍』마이크로 소프트웨어 1983

20. 柴山潔『병렬 기호 처리』코로나사 1991

21. 松尾豊『인공지능은 인간을 뛰어넘을까?』카도카와 2015

찾아보기